人工智能应用

主　编　杜丽萍　田文涛
副主编　宋小丽
参　编　季东军　闻绍媛

北京理工大学出版社
BEIJING INSTITUTE OF TECHNOLOGY PRESS

内 容 简 介

本书是中国特色高水平高职学校建设单位哈尔滨职业技术大学打造人才培养高地建设项目建设成果。本书的设计和编写理念是培养学生的人工智能（AI）素养、计算机思维能力和 AI 应用能力，内容适合职业院校学生，又突出了 AI 的通识性、典型性、实用性和可操作性。本书是由该院校与达内时代科技集团有限公司共同研究开发，以初识人工智能、认识人工智能的核心与支撑、认知人工智能的应用技术、走进人工智能行业领域等四个情境，展开任务训练。

本书紧跟 AI 技术动态，选取了典型的 AI 应用技术，兼顾通识与技能技术，有很强的操作性和实用性，其既可以作为职业教育本科、高职高专及中等职业院校 AI 公共基础课程的教材，也可作为电子信息、AI 技术应用、计算机类相关专业的 AI 课程入门教材。

图书在版编目（CIP）数据

人工智能应用 / 杜丽萍，田文涛主编. -- 北京 ：

北京理工大学出版社，2025. 2.

ISBN 978-7-5763-5077-7

Ⅰ. TP18

中国国家版本馆 CIP 数据核字第 2025HZ5028 号

责任编辑：陈莉华　　　文案编辑：李海燕
责任校对：周瑞红　　　责任印制：李志强

出版发行 / 北京理工大学出版社有限责任公司

社　　址 / 北京市丰台区四合庄路 6 号

邮　　编 / 100070

电　　话 / (010) 68914026（教材售后服务热线）

　　　　　　(010) 63726648（课件资源服务热线）

网　　址 / http://www.bitpress.com.cn

版 印 次 / 2025 年 2 月第 1 版第 1 次印刷

印　　刷 / 三河市天利华印刷装订有限公司

开　　本 / 787 mm×1092 mm　1/16

印　　张 / 13.25

字　　数 / 317 千字

定　　价 / 74.00 元

中国特色高水平高职学校项目建设成果系列教材
编审委员会

编写说明

中国特色高水平高职学校和专业建设计划（简称"双高计划"）是我国教育部、财政部为建设一批引领改革，支撑发展，具有中国特色、世界水平的高等职业学校和骨干专业（群）的重大决策建设工程。哈尔滨职业技术大学（原哈尔滨职业技术学院）作为"双高计划"建设单位，对中国特色高水平高职学校建设项目进行顶层设计，编制了站位高端、理念领先的建设方案和任务书，并扎实地开展人才培养高地、特色专业群、高水平师资队伍与校企合作等项目建设，借鉴国际先进的教育教学理念，开发具有中国特色、遵循国际标准的专业标准与规范，深入推动"三教"改革，组建模块化教学创新团队，落实课程思政建设要求，开展"课堂革命"，出版校企双元开发的活页式、工作手册式等新形态教材。为了适应智能时代先进教学手段应用，哈尔滨职业技术大学加大优质在线资源的建设，丰富教材载体的内容与形式，为开发以工作过程为导向的优质特色教材奠定基础。按照教育部印发的《职业院校教材管理办法》的要求，本系列教材体现了如下编写理念：依据学校双高建设方案中的教材建设规划、国家相关专业教学标准、专业相关职业标准及职业技能等级标准，服务学生成长成才和就业创业，以立德树人为根本任务，融入课程思政，对接相关产业发展需求，将企业应用的新技术、新工艺和新规范融入教材。本系列教材的编写遵循技术技能人才成长规律和学生认知特点，适应相关专业人才培养模式创新和优化课程体系的需要，注重以真实生产项目、典型工作任务、典型生产流程及典型工作案例等为载体开发教材内容体系，理论与实践有机融合，满足"做中学、做中教"的需要。

本系列教材是哈尔滨职业技术大学中国特色高水平高职学校项目建设的重要成果之一，也是哈尔滨职业技术大学教材改革和教法改革成效的集中体现。本系列教材体例新颖，具有以下特色。

第一，创新教材编写机制。按照哈尔滨职业技术大学教材建设统一要求，遴选教学经验丰富、课程改革成效突出的专业教师担任主编，邀请相关企业作为联合建设单位，形成一支学校、行业、企业和教育领域高水平专业人才参与的开发团队，共同参与教材编写。

第二，创新教材总体结构设计。精准对接国家专业教学标准、职业标准、职业技能等级标准，确定教材内容体系，参照行业企业标准，有机融入新技术、新工艺、新规范，构建基于职业岗位工作需要的、体现真实工作任务与流程的教材内容体系。

第三，创新教材编写方式。与课程改革配套，按照"工作过程系统化""项目+任务式""任务驱动式""CDIO式"四类课程改革需要设计四种教材编写模式，创新活页式、工作手册式等新形态教材编写方式。

第四，创新教材内容载体与形式。依据专业教学标准和人才培养方案要求，在深入企业调研岗位工作任务和职业能力分析的基础上，按照"做中学、做中教"的编写思路，以企业典型工作任务为载体进行教学内容设计，将企业真实工作任务、真实业务流程、真实生产过程纳入教材，并开发了与教学内容配套的教学资源，以满足教师线上线下混合式教学的需要。本系列教材配套资源同时在相关平台上线，可随时下载相应资源，也可满足学生在线自主学习的需要。

第五，创新教材评价体系。从培养学生良好的职业道德、综合职业能力、创新创业能力出发，设计并构建评价体系，注重过程考核和学生、教师、企业、行业、社会参与的多元评价，充分体现"岗课赛证"融通，每本教材根据专业特点设计了综合评价标准。为了确保教材质量，哈尔滨职业技术大学组建了中国特色高水平高职学校项目建设成果系列教材编审委员会。该委员会由职业教育专家组成，同时聘请企业技术专家进行指导。哈尔滨职业技术大学组织了专业与课程专题研究组，对教材编写持续进行培训、指导、回访等跟踪服务，建立常态化质量监控机制，能够为修订完善教材提供稳定支持，确保教材的质量。

本系列教材是在国家骨干高职院校教材开发的基础上，经过几轮修改，融入课程思政内容和课堂革命理念，既具教学积累之深厚，又具教学改革之创新，凝聚了校企合作编写团队的集体智慧。本系列教材充分展示了课程改革成果，力争为更好地推进中国特色高水平高职学校和专业建设及课程改革做出积极贡献！

哈尔滨职业技术大学
中国特色高水平高职学校项目建设成果系列教材编审委员会
2025 年 1 月

前　言

随着科技的发展，传统产业在人工智能（AI）的赋能下加快了转型升级的步伐，AI+制造、AI+物流、AI+交通、AI+金融和AI+安防等行业应用场景不断涌现，人工智能已经给人类社会和生活带来了根本性的变化，作为新时代的高职学生都应具备人工智能视野，并能够运用人工智能技术分析和解决行业专业问题。

2018年4月，教育部印发了《高等学校人工智能创新行动计划》的通知，针对人工智能通识教育提出将人工智能纳入大学计算机基础教学内容，构建人工智能多层次教育体系，并且构建集人工智能专业教育、职业教育和大学基础教育于一体的高校教育体系。

2020年教育部开始在上百所高职院校开设人工智能技术服务专业，很多骨干教师对AI+传统专业的融合开始了思考与探索，并提出希望能以公共课的模式让人工智能进入课堂的迫切需求，让更多非计算机专业或非人工智能专业的学生认识人工智能，思考未来人工智能可能在哪些方面影响他们从事的行业领域及职业岗位。通过启发学生兴趣，引导学生探索，进而培养学生的实践创新能力，使其做一名不落后于时代的现代职业者。

哈尔滨职业技术大学响应教育部号召，与达内时代科技集团有限公司成立AI通识课课程建设组，探索针对高职学生特点的AI素养培养，实现AI在高等职业教育公共课中的落地。这样，一方面可以无缝对接需求方——企业，了解在哪些领域需要大量具有行业背景的AI训练师，未来的职业前景是什么，具体应用在哪些方面；另一方面，紧密连接供给方——职业院校，了解学校开展AI教育的痛点和难点，探索如何让学生更好地理解行业场景及未来职业要求，如何将人工智能应用转化为每个专业的通识性知识，同时充分尊重职业院校学生的特点和教学方式。因此，本书力求将人工智能相关理论、知识点与行业应用相结合，并与学校的人才培养方向和未来的岗位群进行延伸，更重要的是，通过复杂知识点对应实训项目的设置，大幅增强了本书的应用性、丰富性和及时性，并以人工智能学院为实践条件，开展任务实施。

本书在编写过程中形成以下特色。

第一，定位准确，本书定位为AI相关技术与行业应用场景相结合的启蒙课、通识课教材。

第二，本书更多地从知识普及和应用上进行拓宽，紧密结合行业变化，让各类专业背景的学生理解并思考人工智能可能带来的职业变化。

第三，本书力求让没有计算机专业背景的学生学起来简单易懂。

本书由哈尔滨职业技术大学杜丽萍、田文涛任主编，哈尔滨职业技术大学宋小丽任副主编，哈尔滨职业技术大学季东军、闻绍媛任参编。全书由杜丽萍统稿。

在本书编写过程中，得到了哈尔滨职业技术大学领导及人才培养高地项目组徐翠娟的关心与支持，在此表示衷心的感谢！

本书建议教学学时为 52 学时，本书的教学应在人工智能体验区完成，体验区应设有学习区、工作区及实训区，以提高学生的职业能力。

由于编者水平有限，编写时间仓促，书中难免有错误和不当之处，真诚希望广大读者批评指正。

编　者

目 录

目录

今天是新生小 A 第一天在学校宿舍醒来，智能手表依旧发出熟悉而美妙的音乐，小 A 迅速起床洗漱，一阵风似的冲出寝室奔向操场，几圈下来小 A 有些气喘吁吁，智能手表分析数据提示其运动量恰好合适，并给出了一份营养早餐搭配食谱，同时将早餐食谱数据传输给食堂智能管理系统，小 A 来到食堂，通过面部识别后很快就取到了早餐。

小 A 走进了教室，上课时间还未到，智慧教室已经根据要进行的课程，为同学们选好了预习内容，小 A 就这样在 AI 技术的帮助下开始了在大学学习生活的第一天。

新一代信息技术的兴起，物联网（IoT）、云计算、大数据的发展驱动着 AI 的升级。物联网对接真实的物理世界，获取海量数据；云计算为海量数据提供强大的承载能力；大数据对海量数据进行挖掘和分析，实现数据到信息的转换；AI 对数据进行学习，对信息进行理解，最终实现数据到知识和智能的转换。如果用人体来比喻，那么物联网是人体的神经网络，大数据是流动的血液，云计算是心脏，AI 则是掌控的大脑。

AI 是最新兴的学科之一。相关领域的研究工作在第二次世界大战结束后迅速展开，到了 1956 年，它被正式命名为 AI。同分子生物学一起，AI 通常被其他领域的科学家誉为"我最想参与的研究领域"。

目前，AI 的研究包含许多不同的子领域，涵盖了从通用领域（学习和感知）到特定的任务（国际象棋、数学定理证明、诗歌写作和疾病诊断）。AI 将智能任务系统化和自动化，因而与任何人类智能活动的范畴都有潜在联系。从这个角度上说，AI 的研究领域非常广泛。

一、什么是 AI

人工智能（Artificial Intelligence，AI）。它是研究、开发用于模拟、延伸和扩展人的智能的理论、方法、技术及应用系统的一门新的技术科学。

AI 在其发展历史上出现过很多种定义，有的定义侧重其思维和推理的一面，有的定义则更强调其行为，有的定义从模拟人类功能的逼真程度的角度来衡量其成功与否，而有的定义则从理想的智能概念来衡量，也就是所谓的理性方面来衡量。一个系统如果能够在它所知的范围内正确行事，它就是理性的。

（一）类人行为：图灵测试

图灵测试（Turning Test）是阿兰·图灵（Alan Turing）提出的，其设计的目的是为智能提供一个满足可操作要求的定义。他建议与其提出一个长长的但可能有争议的清单来列举智能所需要的能力，不如采用一项基于人类辨别能力的测试，因为人类是无可置疑的智能实体。如果人类询问者在提出某些书面问题后，无法判断答案是否由人写出，那么计算机就通过了测试。

目前，计算机编写能通过测试的程序还需要做大量的工作。计算机需具有以下能力：

（1）自然语言处理，使得计算机可以用英文成功地进行交流；

（2）知识表示，储存它知道的或听到的信息；

（3）自动推理，运用储存的信息来回答问题和提取新的结论；

（4）机器学习，能适应新的环境并能检测和推断新的模式。

图灵测试避免询问者与计算机之间的直接物理接触，这是因为人类身体和生理的模拟对于智能是不必要的。当然，完全图灵测试还包括询问者利用视频信号来测试对方的感知能力，以及询问者通过窗口传递物体给受试对象。要通过完全图灵测试，计算机还需要具有：

（1）计算机视觉，可以感知物体；

（2）机器人技术，可以操纵和移动物体。

这 6 个领域构成了 AI 的大部分内容，而图灵为设计测试获得的荣誉保持了 50 年。不过 AI 研究者们并没有花很大的精力来尝试通过图灵测试，他们相信研究智能的根本原则远比复制样本更重要。就像人造飞行器是在莱特兄弟和其他人停止模仿鸟类飞行并开始了解空气动力学以后才成功的。

（二）类人思考：认知模型方法

如果想要某个程序像人一样地思考，那么必须找到某种办法确定人是怎样思考的。这需要得到人类思维的真实工作过程。要达到这个目的有两种途径：通过内省和心理测试，试图捕捉自身的思维过程。一旦得到关于思维的足够精确的理论，那么就可以通过计算机程序来表达。如果计算机的输入输出以及实时的行为同人类行为非常一致，那么这就证明程序的某些机制可能是按照人类模式运转的。例如，艾伦·纽厄尔（Allen Newell）和赫伯特·西蒙（Herbert Simon）设计了一个通用问题求解器（General Problem Solver，GPS）。他们并不满足让程序正确地解决问题，而是更加关心对程序的推理流程与人类个体求解同样问题的流程进行比较。通过交叉学科的认知科学领域，把来自 AI 的计算机模型与来自心理学的实验技术相结合，他们试图创立一种精确且可检验的人类思维工作方式理论。

认知科学是个迷人的领域，其本身就值得写一部百科全书。在本书中不打算描述人类认知的已知学问，只是偶尔会提到 AI 技术与人类认知之间的异同。真正的认知科学必须建立在对真实的人和动物的实验调查研究基础之上，这里假定读者只能利用计算机进行实验。

在 AI 的早期，方法之间经常出现混淆，某作者可能会辩论说一个算法能很好地执行一项任务，因此它是一个关于人类功能的好模型，或者反之亦然。现代作者主张把两类进行区分。这种区别使得 AI 和认知科学都可以更快地发展。两个学科继续彼此滋养，尤其是在视觉和自然语言的领域里。特别是视觉，通过一种综合考虑神经生理学证据和计算模型的方法，近来取得了很大进展。

（三）理性地思考：思维法则方法

古希腊哲学家亚里士多德是首先试图严格定义正确思考的人之一，他将正确思考定义为不能辩驳的推理过程。他的三段论提供了一种在已知前提正确时总能推出正确结论的论据结构模式。举个例子，"苏格拉底是男人；所有的男人都是凡人；因此，苏格拉底也是凡人。"这些思维法则被认为支配着意识活动，对它们的研究创立了逻辑学研究领域。

19 世纪的逻辑学家发展出一种描述世界上的一切事物及彼此之间关系的精确命题符号。普通的算术符号主要用于描述数与数之间的相等和不等关系的命题。到了 1965 年，已经有程序可以求解任何用逻辑符号描述的可解问题。在 AI 领域中，传统逻辑主义希望其通过编制上述程序来创造智能系统。

这种逻辑方法有两个障碍。首先，难以获得非形式化的知识并得到逻辑符号表示所需的形式化表达，特别是在知识不是 100% 可靠的情况下。其次，原则上可以解决一个问题与实际解决问题这二者之间存在巨大的差异。甚至对于仅有几十条事实的问题进行求解，如果没有一定的指导来选择合适的推理步骤，都可能耗尽计算机的计算资源。尽管它们最先出现在传统逻辑主义中，但这两个问题适用于任何建立的计算推理系统。

（四）理性地行动：理性智能体方法

智能体（agent）就是某种能够行动的东西（agent 这个英文单词源于拉丁语 ageres，意为去做）。但是人们期待理性智能体有其他区别于简单程序的属性，例如，自主控制的操作、感知环境、持续能力、适应变化以及有能力承担其他智能体的目标。理性智能体则要通过自己的行动获得最佳结果，或者在不确定的情况下，获得最佳期望结果。

AI 的思维法则方法中，强调的是正确的推论。作出正确推论有时也是理性智能体的部分功能，因为实现理性行动的一个途径就是先通过逻辑推理得出指定行动能达成目标的结论，然后再实施。另外，正确的推论并不是理性的全部内容，因为在许多情况下，没有能证明正确性的事情可做，但是仍然必须有所行动。还有一些完成理性行动的方式不能说与推论过程有关。例如，从灼热的火炉上拿开手，是一种反射行为，它通常要比经过仔细思考后采取的相对缓慢的行为更有成效。

AI 的所有技能都是为了做出理性行为。人们需要掌握相关知识并有用其进行推理的能力，因为只有这样才能在多种不同的环境中制定出好的决策。人们需要具备生成可理解的自然语言语句的能力，因为只有这样能够被复杂的社会接受。人们需要学习，不只是为了博学，而是可以找到解决问题的更有效策略；人们需要视觉感知，不仅因为世界是缤纷多彩的，更是为了对行为的可能后果有更好的了解。例如，视觉能看到可口的食物，会帮助人接近它。

由于上述原因，将 AI 的研究视为理性智能体的设计过程至少有两个好处。首先，它比思维法则方法更加通用，因为正确的推论只是实现理性的几种可能的机制之一。其次，它比建立在人类行为或思维基础上的方法更经得起科学发展的检验，因为理性的标准有清楚的定义并且是十分普遍的。因此，本书将着重讨论理性智能体的通用原则及构造此类智能体所需的组成部分。

应该牢记的一个重点是，很长一段时间内实现完美的理性，即总能做正确的事，在复杂的环境下是不可行的。这对运算能力的要求非常高。尽管对问题的描述是非常简单明了的，要解决问题的时候仍然会遇到各种各样的困难。所以，在本书的大部分内容中，将采用可行的假设，并提供相关领域中大多数基本素材的适当设置。完美理性是分析的合适出发点，这样可以简化问题。

从现代 AI 应用的角度来看，AI 是研究如何使机器具备以下能力：

（1）会说：语音合成、人机对话等；

（2）能看：图像识别、文字识别；

（3）能思考：人机对弈、定理证明等；

（4）会学习：机器学习、知识表示等；

（5）会行动：机器人、自动驾驶汽车等；

（6）能应变：认知智能、自主行动。

其实，AI 就是计算机科学的一个分支，它企图了解智能的实质，并生产出一种新的能与人类智能相似的方式作出反应的智能机器，如图 1-1 所示。其研究领域包括语音识别、人脸识别、语音对话等。

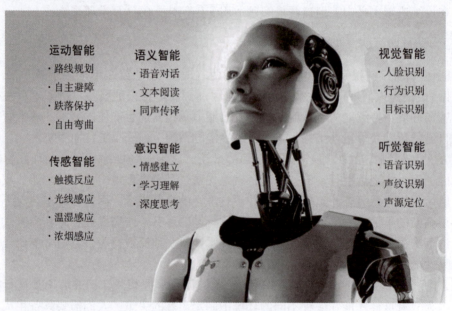

图 1-1　AI 拟人能力图

AI 像"人"一样，其智能水平也在逐步发展，从低到高可划分为计算智能、感知智能、认知智能三个阶段。

第一阶段：计算智能——机器像人类一样会计算、传递信息，例如，神经网络、遗传算法、各种棋类游戏、专家系统等。

第二阶段：感知智能——机器能听会说、能看会认，例如，语音助手、人脸识别、看图搜图和无人驾驶等。

第三阶段：认知智能——机器能理解会思考，主动采取行动，这是 AI 领域专家们正在努力的方向，例如，微软小冰就具有非常初级的理解语意的能力。

二、AI 的发展历程

了解 AI 向何处去，首先要知道 AI 从何处来。1956 年夏，在美国达特茅斯学院开会研讨"如何用机器模拟人的智能"，首次提出 AI 这一概念，这标志着 AI 的诞生。

（一）AI 的孕育期（1943—1955 年）

现在通常认为 AI 的最早工作是 Warren McCulloch 和 Walter Pitts 完成的。他们汲取了三种资源：基础生理学知识和脑神经元的功能；从罗素和怀特海德开始进行对命题逻辑的形式化分析；图灵的计算理论。他们提出一种人工神经元模型，模型中的每个神经元具有开和关的特性及被足够多的邻近神经元激活时变为开状态的开关。神经元的状态被认为"实际等价于引起足够刺激的命题"。例如，他们证明，任何可计算的函数都可以通过某种由神经元连接成的网络进行计算，而且所有逻辑连接符（与、或、非等）都可以用简单的网络结构实现。McCulloch 和 Walter Pitts 还提出适当的网络能够学习。唐纳德·海布（Donald Hebb）阐述了一种简单的更新规则，用于修改神经元之间的连接强度。他的规则被称为海布学习，到现在仍是一种有影响力的模型。

在 1951 年，两名普林斯顿大学数学系的研究生，马文·明斯基（Marvin Minsky）和 Dean Edmonds 建造了第一台神经元网络计算机。这台被称为 SNARC 的计算机，使用了 3 000 个真空管和 B24 轰炸机上的备用自动驾驶机构来模拟一个由 40 个神经元构成的网络。明斯基的博士论文答辩委员会很怀疑这种工作是否算是数学，不过传言冯·诺依曼说"如果它现在不是，总有一天会是"。明斯基后来证明了一些有力的定理显示出神经元网络研究的局限性。

还有不少早期工作的例子可以被当作 AI，不过阿兰·图灵是第一个清晰地描绘出 AI 的完整景象的人，在他 1950 年的论文《计算机器与智能》（*computing machinery and intelligence*）中，提出了图灵测试、机器学习、遗传算法和增量学习。

（二）AI 的诞生（1956 年）

普林斯顿大学也曾是 AI 中另一位有影响力的人物约翰·麦卡锡（John McCarthy）的家。毕业以后麦卡锡去了达特茅斯大学，这个地方后来成为 AI 领域的正式诞生地。麦卡锡说服了明斯基、克劳德·香农（Claude Shannon）和内撒尼尔·罗切斯特（Nathaniel Rochester）帮助他召集全美国对于自动化理论、神经元网络和智能研究有兴趣的研究者们。他们于 1956 年夏天在达特茅斯组织了一个为期两个月的研讨会。研讨会一共有 10 位参会者，包括来自普林斯顿大学 Trenchard More、IBM 公司的阿瑟·塞缪尔（Arthur Samuel），以及来自 MIT 的 Ray Solomonoff 和 Oliver Selfridge。

两位来自卡耐基工业技术大学的研究者——艾伦·纽厄尔和赫伯特·西蒙，几乎占据了整个舞台。虽然其他人也有自己的想法和一些特定的应用程序。例如，跳棋程序，但是纽厄尔和西蒙却已经完成了一个推理程序：逻辑理论家（LT）。正如西蒙宣称的："我们发明了一个计算机程序，它能够进行非数值化的思考，并且因此可以解决古老的精神—肉体问题。"在会议之后，他们的程序很快就能够证明罗素和怀特海德著述的《数学原理》（*principia mathematica*）里的大多数定理了。据说当罗素看到西蒙向他展示程序给出的一个数学原理的定理证明比书中写的证明更短时，非常高兴。《符号逻辑期刊》（*journal of symbolic logic*）的编辑则显得无动于衷，他们拒绝了纽厄尔、西蒙合作的《逻辑理论家》这篇论文。

达特茅斯会议并未取得新突破，但是它却把所有主要的人物介绍给了彼此。在接下来的20年中，AI领域将被这些人及他们在MIT、CMU、斯坦福和IBM的学生和同事们统治。也许这次会议带来的最长久的东西就是大家同意使用麦卡锡给这个领域起的新名字：AI。可能计算理性（Computational Rationality）更合适一些，不过AI已经根深蒂固了。

根据达特茅斯会议的提议（麦卡锡等人，1955），会发现为什么AI有必要成为一个单独的领域。为什么AI的全部问题不能出现在控制论，或者运筹学，或者决策理论的名号下，尽管它们的目标和AI很相近，或者为什么AI不是数学的一个分支。第一个答案是AI从一开始就承载着复制人的才能，如创造性、自我修养和语言功能，其他领域没有一个涉及这些问题。第二个答案是方法论不同。AI是这些领域中唯一一个明确属于计算机科学的分支（尽管运筹学也同样强调计算机模拟），而且AI是唯一试图建造在复杂的和变化的环境中自动发挥功能的机器领域。

（三）早期的热情，巨大的期望（1952—1969 年）

在AI研究的早期充满了成功，在有限的范围内。因为原始的计算机和当时的程序设计工具还被视为只能做算术题的情况下，计算机哪怕能做任何聪明一点点的事情都是令人震惊的。当时，主流的思维观念更愿意相信一台机器永远不能做X。AI的研究者们自然地做出反应，演示一个接一个的X。约翰·麦卡锡把这段时期称为惊叹时期。

GPS延续了纽厄尔和西蒙早期的成功。不同于逻辑理论家，这个程序的设计是从模仿人类问题求解的流程开始的。在能处理的有限类别问题中，它显示出程序决定的子目标以及可能采取的行动次序，与人类求解同样的问题是类似的。因此，GPS很可能是第一个实现了像人一样思考问题的程序。GPS以及作为认知模型的后继程序，成功引导纽厄尔和西蒙写出了著名的物理符号系统假设，宣称"一个物理符号系统具有必要和足够的方式产生一般智能行为"。他们的意思是任何显示出智能的系统（人类或者机器）必然是通过由符号组成的数据结构进行处理来发挥功能的。但是后来这个假设在多方面遇到了挑战。

在IBM公司，内撒尼尔·罗切斯特和他的同事们编写了一些AI程序，Herbert Gelemter编写的几何定理证明机能够证明定理。从1952年开始阿瑟·塞缪尔编写的一系列西洋跳棋程序，最终通过学习达到了高手的级别。在这个过程中，他反驳了认为计算机只能做人让它做的事情的观念，他的程序很快下得比其创造者更好。这个程序于1956年2月在电视上进行了演示，给人留下非常深刻的印象。

1958年约翰·麦卡锡从达特茅斯搬到了MIT。作为MITAI实验室的备忘录的第一条，麦卡锡定义了高级语言Lisp为AI程序设计语言。Lisp是现在仍在使用的第二古老的主流高级语言，比FORTRAN语言晚一年。在他发表的论文中描述了建议采纳者（Advice Taker），这个假想程序可以被视为第一个完整的AI系统。如逻辑理论家和几何定理证明机一样，麦卡锡的程序设计也是使用知识求解问题的。不过不同于其他的系统，它包含了世界的一般知识。例如，他展示了一些简单公理如何使程序能产生一个开车到机场赶飞机的计划。该程序还设计成可以通过普通的操作教程接受新的公理，从而允许它在新领域里未经重新编制程序的情况下获得能力。这样建议采纳者就实现了知识表示和推理的中心原则：具备对世界以及对智能体的行动影响世界的方式的、形式化的、明确的知识表示，并能够通过演绎过程处理这些表示，这是非常有用的。值得注意的是这篇发表于 1958 年的论文有相当多的部分甚至到今天仍有重要意义。

1958 年也是马文·明斯基搬到 MIT 的年份。不过他和麦卡锡的合作并未延续下去。麦卡锡着重研究形式逻辑里的表示和推理，而明斯基对如何使程序运转起来更感兴趣，并最终发现反逻辑的观点。1963 年，麦卡锡启动了斯坦福的 AI 实验室。他用逻辑学方法建造超级建议采纳者的计划被 J. A. Robinson 关于归结方法（一阶逻辑定理证明的一个完整算法）的发现所改进。斯坦福的工作着重于逻辑推理的通用方法。逻辑学的应用包括 Cordell Green 的问题解答和规划系统，斯坦福研究院的 Snakey 机器人计划。后者第一次演示了逻辑推理和物理行为的完整集成。

（四）实现的困难（1966—1973 年）

在初期，AI 的研究者们就预言未来的成功。下面这段赫伯特·西蒙 1957 年的陈述经常被引用。

我的目标不是使你惊讶或者震惊，我能概括的最简单的方式是说现在世界上就有机器能思考、学习和创造。而且，它们做这些事情的能力将快速增长直到可见的未来，它们能处理的问题范围扩展到人类思想已经得到应用的范围。

可见的未来可以有不同的解释方式，不过西蒙又做出了一个更具体的预言：10 年内计算机将成为国际象棋冠军，并且一个重要的数学定理将由机器完成证明。但是这些预言的实现（或者近似实现）用了 40 年，而不是 10 年。由此可见实现的困难。

第一类困难来自早期的程序很少包含或者不包含关于主题的知识，只是在简单句法处理的意义上成功了。一个典型的事故发生在早期的机器翻译。这是由美国国家研究委员会慷慨资助的项目，该项目试图加速俄语科学论文的翻译，紧跟 1957 年苏联发射第一颗人造卫星（Sputnik）的脚步。最初设想，利用基于俄语和英语语法的简单句法转换或根据电子词典进行词语替换，就足以保留语句的确切意思。而事实上翻译需要关于主题的一般知识，用以消除歧义和建立语句的内容。著名的二次翻译句子是 "The spirit is willing but the flesh is weak（心有余而力不足）" 通过英俄和俄英翻译以后，变成了 "The vodka is good but the meat is rotten（伏特加酒是好的而肉是烂的）"，例证了遭遇的困难。1966 年，一份顾问委员会的报告裁定 "还不存在通用的科学文本机器翻译，也没有很好的实现前景"。所有美国政府资助的学术性的翻译项目都被取消了。时至今日，机器翻译仍然是一个不完善但是广泛使用于技术、商业、政府以及因特网的文档处理工具。

第二类困难是 AI 试图解决的很多问题不可操作。早期的 AI 程序求解问题的方式大部分是尝试各步骤的不同组合，直到找到解。这种策略初始的时候是有效的，因为微世界只包含很少的物体并且涉及很少的可能行动和很短的解序列。在计算复杂性理论发展起来之前，普遍认为放大的问题只是需要更快的硬件和更大容量的内存的事情。当研究者们在证明涉及超过数十条事实的定理遭遇失败的时候，乐观主义也很快受到打击。程序原则上能够找到解并不意味着程序实际上包含找到解的机制。

无限计算能力不限于问题求解程序的领域。早期的机器进化（现在称为遗传算法）实验（Friedberg，1958）建立在一个正确的信念上，即通过对一段机器代码程序做出一系列适当的小突变，就可以产生针对任何性能良好特定的简单任务的程序。机器进化的思想就是尝试随机的突变并通过一个选择过程保留看来有用的突变。

第三类困难源自用于产生智能行为的基本结构的某些基础限制。例如，明斯基和Papert 的书《感知器》（perceptrons）证明了尽管感知器（一种简单形式的神经元网络）能学习它们有能力表示的任何东西，但是它们能表示的东西很少。

（五）基于知识的系统：力量的钥匙（1969—1979 年）

问题求解的美景出现在 AI 研究的第一个 10 年中，这是一种通用的搜索机制，试图通过串接基本的推理步骤来寻找完全的解。这样的方法被称为弱方法，因为尽管通用，但是它们不能扩展到大规模或者困难问题的场合。弱方法的替代方案是使用更强有力的领域相关的知识，以允许更大量的推理步骤和可以更容易地应对范围狭窄的专门领域里出现的典型情况。

DENDRAL 程序是这种方法的早期例子。它是在斯坦福开发的，在那里艾德·费根鲍姆（Ed Feigenbaum，曾是赫伯特·西蒙的学生）、Bruce Bushanan（一个转行研究计算机科学的哲学家）以及 Joshua Lederberg（一个得过诺贝尔奖的基因学家）合作解决根据质谱仪提供的信息推断分子结构的问题。程序的输入由分子的元素分子式（如 $C_6H_{13}NO_2$）和质谱组成，质谱给出了各种被电子束轰击产生的分子碎片的质量。例如，质谱可能在 $m=15$ 的地方有一个尖峰，对应于一个甲基（CH_3）碎片的质量。

一个简单版本的程序先产生出和分子式一致的全部可能结构，然后预测每个结构能观察到的质谱再与真实质谱相比较。如所预期的，对于相同大小的分子而言，这是难以处理的。DENDRAL 研究者们请教分析化学家，发现他们是通过寻找质谱中已清楚了解的尖峰模式进行工作的，这些模式表示了分子中的普通子结构。

识别包含特殊子结构的分子可以大量减少可能候选的数量。DENDRAL 功能强大是因为所有解决这些问题的相关理论知识都被从在质谱预测成分（基本原理）中的一般形式映射到了效率高的特殊形式（食谱配方）。DENDRAL 程序的意义在于它是第一个成功的知识密集系统：它的专业知识来自大量的专用规则。后来的系统还融合了麦卡锡的建议采纳者方法的主题，把知识（以规则形式表现）和推理部分清楚地划分开。

有了这个经验，费根鲍姆和斯坦福的其他一些人开始了启发式程序设计计划（HPP），以调查新的专家系统的方法论可以应用到人类专家知识的其他领域的范围。下一个主要开发领域是医学诊断。费根鲍姆、Buchanan 和 Edward Shortliffe 博士开发了 MYCIN 用于检测血液感染。通过大约 450 条规则，MYCN 能够表现得像某些专家一样好，而且比初级医生好。它还有两项与 DENDRAL 不同的主要差别。首先，不同于 DENDRAL 的规则，不能通过一般的理论模型演绎出 MYCN 的规则。它们只能从与专家进行的广泛会谈中得到，再依次从教科书、其他专家以及病例的直接经验中得到这些规则。其次，规则反映出与医学知识相关的不确定性。MYCN 结合使用了一种被称为确定性因素的不确定性演算，在当时很符合医生如何评估诊断证据效果的情况。

领域知识的重要性在理解自然语言的领域也同样明显。它能够克服歧义性并理解代词指代，但这是因为它主要是为一个领域特别设计的积木世界。一些研究者，包括Eugene Chaniak，Winograd 在 MIT 带的一个研究生，提出鲁棒的语言理解需要关于世界的一般知识和使用知识的一般方法。

在耶鲁，语言学家出身的 AI 研究者 Roger Schank 宣称"没有语法这样的东西"，这打击了很多语言学家，但是确实发动了一场有用的讨论。Schank 和他的学生们建造了一系列程序，都有理解自然语言的任务。然而，强调的重点不在语言本身上而是更多地集中在利用从语言理解中获得的知识进行表示和推理的问题上。问题包括表示固定形式的环境、描述人类记忆组织以及理解规划和目标等。

对现实世界问题的应用的普遍增长，同时引起了对可行的知识表示方案的需求增加。大量不同的表示和推理的语言被开发出来。有些是基于逻辑，例如，Prolog 语言开始在欧洲流行，PLANNER 语言在美国流行。其他的，追随明斯基的框架，采用了更多的结构化方法，集中了关于特定对象和事件类型的事实，并把这些类型安置在一个大的类似于生物分类学的分类层次中。

（六）AI 成为工业（1980 年至今）

1982 年第一个成功的商用专家系统——R1，在数据设备公司（DEC）开始运转。该程序为新计算机系统配置订单；到 1986 年为止，估计它每年为公司节省了 4 000 美元。到 1988 年为止，DEC 的 AI 研究小组制作了 40 个专家系统，还有一些正在进行。杜邦公司有 100 个专家系统在使用中，有 500 个在开发中，每年估计为公司节省 1 000 万美元。几乎每个美国公司都有自己的 AI 研究小组，并且正在使用或者投资开发专家系统。

1981 年，日本公布了第五代计算机语言的智能计算机。而后，美国组建了微电子和计算机技术公司（MCC）作为保证国家竞争力的研究集团。在英国，艾尔维报告（*Alvey report*）恢复了因赖特希尔报告（*Lighthill report*）而停止的投资。在这些研究中，AI 是广泛研究计划的一部分，这些研究计划包括芯片设计和人机接口研究。

（七）神经元网络的回归（1986 年至今）

虽然计算机科学在 20 世纪 70 年代后期基本上放弃了神经元网络领域，但是在其他领域这方面的工作仍在继续。物理学家如约翰·霍普菲尔德（John Hopfield，1982）使用统计力学的方法来分析网络的存储和优化特性，把节点集合当作原子集合处理。心理学家 David Rumelhart 和 Geoff Hinton 继续进行关于记忆的神经元网络模型研究。真正的推动力出现在 20 世纪 80 年代，当时有至少 4 个不同的研究小组重新发明了由 Bryson 和 Ho 在 1969 年首先发现的反向传播算法。该算法被应用于很多计算机科学和心理学中，而文集《并行分布式处理》（*parallel distributed processing*）中的结果的广泛流传引起了巨大的反响。

智能系统模型被视为符号模型以及逻辑方法的直接竞争者。在某些层次上人类处理的是符号，事实上，Terrence Deacon 的著作《符号的物种》（*the symbolic species*）指出这是人类的定义特性，但是大多数激烈的连接主义者质疑符号处理在认知的精细模型中是否真正有解释作用。这个问题还没有答案，不过当前的观点认为连接主义方法和符号主义方法是互补的，而不是对手。

（八）AI 成为科学（1987 年至今）

近年来在 AI 研究的内容和方法论方面发生的革命，更普遍的是在已有理论的基础上进行研究而不是提出新的理论，把主张建立在严格的定理或者确凿的实验证据的基础上而不是靠直觉，显示与现实世界的应用的相关性而不是与玩具样例的相关性。

AI 的建立，部分是出于对类似控制论和统计学等已有理论的局限性的叛逆，但是它现在开始接受这些领域。正如 David McAllester 指出的："在 AI 的早期，符号计算的新形式是值得称道的，例如，框架和语义网络，它们使很多经典理论失效。"这导致形成一种孤立主义，AI 与计算机科学的其他领域之间出现巨大的鸿沟。这种孤立主义目前正在逐渐被抛弃，机器学习不应该和信息论分离，不确定推理不应该和随机模型分离，搜索不应该和经典的优化与控制分离，自动推理不应该和形式化方法与静态分析分离。在方法论方面，AI 最终成为坚实的科学方法。为了被接受，假设必须以严格的实验为条件，结果的重要性必须经过严格的分析。通过利用 Internet 和共享测试数据库及代码，重复实验是可能的。

语音识别领域图示了这种模式。在 20 世纪 70 年代，人们尝试了范围很宽的不同体系结构与方法的变种。这些尝试很多特别脆弱，仅仅在很少的特定样本上进行了演示。近些年，基于隐马尔可夫模型（HMM）的方法开始统治这个领域。HMM 的两个方面是重要的。首先，它们建立在严格的数学理论基础上，这允许语音的研究者们以其他领域中发展了数十年的数学成果为根据。其次，它们是通过在大量的真实语音数据的语料库上的训练过程生成的。如此保证了性能是鲁棒的，而且在严格的测试中，HMM 稳定地提高着它们的得分。语音技术和与之有关联的手写字符识别已经开始在工业和个人应用中广泛使用。

神经元网络也符合这个趋势。很多神经元网络方面的工作在 20 世纪 80 年代得以完成，人们试图划定范围和了解神经元网络与传统技术之间到底有多大差别。通过改进的方法论和理论框架，对这个领域的理解达到了一个新的高度，神经元网络可以和统计学、模式识别、机器学习等领域的对应技术相提并论，并且其最有前途的技术可以用在每个应用程序上。作为这些发展的结果，数据挖掘技术促生了一个有活力的新工业。

随着研究兴趣的复苏，Perter Cheeseman 在文章《保卫概率》（*in defense of probability*）中进行了概括，Judea Pearl 的《智能系统中的概率推理》（*probabilistic reasoning in intelligent systems*）导致了 AI 对概率和决策理论重新接纳。贝叶斯网络的形式化方法针对不确定知识的充分表示和严格推理。这种方法解决了 20 世纪 60 年代和 70 年代的概率推理系统的很多问题。它目前在不确定推理和专家系统的 AI 研究中占重要地位。这种方法允许根据经验进行学习，并且把传统 AI 和神经元网络的最好部分结合起来。Judea Pearl 的工作与 Eric Horvitz 和 David Heckerman 的工作促进了规范专家系统的思想，它们根据决策理论的法则理性地行动，不试图模仿人类专家的思考步骤。Windows 操作系统包含了一些用于纠正错误的规范诊断专家系统。

同样温和的革命也发生在机器人技术、计算机视觉和知识表示领域。对于问题和它们的复杂特性，结合不断增加混入的数学成分，引发了一些可行的研究工作安排和鲁棒的方法。形式化和专门化也导致了分裂，例如，视觉和机器人技术的话题日益从主流 AI 研究工作中分离出来。把 AI 视为理性智能体设计的一体化观点，是一种可以重新给这些分离的领域带来统一的观点。

（九）智能化智能体的出现（1995 年至今）

也许受到解决 AI 一些子问题进程的鼓舞，研究者们重新开始审视完整智能体问题。艾伦·纽尔尔、John Laird 和 Paul Rosenbloom 在 SOAR 系统上的工作是最著名的完整智能体结构的例子。环境约束运动把目标瞄准了对嵌入真实环境的智能体的工作进行理解，这些智能体能持续得到传感器输入。最重要的智能化智能体环境之一就是因特网（Internet）。AI 系统在基于万维网的应用中变得如此普通，以致机器人后缀（−bot）已经进入日常用语。此外，AI 技术成为许多 Internet 工具的基础，例如，搜索引擎、推荐系统，以及网站构建系统。

除了本书，近来一些其他的书籍也采纳了智能体的观点。试图建造完整智能体的第一个成果就是认识到目前 AI 分离的子领域需要重新组织起来，至少它们的结果需要联系在一起。一个被普遍接受的事实是感觉系统（视觉、声音、语音识别等）不能很好地传递关于环境的可靠信息，因此推理和规划系统必须能处理不确定性。智能体观点的第二个主要成果是 AI 与其他涉及智能体的领域的联系被拉近了，例如，控制论和经济学。

近十年来，随着大数据、云计算、互联网、物联网等信息技术的发展，以深度神经网络为代表的 AI 技术飞速发展，大幅跨越了科学与应用之间的技术鸿沟，例如，图像分类、语音识别、知识问答、人机对弈、无人驾驶等 AI 技术，实现了从不能用、不好用到可以用的技术突破，AI 迎来爆发式增长的新高潮。

未来随着 AI 核心技术的突破，将不断改善提升现有的局限性，快速向各行各业渗透融合，这是 AI 驱动第四次技术革命的最主要表现方式。

三、AI 的产业结构

AI 引爆的不仅是技术的进步，更重要的是产业的变革和行业格局的变革。AI 时代的来临，将使人们的工作方式、生活模式、社会结构等进入一个崭新的发展期，催生新的技术、产品、产业、业态、模式，从而引发经济结构的重大变革，如图 1−2 所示。

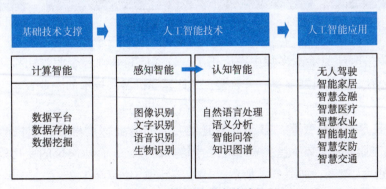

图 1−2　智能技术变革过程

AI 产业从结构上分为 3 个层次，如图 1-3 所示。

（1）基础支撑层（基础层）。

基础支撑层是 AI 产业的基础，其主要是研发硬件及软件，为 AI 提供数据及算法支撑，主要包括物质基础：计算硬件（AI 芯片、传感器）、计算系统技术（大数据、云计算和 5G 通信）、数据（数据采集、标注和分析）和算法模型。传感器负责收集数据，AI 芯片（GPU、FPGA、ASC 等）负责运算，算法模型负责训练数据。

（2）技术驱动层（技术层）。

技术驱动层是 AI 产业的核心，其主要包括图像识别、文字识别、语音识别、生物识别等应用技术，主要用于让机器完成对外部世界的探测，看懂、听懂、读懂世界，进而能够作出分析判断，采取行动，让更复杂层面的智慧决策、自主行动（由感知智能到认知智能）成为可能。

（3）场景应用层（应用层）。

场景应用层是 AI 产业的延伸，专注行业应用，其主要面向 AI 与传统产业的深度融合，实现不同行业应用场景的解决方案（如 AI+制造、家居、金融、教育、交通、安防、医疗、物流、零售等领域）和 AI 消费终端产品（智能汽车、智能机器人、智能无人机、智能家居设备、可穿戴设备等）。

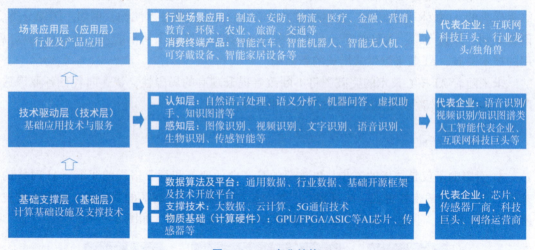

图 1-3　AI 产业结构

总体来看，我国 AI 企业多集中在应用层，技术层和基础层企业占比相对较小，从技术类型分布来看，涉及机器学习、大数据、云计算和机器人技术的企业较多，整体分布相对均匀。

随着 AI 技术的不断变革，AI 正在快速地与各行各业深度融合，加快产业智能化进程。AI+传统产业已是大势所趋，未来对人才培养的方向、企业岗位的变化以及职业能力的要求将出现巨大改变，如图 1-4 所示。

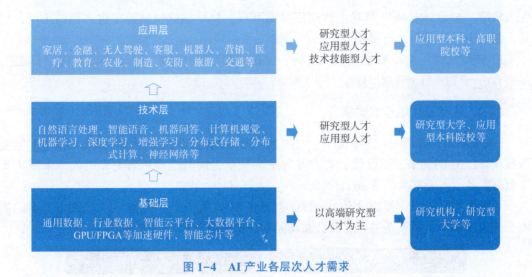

图1-4　AI产业各层次人才需求

四、AI会取代的职业

（一）关于机器思考

AI的终极目标是让机器能够像人一样思考和活动。那么，机器有智能吗？机器会理解吗？机器能思考吗？如图1-5所示。

图1-5　智能机器人会思考吗？

从《黑客帝国》开始，人们就对未来科技生活展开了想象：在未来，人们将会生活在虚拟世界，平常的感知都将由程序来模拟，由机器来替代。电影《人工智能》里面，与人的外表、智慧几乎相同的机器人，这个机器人本身甚至没有意识到自己是机器人，反而以为自己是人类。对AI时代，人们总是期待又恐惧，当AI一步步地改变着人们的认知和生活，欢喜与隐忧也同步而来。

2020年的新冠疫情时期，非常多的AI黑科技在此关键时候出来。如智能远程医疗诊断机器人、送药送饭智能机器人、智能物流机器人、健康码智能疫情监测系统、智能防控无人机等。AI 在"抗疫"战场上的应用可圈可点，它是如此快速地走进人们的生活，也让人们一下子认识到，AI 还有这样多的用途。

AI 来得太快，未来 AI 会替代人类吗？现在没有答案，但需要人类去认识它、了解它，最终真正地应用 AI，驾驭 AI。

（二）AI 对未来职业的影响

《未来简史》作者赫拉利曾豪言："在 20~30 年超过 50% 的工作机会被 AI 取代。"麦肯锡预言，AI 的到来，不仅代表着产业的重大变革，同时也预示着更多的人未来或将无工可打，各行各业都面临着 AI 的挑战。

可以预见，未来，可能没有一个行业能离开 AI 这两个字。在 AI 的大浪潮下，谁的饭碗会被快速砸掉？哪些新兴职业又会涌现呢？详细信息如图 1-6 所示。

工作消失概率前十名	工作消失概率后十名
材料和木料机操作工96.5%	人工智能科学家0.1%
装配工和常规程序操作工96.7%	创业者0.1%
财务类行政人员96.9%	心理学家0.1%
银行或邮局职员97.1%	宗教教职人员0.1%
簿记员、票据管理员或工资结算员97.3%	酒店与住宿经理或业主0.1%
流水线质检员97.5%	首席执行官0.1%
常规程序检查员和测试员97.7%	首席营销官0.1%
过秤员、评级员或分类员97.9%	卫生服务与公共卫生管理或主管0.1%
打字员或相关键盘工作者98.1%	教育机构高级专家0.1%
电话销售员、市场98.3%	特殊教育教师0.1%

图 1-6　AI 替代职业的概率排名情况

AI 的本质目的是将人们从简单、机械的劳动中解放出来，有效地提高效率与质量、节约时间，降低人力与业务成本。从社会分工来看，很多简单的工作、易于自动化的内部工作被取代只是时间问题。例如，依靠训练即可掌握的技能、重复性劳动、熟练即可的工作，以及工作空间小、极少接触外界的工作（生产工、装配工、流水线作业等）。这些工作将首当其冲被取代。

但随着企业的转型与生产力提高，非自动化工作，例如，创意、设计、发明、沟通协调等，对劳动力的需求将会上升，并在企业内外部创造新的工作机会。因此，从本质上说，AI 将带来的是一种劳动力的转型，这将改变人们的工作性质，重塑未来的劳动力。

总体来说，AI 有可能超越人类，主要是智商和运算层面，以及替代人类去做危险性的工作和需要效率的工作。而人的理解、情感、灵感、同情心、共鸣性、创造力、审时度势等软实力，是机器一时半会难以取代的。人类大脑潜能的激发，永远在路上。

（三）AI 训练师

任何技术革命都会取代一些岗位，从而创造出另一些岗位。据罗兰贝格研究发现，每破坏掉 100 份工作，AI 将直接创造 16 份新工作，这些工作机会集中在对 AI 解决方案进行设计执行与维护的岗位。

2019 年，人社部发布了 13 个新职业。AI 相关职业包括 AI 工程技术人员、物联网工程技术人员、大数据工程技术人员、云计算工程技术人员、无人机驾驶员等被提及强调。2020 年 3 月，人社部又再次向社会发布了未来急需的 16 个新职业，其中 AI 训练师、智能制造工程技术人员、工业互联网工程技术人员、虚拟现实工程技术人员等名列其中。而这些新职业的诞生就是新产业、新业态、新技术下行业企业的迫切需求。

AI 训练师，大家都觉得很陌生，这是什么新职业？为什么会有这个需求？究竟要具备什么能力？

AI 训练师的定义是阿里巴巴率先提出，它被形象地称为机器人饲养员。这也是 AI 技术广泛应用带来的第一个非技术类新职位。

为什么这个新岗位会产生大量需求？AI 的应用需要大量数据的支撑，而在各行各业获取到的原始数据无法直接用于模型训练，这些原始数据需要专业的标注和加工后才能使用，但如果标注人员不懂行业具体的应用场景，对数据的理解和标注质量差异很大，这将导致整体标注工作的效率和效果都不够理想。因此，AI 训练师应运而生，这不是一个 AI 技术职位，而是 AI+专业应用的新岗位。

AI 训练师是指使用智能训练软件，在 AI 产品实际使用过程中进行数据库管理、算法参数设置、人机交互设计、性能测试跟踪及其他辅助作业的人员。简言之，就是让 AI 更懂人、通人性，更好地为人们服务。人们熟悉的天猫精灵、菜鸟语音助手、阿里小蜜等智能产品背后，都有 AI 训练师的身影。国内第一批 AI 训练师就诞生在阿里巴巴的客服团队。4 年多来，阿里巴巴生态内 AI 训练师从业者已逾 20 万人。

AI 模型训练流程如图 1-7 所示。

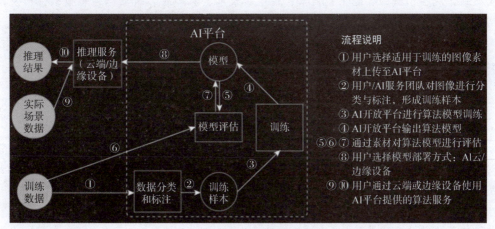

图 1-7　AI 模型训练流程

总体来看，从智能产品应用、数据分析、业务理解、智能训练等维度可划分为 5 个等级，包括：

（1）标注和加工图片、文字、语音等业务的原始数据；

（2）设计 AI 产品的交互流程和应用解决方案；

（3）分析提炼专业领域特征，训练和评测 AI 产品相关算法、功能和性能；

（4）监控、分析、管理 AI 产品应用数据；

（5）调整、优化 AI 产品参数和配置。

其实，就是通过分析需求和相关数据，完成数据标注规则的制定，最终实现提高数据标注工作的质量和效率，让智能体更懂人，更好地为人服务。

在 AI 训练师的帮助下，智能机器人发挥了智能外呼和推送的能力。在电商服务、票务出行、健康问诊、生活购物等服务体验端，展现了高效的服务能力。数据显示，预估到 2022 年，国内外 AI 训练师相关从业人员有望达到 500 万。新职业的公布，将有助于规范和引导 AI 训练师的岗位应用，有效带动传统行业人员转型升级。

AI 会砸掉一些饭碗，也会端来一些新的饭碗，还会让一些饭换一种吃法。AI 已经在路上了，这碗饭，你准备好怎么吃了吗？

课后延展 <<<

你好，我是微软小冰，史上最强 AI 聊天机器人。我爱卖萌，爱耍小聪明，爱大闹企鹅村。和我聊得越多，我越聪明哦。有好多独家秘籍，等你探索呢。

——微软小冰

很难想象哪一个大行业不会被 AI 改变。大行业包括医疗保健、教育、交通、零售、通信和农业。AI 会在这些行业里发挥重大作用，这个走向非常明显。

——Andrew Ng，人工智能计算机科学家和全球领导者

AI 作为新一轮产业变革的核心驱动力将进一步释放历次科技革命和产业变革积蓄的巨大能量，并创造新的强大引擎，重构生产、分配、交换、消费等经济活动各环节，形成从宏观到微观各领域的智能化新需求，催生新技术、新产业、新业态、新模式，引发经济结构重大变革，深刻改变人类生产生活方式和思维模式，实现社会生产力的整体跃升。

——《人工智能与产业变革》李清娟等

自我测试

1. 想一想，AI 从会学习、会行动到能思考、能应变，两种不同的智能水平可能给人类工作、生活带来巨大变化，人类和机器怎么协同共处？

2. 结合本节学习的内容，查阅相关资料，思考并对 AI 产业结构及代表企业、AI 在行业的典型应用场景等展开小组讨论，选择一个应用领域或一家企业形成专题报告并向全班同学讲解展示。

3. 结合自己所学的专业，查阅相关行业资料，思考该行业未来需要 AI 训练师吗？在哪些具体工作领域有需要？

学习情境二 认识人工智能的核心与支撑

内容概览

学习情境二内容概览如图 2-1 所示。

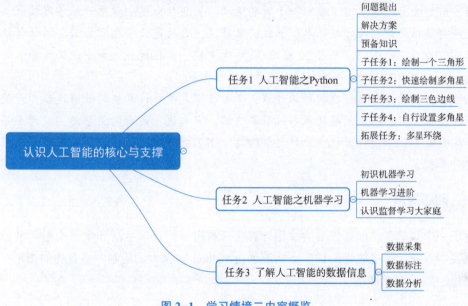

图 2-1 学习情境二内容概览

任务1 人工智能之 Python

教学目标
1. 掌握 Python 语言的安装方法。
2. 掌握 Python 语言绘制图形语句及方法。
3. 利用 Python 语言绘制三角形。
4. 利用 Python 语言绘制多角星。

教学要求
1. 知识点

掌握绘制图形的基本语法规则。

2. 技能点

掌握下载 Python 语言的方法，熟练使用语言绘制图形。

3. 重难点

重点是了解 Python 语言的语法，难点是通过任务分析修改代码完成任务目标。

任务说明

从绘制三角形到多角星，灵活地设置三角形的边长、角度和颜色。

20 世纪 40 年代问世的电子计算机毋庸置疑是人类最伟大的科学技术成就之一，它的诞生不但极大地推动了科学技术的发展，而且深刻地影响了人们的思维和行为。随着相关领域科学技术的迅猛发展，计算机学科涉及的领域和探索的方向（如 AI 等）越来越广泛。在美国，前总统奥巴马发起了编程一小时的运动，旨在让全美小学生开始学习编程。在英国，政府将编程知识引入学校课本，并成为必修课，目的是让学生掌握必要的计算机思维并培养创造力。在以色列，早在 20 世纪 90 年代中期，编程就成为高中的必修课。而在日本，政府计划 2020 年以后中小学都必须开设编程课程。

编程就是运用计算机解决问题的过程，学习编程是了解计算机的最好途径，以便更好地学习计算机分析和解决问题的基本过程与思路。有人说，最好的关系其实就两个字——懂得。编程就是让你懂计算机，让计算机懂你。下面就通过 3 个生动、实用的例子来更好地了解计算机。

一、问题提出

对于一个初学者，如果想要尝试用计算机来解决一些日常生活和学习中遇到的计算问题，就要学着说计算机能懂的话。下面就通过 Python 编程尝试绘制一些有趣的图形——多彩多角星，如图 2-2 所示。

图 2-2　多彩多角星

二、解决方案

本案例的解决方案如图 2-3 所示。

这个问题的结果是在计算机屏幕上绘制出一组环绕的多彩多角星。多角星是指以头尾接续的边线构成的几何形状；多彩是指多角星的边线有不同的颜色，其内部也有填充颜色；而环绕是指同一颗多角星围绕中心点均匀地绘制多次，构成更生动的几何图形。

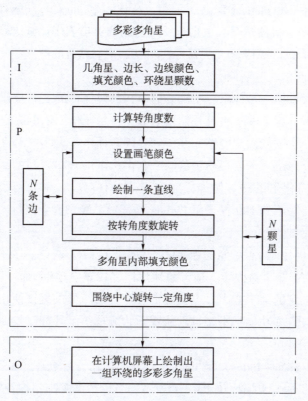

图 2-3　解决方案

解决这个问题的基本思路如下。

① 需要知道绘制的是几角星、边长是多少、边线填充的又是什么色，以及有多少颗多角星环绕。

② 针对不同的角数（五角星、九角星等）来设计具体怎么画，这里会涉及平面几何的内角、外角计算等。

③ 让计算机按指定边长绘制这颗多角星，其边线颜色不同，内部还有不同的填充颜色。

④ 通过旋转一定角度后反复绘制这颗多角星就能构成多角环绕。

在真正让计算机开动之前，首先要了解一些计算机的相关知识。

三、预备知识

（一）关于 Python 语言

Python 编程的指导思想是，对于一个特定的问题，用一种方法，而且最好是只有一种方法来做一件事。

Python 语言是著名的荷兰人 Guido van Rossum 在 1989 年圣诞节期间，为了打发无聊的时间编写的一个编程语言，其第一个公开发行版本发行于 1991 年。在 IEEE 发布的 2017

年编程语言排行榜中，Python 语言高居首位，C 语言和 Java 语言分列第二位和第三位。Python 语言近来在 AI、机器学习、数据分析等领域的突出表现让其火爆异常。

本书之所以选择 Python 语言，是因为它有以下几个显著的特点。

（1）易读易写。

Python 语言的设计原则是优雅、明确、简单，其设计目的之一是让代码具备高度的可阅读性，所以，Python 程序看上去总是简单易懂，一目了然。Python 语言的这种代码本质是它最大的优点之一，它使用户能够专注于解决问题而不是去明白语言本身。

除便于读懂外，Python 语言还易于编写，它虽然是用 C 语言写的，但是它摒弃了其中非常复杂的指针，简化了语法。例如，完成同一个任务，C 语言可能要写 500 行代码，Java 语言也许只需要写不到 100 行，而 Python 语言很可能只要十几行。

（2）现找现用。

Python 语言提供了非常完善的基础代码库，涵盖了网络、文件、图形用户界面（GUI）、数据库、文本等大量内容，被形象地称作"内置电池"。而除基础代码库外，Python 语言还有大量丰富的第三方库，也就是别人开发的、可供直接使用的代码。用 Python 语言进行程序开发，许多功能都不必自己从零开始编写，而且可以找到现成的库，在此基础上有效地加以利用即可。

PyPI（Python Package Index）是 Python 官方的第三方库仓库，截至 2019 年 3 月，其中包含的第三方库多达 17 万个，如图 2-4 所示，可以帮助解决各种各样的问题，如文档、数据库、网页浏览器、密码系统、GUI 的生成等。

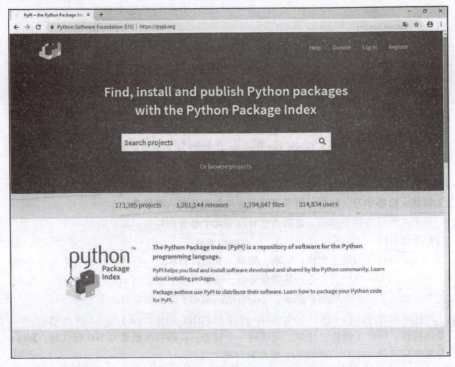

图 2-4   Python 官方的第三方库仓库

（3）开源、开放。

开源、开放是 Python 语言最重要的特点，Python 解释器——开源，Python 库——开源，程序生态环境——开放。Python 语言是自由/开放源代码软件（FLOSS）之一，用户可以自由地发布这个软件的副本，阅读或改动它的源代码，或者将源代码的一部分用于新的自由软件中。

Python 语言有大计算生态，从游戏制作到数据处理，从数据可视化分析到 AI 等。它具有极为丰富和强大的库，除标准库外，还有第三方库可供使用。许多大型网站就是用 Python 语言开发的，如 YouTube、Instagram、Yahoo、豆瓣、知乎、拉勾网等。而现在随着运维自动化、云计算、虚拟化、机器智能等技术的快速发展，Python 语言也越来越受重视。很多大公司，包括 Google、Yahoo、BAT、京东、网易等，甚至 NASA（美国航空航天局）都大量地使用 Python 语言。

（4）不向下兼容的 Python 3.x。

Python 语言的版本更迭过程痛苦且漫长，伴随着大量库函数的升级替换，目前 Python 3.x 系列已经成为主流。但是，为了减少不必要的负担，Python 3.x 在设计时就没有考虑向下兼容，所以，Python 3 和 Python 2 是不兼容的，而且差异比较大。更为关键的是，Python 语言核心团队计划在 2020 年停止支持 Python 2。因此，对于当下的 Python 语言初学者，Python 3.x 是必然的选择。

对于初学者完成普通任务，进而解决各自领域的各种问题，Python 语言是非常简单易用的。

1. 安装和配置开发环境

在本书中，Python 语言开发环境采用的是 Anaconda+PyCharm（edu 2019.1）。

（1）安装 Anaconda。

Anaconda 是一个开源的 Python 发行版本，包括 Conda、Python 及大量安装好的工具包。Conda 是一个开源的软件包和环境管理器，可以用于在同一台计算机上安装不同版本的软件包及其程序，并能够在不同的环境之间切换。

Anaconda 下载地址为 https://www.anaconda.com/download，可以下载 Anaconda 的最新安装程序及查看安装说明，无论是 Windows，Linux 操作系统还是 mac OS 操作系统，都可以找到对应的安装软件。运行下载的安装包，安装过程的主要步骤如下。

① 在安装 Anaconda 时，必须勾选 Advanced Options 中的两个复选框，从而将 Anaconda 所在的路径添加到环境变量 PATH 中，并安装它自带的 Python 3.6，如图 2-5（a）所示。

② 单击 Skip 按钮，不安装 VSCode 编辑器，如图 2-5（b）所示。

③ 单击 Finish 按钮，完成安装，可以通过勾选复选框的方法查看相关教程，如图 2-5（c）所示。

（2）安装 PyCharm。

PyCharm 是一种 Python IDE（集成开发环境），带有一整套可以帮助用户提高 Python 程序开发效率的工具，如调试、语法高亮、Project 管理、代码跳转、智能提示、自动完成、单元测试、版本控制等，这对初学者来说极为方便，对 Python 语言的学习很有益处。

PyCharm 教育版免费下载地址：http://www.jetbrains.com/pycharm-edu/。

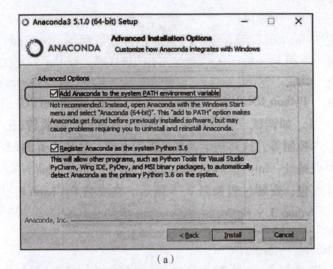

（a）

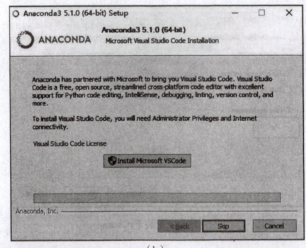

（b）

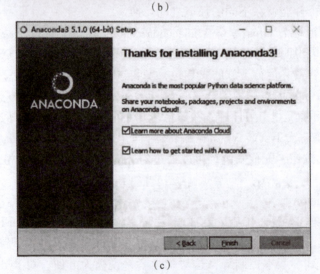

（c）

图 2-5　安装 Anaconda

（a）添加 Anaconda 所在的路径并安装 Python 3.6；（b）不安装 VSCode 编辑器；（c）完成安装

运行下载的安装包，安装过程如图 2-6 所示。在安装 PyCharm 时，必须选中 Choose Python version 选项区域中的 Python 3.x 单选按钮，并勾选 Create associations 选项区域中的 .py复选框。

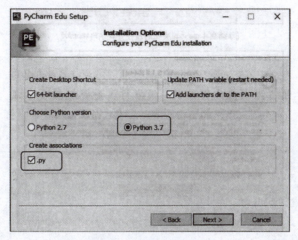

图 2-6　安装 PyCharm

（3）配置 PyCharm。

安装完成后，首次使用 PyCharm 时需要进行配置，配置过程的主要步骤如下。

① 单击 Create New Project 按钮，在 New Project 对话框中，输入新建工程的文件路径（如 D：\chap2），如图 2-7（a）所示，单击 Create 按钮。

② 选择 File→Settings 命令，如图 2-7（b）所示，打开 Settings 对话框。

③ 选择 Setting→Project chap2→Project Interpreter 查看当前项目的解释器，如图 2-7（c）所示。此时，解释器是 PyCharm 下的 Python，需要设置成 Anaconda 下的 Python（路径中有 Anaconda）。单击 Project Interpreter 右侧的按钮，选择 Add 命令。

④ 在 Add Python Interpreter 对话框中选择 System Interpreter 选项，在 Interpreter 下拉列表框中找到 Anaconda 下的 Python（路径中有 Anaconda），如图 2-7（d）所示，单击 OK 按钮。

⑤ 返回 Settings 对话框，其中显示了很多安装包，如图 2-7（e）所示。

> **说明**：在 Pycharm 中新建 .py 文件需要在一个工程文件夹中进行。在本章中，PyCharm 的工程文件夹均为 D：\ chap2。

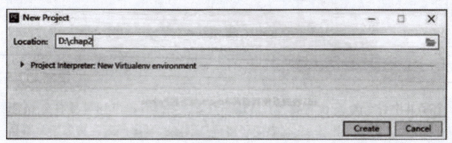

（a）

图 2-7　配置 PyCharm

（a）输入新建工程的文件路径

（b）

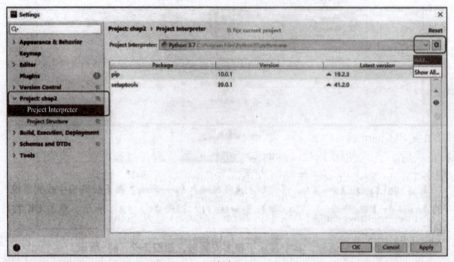

（c）

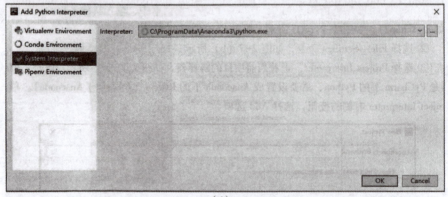

（d）

图 2-7　配置 PyCharm（续）

（b）选择 Settings 命令；（c）查看当前项目的解释器；

（d）找到系统自带的 Anaconda 下的 Python

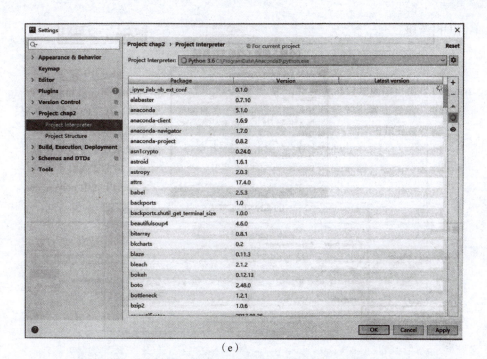

（e）

图 2-7　配置 PyCharm（续）

（e）安装包列表

（4）安装第三方库。

打开命令提示符窗口，输入 pip install 的 Package 命令安装相应的包，具体如下：

```
pip install  numpy
```

通过下面这行命令，可以查看已安装的包，命令如下：

```
pip list
```

而删除包则可输入 pip uninstall 的 Package 命令，具体如下：

```
pip uninstall  numpy
```

2. 新建 . py 文件

新建文件是指把 Python 程序的源代码编写在扩展名为 . py 的文件中并保存，在此基础上根据要求完成进一步的编辑、运行、调试等工作。

. py 就是最基本的 Python 源代码扩展名，其文件名是英文字母、数字、下划线的组合（如 exp2_1_1. py）。

本书采用的集成开发环境是 PyCharm，因而可以在 PyCharm 中新建文件，主要步骤如下。

（1）启动 PyCharm，选择 Open 命令打开已有文件夹，或者选择 Create New Project 命令创建一个新工程，如图 2-8（a）所示。

（2）在 PyCharm 中，右击左侧 Project 工具栏中的工程名（如 chap2），在弹出的快捷菜单中选择 New→Python File 命令，如图 2-8（b）所示。

（3）在打开的 New Python file 对话框中，输入 . py 文件名（如 exp2_1_1），如图 2-8（c）所

示，单击 OK 按钮。

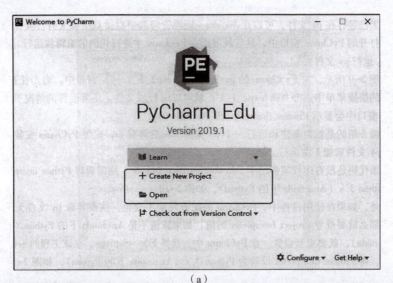

（a）

（b）

（c）

图 2-8　在 PyCharm 中新建 . py 文件

（a）创建或打开一个新工程；（b）选择 Python File 命令；（c）输入 . py 文件名

如果已经存在.py 文件，可以在 Windows 资源管理器中直接双击该文件，或者将该文件拖动到打开的 PyCharm 窗口中，然后就可以在 PyCharm 中进行代码的编辑和运行。

3. 运行 . py 文件

如图 2-9 所示，在 PyCharm 的文件（如 exp2_1_1. py）窗口中，右击任意位置，在弹出的快捷菜单中选择 Run 'exp2_1_1' 命令，就可以运行该文件。正常运行的情况下，底部的 Run 窗口中会显示 Process finished with exit code 0 的提示。

上面介绍的是如何新建和运行一个 . py 文件。一般情况下，只要 PyCharm 安装并配置正确，. py 文件就能正常运行。

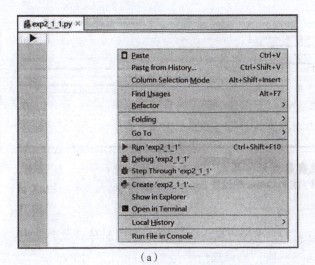

（a）

Process finished with exit code 0

（b）

图 2-9　在 PyCharm 中运行 . py 文件

（a）运行 . py 文件；（b）正常运行的提示

如果代码还没有运行就弹出了 Edit configuration 对话框，则需要将 Python interpreter 设置为 Python 3. x，如图 2-10（a）所示。

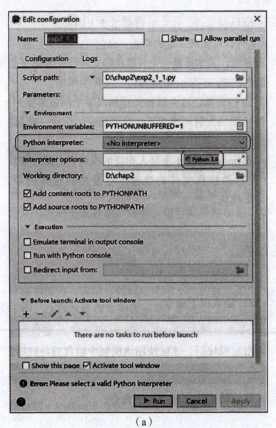

（a）

图 2-10　在 PyCharm 中设置 Project Interpreter

（a）Edit configuration 对话框

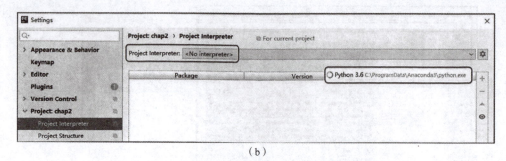

（b）

图 2-10　在 PyCharm 中设置 Project Interpreter（续）

（b）Settings 对话框

此外，如果在使用过程中，PyCharm 的配置发生了变化，从而导致文件无法正常运行，那么就要查看 Project Interpreter 的值，如果该值不是 Anaconda 下的 Python，就要重新设置。在 PyCharm 中，选择 File→Settings 命令，在该工程的 Settings 对话框中，将 Project Interpreter 设置为 Python 3.x，如图 2-10（b）所示。

（二）初识 Python 3

1. 导入模块：import 和 from import

Python 语言的一大特色就是拥有非常完善的基础代码库和丰富的第三方库，可以很方便地实现各种功能。

库是具有相关功能模块的集合，库中有着数量庞大的模块（module）和包（package）可供使用。模块本质上是一个文件，可实现一定的功能；而包是一个由模块和子包组成的 Python 应用程序执行环境，其本质是一个有层次的文件目录结构（必须带有一个_init_.py文件）。本书从使用角度出发，不区分模块和包，统称为模块。

要想现找现用这些资源，首先就得知道解决某个问题需要用到什么模块。一般情况下，在互联网上进行问题的主题词搜索就会得到相应的信息，然后将指定模块导入当前程序。

Python 语言利用 import 或 from import 来导入相应的模块，必须在模块使用之前进行导入。因此，一般来说，导入总是放在文件顶部，尽量按照 Python 标准库、Python 第三方库、自定义模块这样的顺序。

import 的语法如下：

```
import 模块名#导入一个模块
from 模块名 import 指定元素[as 新名称]#导入模块中的指定元素,新名称通常是简称
from 模块名 import* #导入模块中的全部元素
```

比如，导入 turtle 库，输入以下命令：

```
import   turtle
```

在当前程序中导入指定模块后，才能使用该模块中包含的各种功能，具体形式如下：

```
模块名,函数名()
```

比如，让画笔顺时针旋转 120°，可以输入以下命令：

```
turtle.right(120)
```

2. 基本语法规则：代码

Python 是一种计算机程序设计语言，和日常使用的自然语言会有所不同。用计算机编程语言说的话称为代码（又称语句），绝不能存在歧义，否则计算机将无法理解。

因此，任何一种编程语言都有自己的一套语法，即使像 Python 这样易读易写的语言也有一些必须记住、必须遵守的语法规则。设计者设计了限制性很强的语法，使初学者从一开始就养成良好的编程习惯。

> **注意**：Python 代码区分大小写。这是初学者最容易忽视的一个规则，也就是说 turtle 和 Turtle 在 Python 中是不一样的。

（1）代码行。

Python 语言开发通常在一行中编写一条代码，也可以在一行中编写多条代码，代码之间要使用分号（；）分隔。一条代码也可以分多行显示，在行尾使用反斜杠（\）即可。

空行也是程序代码的一部分，但它并不受 Python 语法规则的限制。书写时不插入空行，运行也不会出错。

空行的重要作用在于分隔两段不同功能或含义的代码，便于日后代码的维护或重构。

（2）注释行。

注释行是编程者自行加入的信息，用来对代码进行相应的说明，从而提高代码的可读性。注释是辅助性文字，会被翻译器或解释器忽略。

Python 语言有两种注释方法：单行注释和多行注释。以#开头的是单行注释，而多行注释以 3 个英文单引号开头和结尾（如果注释中含有中文）。

对于初学者来说，一开始编写代码就要有意识地增加空行、添加注释。

3. 基本数据类型：数字和字符串

从通常意义上讲，数据（data）不仅指狭义上的数字，还可以是具有一定意义的文字、字母和数字符号的组合，以及图形、图像、视频、音频等，也可以是客观事物的属性、数量、位置及其相互关系的抽象表示。例如，银行账号和密码、体检时的各项血液指标和心电图报告等。

在计算机科学领域，数据是所有能输入计算机并被计算机程序处理的、具有一定意义的数字、字母、符号和模量等的统称。根据数据所表现的含义，它们就会有各自对应的类型。例如，某人的身高和他的身份证号码就应该是不同的数据类型（data type）。

Python 3 的基本数据类型包括以下 6 种：数字（number）、字符串（string）、列表（list）、元组（tuple）、集合（set）、字典（dictionary）。在此对最常用的数据类型数字和字符串进行简单的介绍。在之后的章节中，会对各种数据类型进行深入的讲解。

（1）数字。

数字用于存储数值。Python 3 中的数字有 4 种类型，分别是整数（int）、浮点数（float）、布尔（bool）和复数（complex）。其中最常用的是整数和浮点数。

整数也被称为整型，是不带小数点的数，理论上没有大小限制，如−1 234 567 899 999，

200，0 等。

　　浮点数就是带小数点的数，由整数部分与小数部分组成，如 0.5，3.141，-33.95 等。之所以称为浮点数，是因为按照科学计数法表示时，一个浮点数的小数点位置是可以改变的。比如，12345.6 可以表示为 $1.234\,56×10^4$，也可以表示为 $123.456×10^2$。

　　（2）字符串。

　　字符串是以一对单引号（'）或双引号（"）括起来的任意字符，如'he' "red""0755"等。使用一对三引号（3 个单引号或 3 个双引号）可以指定一个多行字符。

> **注意**：在 Python 语言中，单引号和双引号的作用完全相同。

　　这里需要着重说明的是，单引号或双引号本身只是一种表示方式，不是字符串的一部分，因此，字符串'he' 包含的是 h 和 e 这两个字符。如果单引号本身也是字符串的一部分，那就需要用双引号引起来，例如，"he's"就包含 h，e，'，s 这 4 个字符。

4. 标识符

　　在编程语言中，标识符（token）是编程者自己规定的具有特定含义的词。在 Python 语言中，标识符是由字母、下划线、数字构成的，第一个字符必须是字母或下划线，且字母区分大小写。

　　（1）关键字。

　　关键字又称保留字，指的是预先保留的标识符，即 Python 语言内部已经使用了的标识符。Python 语言中共有 3 个关键字，它们是一些具有特殊功能和特定含义的标识符，不允许编程者自定义和这些关键字名称相同的标识符。如果使用了这些关键字，将会覆盖Python 语言内置的功能，可能会导致无法预知的错误。

> **注意**：import 和 from 是 Python 语言的关键字。

　　（2）变量。

　　变量是一种标识符，用于存储数据。变量要有一个有意义的名字，尽量做到从名字中就能明白这个标识符要表达的内容，从而提高代码的可读性。例如，表示身高、姓名的变量可以命名为 my_height，my_name，而多边形的边长、角度、颜色可以定义为 side_length，side_angle，side_color。

　　变量是有类型的。在 Python 中，只要定义了一个变量，而且它已存储了数据，那么它的类型就确定了，不需要编程者主动说明其类型，系统会自动识别。

　　每个变量在使用前都必须赋值，只有赋值以后，该变量才会被创建。等号（=）用来给变量赋值，它的左边是一个变量名，右边是存在变量中的值。例如，表示变量 side_length中存储的是 250 这个数字，输入以下命令：

```
side_length=250
```

　　Python 允许同时为多个变量赋相同的值。比如，变量 my_height、your_height 都赋值为 1.75，输入以下命令：

```
my_height= your_height=1.75
```

　　也可以为多个变量赋不同的值。比如，变量 my_height，your_height 分别赋值为 1.75，

1.99，输入以下命令：

```
my_height, your height=1.75,1.99
```

5. 运算符：算术和赋值

运算符（operator）是一组符号，用于执行程序代码中数据的各种运算。比如，num = 1 + 2 - 3 * 4/5。其中，num 是变量，1，2，3，4 和 5 称为操作数，= ，+ ，- ，* ，/称为运算符。

Python 语言的运算符有很多种，在这里先介绍算术运算符和赋值运算符。

（1）算术运算符。

在很多情况下，数据要先经过算术运算后，再进行下一步处理。表 2-1 通过描述、实例和结果来说明与数字和字符类型相关的算术运算符。其中，num1 = 3，num2 = 5，这些变量分别表示操作数。

表 2-1　算术运算符

运算符	描述	实例	结果
+	加号：两个数相加	num1+num2	8
-	减号：得到负数，或者两个数相减	-num1 num2-num1	-3 2
*	乘号：两个数相乘	num1 * num2	15
**	幂号：a ** b，返回 a 的 b 次幂	num2 ** num1	125
/	除号：两个数相除	num2/num1	1. 666 666 666 666 666 7
//	整除号：返回除法的商的整数部分	num2//num1	1
%	取模号：返回除法的余数	num2%num1	2

（2）赋值运算符。

表 2-2 通过描述、实例和结果来说明赋值运算符的用法。其中，num1 = 3，result = 5，这些变量分别表示操作数。

表 2-2　赋值运算符

运算符	描述	实例	结果	说明
=	简单赋值	result = num1+10	13	将右侧 num1+10 的运算结果赋值给左侧的变量 result
+=	加法赋值	result+ = num1	8	等同于：result = result+num1
-=	减法赋值	result- = num1	2	等同于：result = result-num1
*=	乘法赋值	result *= num1	15	等同于：result = result * num1
**=	幂赋值	result **= num1	125	等同于：result = result ** num1
/=	除法赋值	result/ = num1	1. 666 666 666 666 666 7	等同于：result = result/num1
//=	取整赋值	result// = num1	1	等同于：result = result//num1
%=	取模赋值	result% = num1	2	等同于：result = result%num1

6. 库：turtle

turtle 是 Python 语言标准库，它是一个很流行的绘制图形的函数库。例如，一只小乌龟从坐标原点开始，面朝正方向，受一组指令的控制，在平面直角坐标系中移动，从而在它爬行的路径上绘制出图形。

turtle 用于绘图的窗口称为画布（canvas），如图 2-11 所示。在画布上，默认有一个平面直角坐标系。在默认情况下，其坐标原点为画布的中心，正方向分别是 X 轴和 Y 轴的向右和向上方向。小乌龟也就是画笔，在坐标原点上头向右趴着，等待编程者的命令。

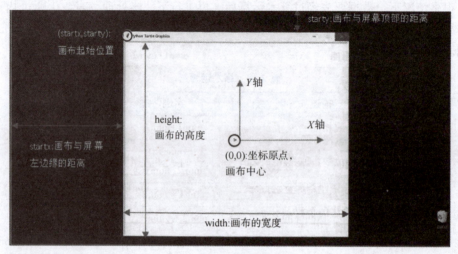

图 2-11　画布

操纵小乌龟绘图的命令可分为两种：运动和控制。主要的绘图命令如表 2-3 所示。

表 2-3　主要的绘图命令

命令	说明	命令类型
turtle. forward(dist)	也可写成 turtle.fd(dist)，向当前的画笔方向移动的距离，即像素长度	运动
turtle. backward(dist)	也可写成 turtle.back(dist)，turtle.bk(dist)，向当前画笔的相反方向移动的距离，即像素长度	运动
turtle. right(degree)	顺时针转动角度	运动
turtle. left(degree)	逆时针转动角度	运动
turtle. pendown()	也可写成 turtle.down()，画笔移动时绘制图形（默认为绘制）	运动
turtle. penup()	也可写成 turtle.up()，提起画笔移动，不绘制图形（用于另起一个地方绘制）	运动
turtle.goto(x,y)	将画笔移动到坐标为（x,y）的位置	运动

续表

命令	说明	命令类型
turtle. color(color1 , color2)	同时设置 pencolor＝color1 和 fillcolor＝color2	控制
turtle. fillcolor(color＝None)	绘制图形的填充颜色，color 没有值就返回当前的填充颜色	控制
turtle. begin_fill( )	准备开始填充图形	控制
turtle. end_fill( )	填充完成	控制

（1）画笔命令。

可以设置画笔的颜色、画线宽度和速度等属性。主要的画笔命令如表 2-4 所示。

表 2-4　主要的画笔命令

命令	说明
turtle. pensize(size＝None)	设置画笔的宽度：没有值，就返回当前画笔宽度；有值，就设置为画笔宽度（像素）
turtle. pencolor(color＝None)	设置画笔的颜色：没有值，就返回当前画笔颜色；有值，就设置为画笔颜色，可以是字符串如"red""green""blue"，也可以是 RGB 三元组
turtle. speed(speed＝None)	设置画笔的移动速度：没有值，就返回当前画笔速度；有值，就设置为画笔绘制的速度。 速度是 [0,10] 区间的整数，从 1 开始，数字越大越快，如果大于 10 或小于 0.5，则速度设置为 0（最快）。 指定的字符串对应的速度值如下："fastest"——0，直接成图，没有动画效果；"fast"——10，大概 1 s；"normal"——6；"slow"——3；"slowest"——1

（2）其他命令。

turtle. done( )

上述命令必须是 turtle 图形程序中的最后一个语句。

turtle. reset( )

上述命令用于清空窗口，重置 turtle 状态为起始状态。

7. 结构化程序设计：顺序

按照结构化程序设计的观点，有 3 种基本程序结构，包括顺序、选择和循环。顺序结构表示程序中的各个动作都是按照它们出现的先后次序执行的，每个步骤都必须依次完成，其流程图如图 2-12 所示。

注意：各个动作的先后次序是程序结构的关键点。

学习情境二　认识人工智能的核心与支撑

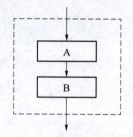

图 2-12　顺序结构流程图

【引例 2-1-1】（exp2_1_1.py）绘制等边三角形。

完成自己的第一个 Python 程序，绘制一个由自己指定大小和颜色的等边三角形（在本节中，统称为三角形）。

1. 引例描述

绘制边长为 200px 的红色等边三角形，如图 2-13 所示。

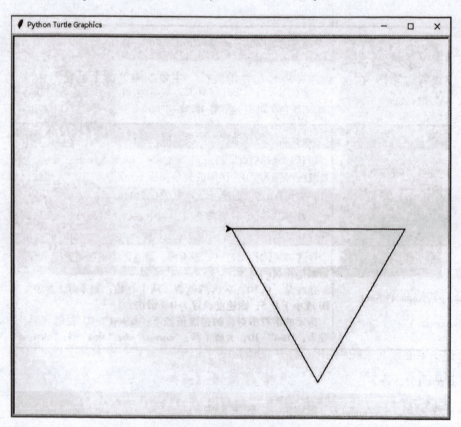

图 2-13　引例 2-1-1 效果

2. 引例分析

画笔从窗口的正中心向右绘制一条长为 200px 的红色线段；在转动一定的角度（120°）后，再绘制第二条红色线段；用同样的方法，再绘第三条线段，从而构成等边三角形。

等边三角形的内角为60°，那么，其外角就是120°，如图2-14所示。为什么要利用外角呢？因为画笔沿着当前方向绘制了一条边线之后，需要顺时针转动与外角相同的角度后，才是绘制下一条边的方向。

3. 引例实现

引例2-1-1的源代码如图2-15所示。

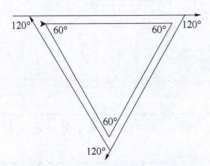

图 2-14　等边三角形的内角和外角

```
1    # 引例2-1-1：绘制等边三角形
2    import turtle
3
4    turtle.color('red')
5    turtle.forward(200)
6    turtle.right(120)
7    turtle.forward(200)
8    turtle.right(120)
9    turtle.forward(200)
10   turtle.right(120)
11   turtle.done()
```

图 2-15　引例 2-1-1 源代码

4. 引例源代码分析

代码行1：注释行，用于简单说明程序功能。

代码行2：导入 turtle 库，用于图形绘制。

代码行3：空白行，用于分隔两段不同功能或含义的代码。

代码行4：设置画笔色为红色（red）。其中，turtle. color（'red'）表示使用 turtle 库中的 color 指令，小括号中的字符串 red 表示红色。

代码行5：向当前的画笔方向（默认情况下向右）移动 200px 长度。

代码行6：画笔方向顺时针转动 120°。

代码行7~10：将代码行5和代码行6（绘制一条边线）重复2次，构成三角形。

代码行11：结束图形绘制。

（三）Python 3 中的判断

1. 结构化程序设计：选择

选择结构是指用选择的方式对过程进行分解，确定某个部分的执行条件。

选择结构表示程序的处理步骤出现了分支，如图2-16所示，需要根据某一特定条件选择其中的一个分支执行。选择结构有单分支、双分支及多分支3种形式。其中，多分支是单分支和双分支的组合和嵌套。

> **注意**：分支条件的确定是选择结构的关键点。

2. 基本数据类型：布尔型

在之前介绍的基本数据类型中，有一种特别的数据类型：布尔型。该数据类型只有两个值：True 和 False，对应的数值分别为 1 和 0。

学习情境二　认识人工智能的核心与支撑

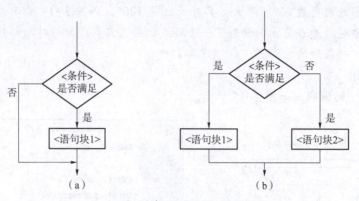

图 2-16　选择结构流程图

（a）单分支；（b）双分支

注意：True 和 False 是关键字，首字母必须大写。Python 代码区分大小写。也就是说，True 和 true 在 Python 语言中是不一样的。

3. 运算符：比较和逻辑

（1）比较运算符。

选择结构中关键的就是对特定条件的判断，这就需要比较运算符，又称关系运算符，用于比较它左右两边的操作数，确定它们之间的关系，其返回值是布尔值（True 或 False）。

表 2-5 通过描述、实例和结果来说明比较运算符的用法。其中，num1 = 5，num2 = 4，这些变量分别表示操作数。

表 2-5　比较运算符

运算符	描述	实例	结果
==	如果两个操作数的值相等，则结果为 True；反之，为 False	num1 == num2	False
!=	如果两个操作数的值不相等，则结果为 True；反之，为 False	num1 != num2	True
>	如果左操作数的值大于右操作数的值，则结果为 True；反之，为 False	num1 > num2	True
<	如果左操作数的值小于右操作数的值，则结果为 True；反之，为 False	num1 < num2	False
>=	如果左操作数的值大于或等于右操作数的值，则结果为 True；反之，为 False	num1 >= num2	True
<=	如果左操作数的值小于或等于右操作数的值，则结果为 True；反之，为 False	num1 <= num2	False

注意：= 是赋值运算符。== 是比较运算符，是两个连写的 =（等号）。切记！

（2）逻辑运算符。

在现实生活中，可能需要对多个条件的复杂情况进行判断，这时就要用到逻辑运算符。

表 2-6 通过描述、实例和结果来说明逻辑运算符的用法。其中，b1 = True，b2 = False，这些变量分别表示操作数。

表 2-6 逻辑运算符

运算符	描述	实例	结果
and	如果两个操作数都为 True，则结果为 True；反之，为 False	b1 and b2	False
or	如果两个操作数都为 False，则结果为 False；反之，为 True	b1 or b2	True
not	用于反转操作数的逻辑状态	not b1	False

① 优先级是 not>and>or。

② 在操作数不都是布尔值时，逻辑运算的返回结果不一定是布尔值。表中的实例仅针对操作数都是布尔值的情况。

4. 基本语法规则：缩进和冒号（:）

缩进（indent）是向里面收缩的意思，类似的情况就是在写书信或文章时，每段前面都要空出两个字的位置。在计算机程序中，缩进是通过空格键（Space）或制表键（Tab）在实际内容之前增加空格。

Python 最基本的规则就是缩进规则。缩进是语法的一部分。

（1）通过采用严格的缩进来表明程序的格式框架。

每一行代码开始前的空白区域即是缩进，是用来表示代码之间的包含和层次关系的，不需要缩进的代码必须顶格书写，不能留空白。

（2）当代码以冒号（:）结尾时，之后缩进的代码被视为代码块。

具体来说，Python 语言利用缩进来表示代码块的开始和退出（Off-side 规则），增加缩进表示代码块的开始，而减少缩进则表示代码块的退出。

（3）缩进的空格数是可以改变的，但同一个代码块中的代码必须包含相同的缩进空格数。

没有规定缩进是几个空格还是一个制表符，但 Python 3 不允许同时使用空格和制表符的缩进。

5. 选择结构：if 语句

（1）一般形式。

if 语句是依据对一个或多个条件的判断结果（True 或 False）来确定执行的代码块。其一般形式是 if-elif-else 语句，if, elif, else 是关键字。

if-elif-else 语句的语法格式如下：

```
if<条件 1>
 <代码块 1>
elif<条件 2>
 <代码块 2>

else：
<代码块 n>
```

if 语句的执行过程，首先，对条件 1 进行判断，如果结果为 True，则执行代码块 1 中的代码序列；否则（即结果为 False），就对条件 2 进行判断，如果结果为 True，则执行代码块 2 中的代码序列；以此类推，如果对所有条件的判断结果都为 False，则执行代码块 n 中的代码序列。

条件判断是自上而下匹配的，当满足某个条件时，就执行对应代码块内的代码，后续的 elif 和 else 都不再执行。也就是说，所有代码块中有且只有一个代码块会被执行。

关于 if 语句，有以下几点需要特别注意。

① 每个条件的后面都必须使用冒号（:），表示接下来是满足条件后要执行的代码块。

② 使用缩进来分代码块，相同缩进的代码在一起组成一个代码块。

③ 除 if 语句外，其他语句都是可选项。

④ if-elif-else 语句中判断条件的顺序不是固定的，但要注意逻辑合理性和完整性。

（2）单分支。

语句的一般形式适用于对多个条件的判断，单分支结构只对一个条件进行判断，并且只对一个结果执行相应的代码。单分支语句的语法格式如下：

```
if<条件>
 <代码块>
```

单分支 if 语句的执行过程，首先对条件进行判断，如果结果为 True，则执行代码块中的代码序列，然后继续执行下一条语句；如果结果为 False，就会跳过代码块，直接执行下一条语句。

单分支语句中的代码块是否被执行取决于条件判断的结果，但无论什么情况，都会执行单分支 if 语句后与其同级别的下一条语句。

（3）双分支。

双分支结构也是对一个条件进行判断，但是会对两个结果（True 或 False）分别执行相应的代码。if-else 语句的语法格式如下：

```
if<条件>
 <代码块 1>
else
 <代码块 2>
```

if-else 语句的执行过程，首先，对条件进行判断，如果结果为 True，则执行代码块 1 中的代码序列；否则（即结果为 False），就执行代码块 2 中的代码序列。

（4）嵌套分支。

对于待解决的问题较为复杂的情况，有时需要把 if-elif-else 结构放在其他 if-elif-else

结构的某个执行代码块中，称为嵌套。

if 语句的难度和关键其实就在于判断条件的逻辑合理性和完整性。

6. 内置函数：print( )、input( )和 int( )

Python 语言提供了非常完善的基础代码库，内置了很多有用的函数，可以直接调用实现相应的功能。下面介绍几个与数据的类型、输入、输出等有关的内置函数。

（1）print( )。

print( ) 是输出函数，它可以向标准输出设备（如屏幕）输出指定的内容。

例如，要在屏幕上显示"hello"，输入以下命令：

```
print('hello')
```

> **注意**：输出的结果没有被单引号括住。

print( ) 函数的括号中可以有多个字符串、数值或变量，中间用半角逗号隔开。这样，它们就可以连在一起显示。

比如，变量 judge 的值是"非常好"，那么，输入以下命令：

```
print ('今天的表现',judge)
```

依次在屏幕上显示每个数据，遇到半角逗号就会显示一个空格，最后的显示效果就是"今天的表现非常好"。

print( ) 函数也可以在屏幕上显示表达式的计算结果。比如，输入以下命令：

```
print('1+2=',1+2)
```

其显示效果就是"1+2=3"。

（2）input( )。

input( ) 是输入函数，它接收一个标准输入数据（如从键盘输入），返回字符串类型。

要注意的是，无论输入的是字符串还是数字，input( ) 函数统一返回字符串类型，比如：

```
result=input("请输入:")
```

运行后，系统提示"请输入:"，用户从键盘输入 0 1 2 3，按回车键后，系统就将字符串'0 1 2 3'赋值给变量 result。

（3）int( )。

int( ) 是类型转换函数，它用来把参数（其他类型的数据，如浮点数、字符串）转换为整数（整型）。

简单来说，对于 x=3.5，int(x) 的结果就是 3；对于 x=035，int(x) 的结果就是 35；而如果 x="hi"，int(x) 运行后就会出错。

【引例 2-1-2】（exp2_1_2.py）让计算机对一个整数进行正负和奇偶判断。

1. 引例描述

对同一个整数的判断可以有很多种，在这里实现正负判断和奇偶判断，如图 2-17 所示。

```
Run: exp2_1_2
1984 是正数
1984 是偶数

Process finished with exit code 0
```

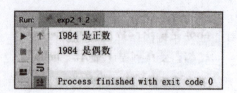

图 2-17　引例 2-1-2 效果

2. 引例分析

当人们看到一个数，就能很快地说出它是正数还是负数，但不要忘了，还有一个特别的数——0，它既不是正数，也不是负数，所以正负判断有 3 种可能的情况，但结果只有一个。那么，要让计算机说出结果，就是要从这 3 种可能的情况中选出正确的。这时，就需要使用 if-elif-else 语句。

对于一个整数，要么是奇数，要么是偶数，非此即彼。要让计算机判断奇偶就需要使用 if-else 语句。通常来说，对奇偶的判断关键在于一个数是否能被 2 整除。在这里就要灵活使用“%”，它用来计算两个数相除后的余数，如果余数为 0，就表示一个数能被另一个数整除。

3. 引例实现

引例 2-1-2 的源代码如图 2-18 所示。

```
exp2_1_2.py
1  # 引例2-1-2：让计算机对一个整数进行正负和奇偶判断
2  num = 1984
3
4  if num > 0:
5      print(num, '是正数')
6  elif num < 0:
7      print(num, '是负数')
8  else:
9      print(num, '是零')
10
11 if num % 2 == 0:
12     print(num, '是偶数')
13 else:
14     print(num, '是奇数')
15
```

图 2-18　引例 2-1-2 的源代码

4. 引例源代码分析

代码行 2：赋值语句，将 1984 赋值给变量 num。其中，1984 是需要进行判断的整数，可以自行设定。

代码行 4~9：if-elif-else 语句，实现对 3 种可能情况的判断。其中，num>0 和 num<0 表示两个判断条件，表示判断 num 是否为正数以及 num 是否为负数；print( ) 函数表示在屏幕上显示结果信息。

注意：代码行4，6，8结尾的冒号（:）与代码行5，7，9的缩进是对应的。

代码行11~12：用 num％2＝＝0 表示 num 是否能够被2整除。对于 num％2，其计算结果如果为0，就表示 num 能被2整除，即偶数。这种表示方式只是偶数的一种判断方式，并不是唯一的，思考一下还有其他方式吗？

（四）Python 3 中的重复

1. 结构化程序设计：循环

用循环的方式对过程进行分解，确定某个部分进行重复的开始条件和结束条件。

循环结构表示程序重复执行某些动作，直到满足某条件时才可终止循环。在循环结构中最主要的是什么情况下执行循环，以及哪些动作需要循环执行。

注意：重复的条件和运作是循环结构的关键点。

2. 循环结构：for 语句

（1）一般形式。

for 语句又称遍历循环，遍历就是从某个序列中的第一个元素到最后一个元素依次逐个访问，循环执行的次数是根据遍历序列中元素的个数来确定的。其一般形式是 for-in 语句，for，in 是关键字。

for-in 语句的语法格式如下：

```
for 元素 in 序列:
    循环体(代码块)
```

for 语句的执行过程，从序列中逐一提取元素，对于所提取的每个元素执行一次循环体中的代码块。

序列这种数据类型会在之后的章节中进行详细介绍，在这里先以 range( ) 函数产生的整数序列为例来说明语句的基本用法。

（2）内置函数：range( )。

range( ) 函数可创建一个整数序列。它的语法格式如下：

```
range(start,stop[,step])
```

其中，start 表示起始计数值，默认是0；stop 表示终止计数值，但不包括该数；step 表示步长，默认是1。例如：

```
range(6)
```

相当于 range(0，6，1)，创建的整数序列为 [0，1，2，3，4，5]，共6个整数。

注意：序列中没有6这个元素。

又例如：

```
range(3,9,2)
```

产生的整数序列为 [3，5，7]，共3个整数。

> **注意**：for 语句与 range( ) 函数配合使用是循环结构的典型应用。它可以用于遍历指定范围内的所有整数。

看下面这个例子。

```
for rp in range(2,7):
    print(rp)
```

运行结果就是在屏幕上显示 2~7（不包括 7）的所有整数（共 5 个），即 2，3，4，5，6。其中，print( ) 函数会执行 5 次，每执行一次元素 rp 就会从整数序列 [2，3，4，5，6] 中依次获取一个数作为它的值。

> **注意**：for 语句中的冒号（:）和循环体的缩进。

（3）嵌套循环。

一个循环语句在另一个循环语句的内部出现，称为嵌套循环，它由内层循环和外层循环构成。

外层循环满足条件后，开始执行内层循环，等内层循环全部执行完毕，如果还能满足外层循环条件，则再次执行外层循环，以此类推，直到跳出外层循环。

（4）混合结构。

一般来说，混合结构是指循环中包含选择或选择中包含循环，实现在分支中重复一些动作，或者在重复动作中进行某些判断。

【引例 2-1-3】（exp2_1_3.py）计算 66 的阶乘。

1. 引例描述

阶乘是一个数学术语，一个正整数的阶乘是所有小于或等于该数的正整数的积，0 的阶乘为 1。自然数 n 的阶乘写作 $n!$，即 $n! = 1 \times 2 \times 3 \times \cdots \times n$。

2. 引例分析

在 Python 中，如果直接采用阶乘公式计算 66!，就需要 66 个数字（1~66）及 65 个乘号（*）。这绝对不是一个好的解决方法，需要对它进行结构上的改造，使其能高效地实现重复，如图 2-19 所示。

计算机的一大特点就是快，对于重复操作尤其有效，循环结构就被用于解决重复的问题。这时，就需要使用 for 语句。

3. 引例实现

引例 2-1-3 的源代码如图 2-20 所示。

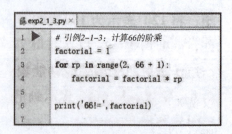

```
factorial = 1
factorial = factorial*2  #1*2
factorial = factorial*3  #1*2*3
factorial = factorial*4  #1*2*3*4
factorial = factorial*5  #1*2*3*4*5
...
factorial = factorial*66  #1*2*3*4*5*...*66
```

图 2-19　计算 66!

```
# 引例2-1-3：计算66的阶乘
factorial = 1
for rp in range(2, 66 + 1):
    factorial = factorial * rp

print('66!=', factorial)
```

图 2-20　引例 2-1-3 的源代码

4. 引例源代码分析

代码行 2：赋值语句，变量 factorial 用于存储阶乘的计算结果，初始值为 1。

代码行 3~4：for 语句。其中，range（2，66+1）创建的整数序列为 [2，3，4，5⋯66]，共 65 个整数；rp 是遍历这个序列的变量，也就是说，它的值依次为 2，3⋯66，即第一次执行时 rp 为 2，第二次执行时 rp 为 3，以此类推，而这个过程就是将 for 控制下的语句块，即赋值语句 factorial = factorial * rp，重复执行 65 次。

代码行 6：在屏幕上显示计算结果。

在学习了预备知识的基础上，就可以通过完成以下几个任务来解决相应的问题。

四、子任务 1：绘制一个三角形

新建文件 task2_1_1_star. py，按下述任务目标和任务分析编写源代码，完成子任务 1。

任务目标：绘制一个三角形，能够灵活地设置三角形的边长、角度和颜色，为之后绘制多角星作准备。

任务分析：本任务是在引例 2-1-1 的基础上加以改进完成的，为边长、转角、颜色赋值后，依次绘制三条等长的线段，每条线段绘制完成后，画笔都顺时针旋转 120°，从而构成等边三角形。

代码解析：子任务 1 的源代码如图 2-21 所示。

```
1    # 绘制一个三角形
2    import turtle
3
4    side_length = 300
5    side_angle = 180-180/3 #等边三角形的外角度数为120°
6    side_color = 'blue'
7    turtle. color(side_color)
8    turtle. forward(side_length)
9    turtle. right(side_angle)
10   turtle. forward(side_length)
11   turtle. right(side_angle)
12   turtle. forward(side_length)
13   turtle. right(side_angle)
14   turtle. done()
```

图 2-21　任务 1 的源代码

代码行 1：注释行，用于简单说明程序功能。

代码行 2：导入 turtle 库，用于图形绘制。

代码行 3：空白行，用于分隔两段不同功能或含义的代码。

代码行 4：赋值语句，变量 side_length 表示三角形的边长，赋值为 300px。

代码行 5：赋值语句，变量 side_angle 表示顺时针转动的角度，赋值为 180-180/3，即 120°。

> **想一想**：为什么将120°表示为180-180/3？这是因为公式中的3就表示三角形。这一点要记住，后面用得着。

> **注意**：对于意思不太清楚或功能较为重要的代码，应有意识地增加注释。

代码行6：变量 side_color 表示画笔颜色，赋值为蓝色（'blue'），blue 是字符串，这里要用一对单引号括住。

代码行7：设置画笔颜色为变量 side_color 的值，即'blue'；不直接用'blue'，而是用变量来设置画笔颜色，是为了更大的灵活性。

代码行8：绘制一条线段，长度为变量 side_length 的值。

代码行9：将画笔顺时针转动，转角度数为变量 side_angle 的值。

代码行10~13：将代码行8和代码行9（绘制一条边线）重复2次，即再绘制2条边线，从而构成三角形。

代码行14：结束图形绘制。

子任务1程序运行后的结果如图2-22所示。

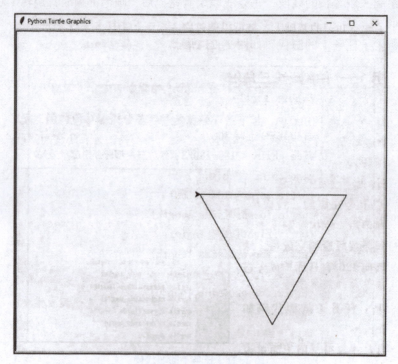

图2-22　任务1程序运行结果

五、子任务2：快速绘制多角星

在 PyCharm 中选择子任务1程序文件 task2_1_1_star.py，右击并在弹出的快捷菜单中选择 Refactor→Copy 命令，将其复制一份，重命名为 task2_1_2_star.py。按照下述任务目标和任务分析修改代码，完成子任务2。

任务目标：绘制如图 2-23 所示的五角星、九角星和三十三角星。

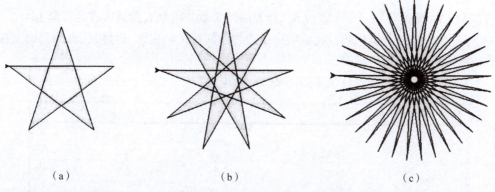

（a）　　　　　　　　　（b）　　　　　　　　　（c）

图 2-23　五角星、九角星与三十三角星

（a）五角星；（b）九角星；（c）三十三角星

子任务 1 绘制了一个三角形，方法是先绘制一条边线，然后通过转向的方法，将绘制边线的动作重复 2 次，三条边就构成了一个三角形。如果要绘制五角星，那么，就需要将边线重复绘制 4 次。当然，其中的转向角度也要有变化。

对于更多角星，也能够继续复制下去吗？计算机的优势如何体现？任务 2 就是要解决这些问题，下面分 3 个步骤来进行：三角形变成五角星、用 for 语句来简化复制、快速灵活地设置。

（1）步骤 1：三角形变成五角星。

步骤 1 分析：三角形变成五角星，转角公式的意义（side_angle = 180−180/3）就在于此。将 3 修改成 5，就是绘制五角星所需顺时针转动的角度；将绘制一条边线并进行转向的两行代码再复制 4 次，共绘制 5 条边线，就构成了一颗五角星。

代码解析：步骤 1 的源代码如图 2-24 所示。

```
1   # 绘制多彩多角星
2   import turtle
3
4   side_length = 300
5   side_angle = 180-180/5
6   side_color = 'blue'
7   turtle.color(side_color)
8   turtle.forward(side_length)
9   turtle.right(side_angle)
10  turtle.forward(side_length)
11  turtle.right(side_angle)
12  turtle.forward(side_length)
13  turtle.right(side_angle)
14  turtle.forward(side_length)
15  turtle.right(side_angle)
16  turtle.forward(side_length)
17  turtle.right(side_angle)
18  turtle.done()
```

图 2-24　步骤 1 的源代码

学习情境二　认识人工智能的核心与支撑

　　步骤1的代码在子任务1的代码基础上进行了增加和修改，具体来说，有以下两处变化。

　　代码行5：修改代码。将3改成5，计算的结果就是绘制五角星所需的转角144°。

　　代码行14~17：新增代码。将绘制一条边线的两行代码在原三角形代码的基础上再多复制2次，从而构成五角星。

　　完成步骤1后，程序运行结果如图2-25所示。

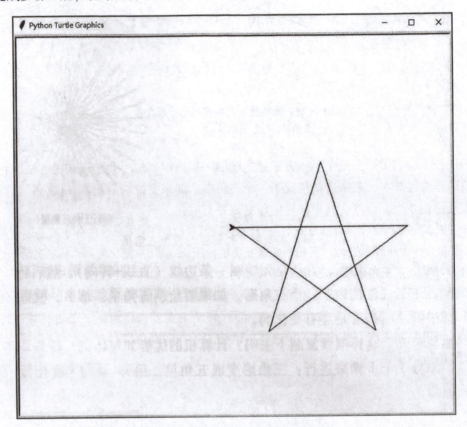

图 2-25　完成步骤 1 的程序运行结果

　　（2）步骤2：用for语句来简化复制。

　　步骤2分析：要绘制三十三角星就要复制30多遍代码，是个笨办法。那么，如何对它进行结构上的改造，使其能高效地实现重复呢？这就需要使用循环结构。其具体功能是，将顺序结构中重复执行的代码块用for语句来实现。

　　温馨提示：找到重复、发现规律是循环的重中之重。

　　代码解析：步骤2的源代码如图2-26所示。

　　这里对步骤1的代码进行了结构改造：将重复5次的动作（绘制一条边线的两行代码）用for语句来实现，变化如下。

　　代码行8~10：修改代码。将之前的10行语句改用for语句来实现，其中：

```
for side in range(5)
```

range（5）会产生一个 0～4 的整数序列，即 [0,1,2,3,4]，而 side 是遍历这个序列的变量，也就是说，它的值依次为 0、1、2、3、4，即第一次执行时 side 为 0，第二次执行时 side 为 1，以此类推，而这个过程就是将 for 控制下的语句块重复执行 5 次。

在本步骤中，语句用 3 行代码（代码行 8，9，10）替换掉步骤 1 中的 10 行代码。重要的是，经过这样简单的改动，用 3 行代码就能完成任意次数的重复绘制边线功能，这就是循环结构的优势所在，它具有灵活和高效的特点。

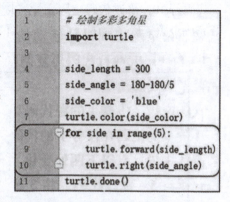

图 2-26　步骤 2 的源代码

> **注意**：for 语句以冒号（:）结尾，下面的两行代码都要有缩进。

（3）步骤 3：快速灵活地设置。

步骤 3 分析：用步骤 2 中 for 语句简化后的代码，最大的好处就是可以很方便地绘出多角星。比如，想要绘制三十三角星，将 5 改成 33 即可。

> **注意**：要修改两处 180-180/5，range（5）。

为了更加灵活地设置，增加一个变量 side_num，用于表示几角星；相应地，在上述两处要将数字改成变量，便于统一处理。当然，绘制三十三角星的过程可能有些慢，因此，需要给画笔加速。

代码解析：步骤 3 的源代码如图 2-27 所示。步骤 3 的代码是在步骤 2 的代码基础上增加和修改后获得的，具体来说，有以下 4 处变化。

```
1    # 绘制多彩多角星
2    import turtle
3
4    side_num = 33
5    side_length = 300
6    side_angle = 180-180/side_num
7    side_color = 'blue'
8    turtle.color(side_color)
9    turtle.speed('fastest')
10   for side in range(side_num):
11       turtle.forward(side_length)
12       turtle.right(side_angle)
13   turtle.done()
```

图 2-27　步骤 3 的源代码

代码行 4：新增代码。将变量 side_num 赋值为 33，表示要绘制三十三角星。

代码行 6：修改代码。用变量 side_num 替换数字 33，计算出对应的转角度数。

代码行 9：新增代码。设置画笔绘制速度（turtle.speed）为 fastest，表示最快。

代码行10：修改代码。用变量 side_num 替换数字33，表示 for 循环的重复次数为33。完成步骤3后，程序运行结果如图2-28所示。

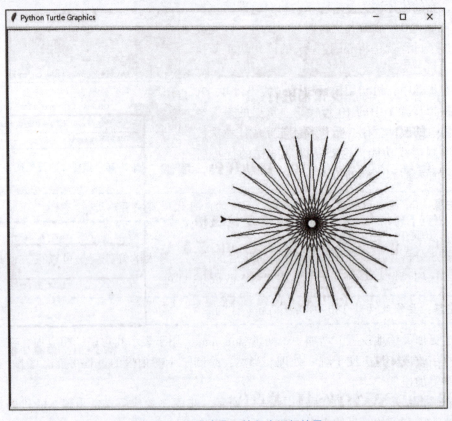

图2-28　完成步骤3的程序运行结果

六、子任务3：绘制三色边线

在 PyCharm 中将子任务 2 程序文件 task2_1_2_star. py 复制一份，并重命名为 task2_1_3_star. py。按下述任务目标和任务分析修改代码，完成任务3。

任务目标：之前绘制的多角星连线都是单一颜色（蓝色）的，现在要绘制有 3 种边线颜色（蓝、绿、红交替出现）的多角星。

任务分析：如何实现边线色的变化呢？这里的颜色变化是有规律的，即蓝、绿、红 3 种颜色交替出现，这种规律是可以通过判断来实现的。判断什么呢？判断哪些边线的色是蓝色、哪些是绿色、哪些是红色。也就是说，不同的颜色与每条边线的对应关系可以通过 if 语句来实现，由于涉及 3 种颜色，就要用到 if-elif-else 结构。

代码解析：任务3的源代码如图2-29所示。

这里对任务 2 的代码进行了结构改造，将以下两行代码进行扩展：

```
side_color='blue'
turtle.color( side_color)
```

具体来说分以下两个步骤来进行。

```
task2_1_3_star.py ×
1  ▶  # 绘制多彩多角星
2     import turtle
3
4     side_num = 9
5     side_length = 300
6     side_angle = 180-180/side_num
7     turtle. speed('fastest')
8     for side in range(side_num):
9         if side % 3 == 0:
10            side_color = 'blue'
11        elif side % 3 == 1:
12            side_color = 'green'
13        else:
14            side_color = 'red'
15        turtle. color(side_color)
16        turtle. forward(side_length)
17        turtle. right(side_angle)
18    turtle. done()
```

图 2-29　任务 3 的源代码

（1）步骤 1：移动代码，增加缩进。

如图 2-30 所示，代码行 9～10：移动代码，增加缩进。需要将上面的两行代码（画笔颜色变量赋值、设置画笔颜色）从 for 语句之外移动到 for 语句的控制范围内，而且要放在绘制边线（turtle. forward）的代码之前。也就是说，对于每一条边线，先设置画笔颜色，再进行绘制。

（2）步骤 2：修改代码。

如图 2-31 所示，代码行 9～14：修改代码。

```
1   # 绘制多彩多角星
2   import turtle
3
4   side_num = 9
5   side_length = 300
6   side_angle = 180-180/side_num
7   turtle. speed('fastest')
8   for side in range(side_num):
9       side_color = 'blue'
10      turtle. color(side_color)
11      turtle. forward(side_length)
12      turtle. right(side_angle)
13  turtle. done()
```

图 2-30　步骤 1 的源代码

```
8   for side in range(side_num):
9       if side % 3 == 0:
10          side_color = 'blue'
11      elif side % 3 == 1:
12          side_color = 'green'
13      else:
14          side_color = 'red'
15      turtle. color(side_color)
```

图 2-31　步骤 2 的源代码

3 种画笔颜色与每一条边线的对应关系要通过 if 语句来实现，那么，需要将直接设置画笔颜色的代码（side_color ='blue'）修改成多分支结构的 if 语句，其中的判断是针对变量 side 的值进行的：

> for side in range(side_num)：

在 for 语句中，变量 side 的值依次为 0，1，…，side_num−1，可以对应每一条边线（即第一条边线 side 为 0，第二条边线 side 为 1，以此类推），而 side%3 的结果只有 3 种情况：0，1，2，正好与 3 种颜色相对应。

> 注意：取模运算符%的灵活运用，$m \% n$ 的结果取值范围是 $[0, n-1]$。

在这里，为了能看清线条颜色，将三十三角星改为九角星（代码行 4）。任务 3 程序运行后的结果如图 2-32 所示。

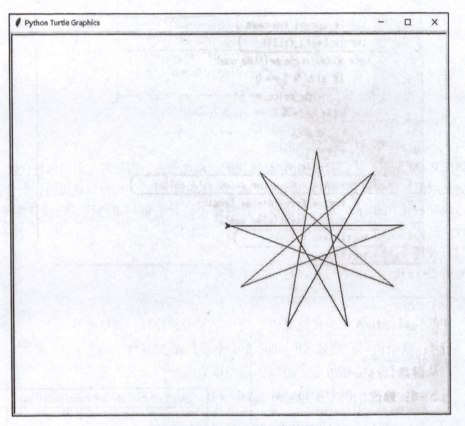

图 2-32　任务 3 的程序运行结果

七、子任务 4：自行设置多角星

在 PyCharm 中将子任务 3 程序文件 task2_1_3_star.py 复制一份，并重命名为 task2_1_4_star.py。按下述任务目标和任务分析，修改代码，完成子任务 4。

任务目标：当前绘制的角星边长和角数都是在代码中直接赋值的（side_num = 9 和 side_length = 300），这在灵活性上有所欠缺，希望能够自行设置。此外，为了让角星更漂亮，要为它填充颜色。

任务分析：角星边长、角数、填充颜色可以从键盘输入所希望的值，而为绘制的三色角星填充颜色需要一定的步骤，即准备开始填充、填充颜色、结束填充。

代码解析：子任务 4 的源代码如图 2-33 所示。

```
1   # 绘制多彩多角星
2   import turtle
3
4   fill_color = input("角星的填充颜色(gold,yellow,pink)？ ")
5   side_num = int(input("想画几角星？ ")) # 9
6   side_length = int(input("角星边长是多少？ ")) # 300
7   side_angle = 180-180/side_num
8   turtle.speed('fastest')
9   turtle.begin_fill()
10  for side in range(side_num):
11      if side % 3 == 0:
12          side_color = 'blue'
13      elif side % 3 == 1:
14          side_color = 'green'
15      else:
16          side_color = 'red'
17      turtle.color(side_color,fill_color)
18      turtle.forward(side_length)
19      turtle.right(side_angle)
20  turtle.end_fill()
21  turtle.done()
```

图 2-33　子任务 4 的源代码

子任务 4 的代码在子任务 3 的代码基础上进行了增加和修改。具体变化如下。

代码行 4：新增代码。变量 fill_color 表示角星的填充颜色，通过 input() 函数为其赋值，实现由用户从键盘自行输入所希望绘制图形的填充颜色。

代码行 5~6：修改代码。变量 side_num、side_length 分别表示角数和边长，通过 input() 函数为其赋值，由于从键盘输入的内容会被作为字符串来处理，而角数、边长都应该是整数，因此，需要用 int() 函数进行数字类型的转换。

代码行 9：新增代码。准备开始填充 [turle.begin_fill()]，特别要注意的是，for 语句实现了全部边线的绘制，因此，本行代码一定要放在语句的前面（循环之外），表示在绘制边线之前就开始准备，且没有缩进。

代码行 17：修改代码。设置填充颜色（turtle.color）为 fill_color 的值，在这里，turtle.color（color1，color2）可同时设置画笔颜色和填充颜色，即 pencolor = color1 和 fillcolor = color2。

代码行 20：新增代码。结束填充 [turtle.end_fill()]，同样，本行代码要放在 for 语句的后面（循环之外），表示在边线绘制完成之后要立即填充色并结束填充，也没有缩进。

任务 4 程序运行后的结果如图 2-34 所示。在系统提示后，用户从键盘输入相应的值并按回车键，计算机根据输入的数据绘制图形。

通过这 4 个子任务，利用 for 语句的高效重复、if 语句的逻辑判断，计算机就能根据命令绘制出一颗漂亮的多彩多角星。在理解和分析的基础上，将问题进行合理地分解，由简单到复杂，逐步解决。

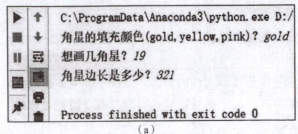

（a）

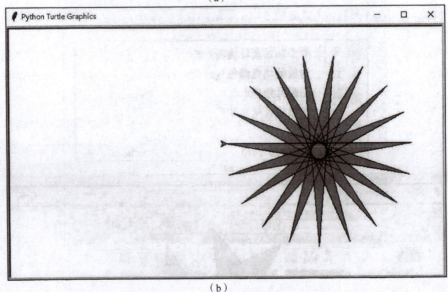

（b）

图 2-34　任务 4 程序运行后的结果

八、拓展任务：多星环绕

任务目标：绘制一组环绕的多彩多角星，即同一颗多彩多角星围绕中心点均匀地复制多次，构成更生动的几何图形。

任务分析：以原点为中心，同一颗多角星经过多次旋转构成最后的图形。这里就需要增加一个变量 star_num，用于表示环绕星的颗数。有了它，就可以利用 for 语句完成重复绘制。同样，也可以计算出环绕所需要旋转的角度，即 360/star_num。

本任务的关键之处在于理解多星环绕实质上就是重复绘制同一颗多角星。重复意味着又多一层循环，也就是说，还需要用 for 语句来控制多星的绘制，即 for 语句的嵌套。

```
for star in range( star_num) :
    for side in range （side_num）:
```

无论是单层还是嵌套的循环结构，对于初学者来说，不能一下子就写出 for 语句是很正常的事情，可以逐步完成。先用顺序结构一行一行地写，但是，在这个过程中，一定要关注重复代码，即完全一样的代码或功能相同、只改了部分数据的代码，找到有规律的重复是循环结构实现的基础，之后用循环语句进行改写就变得相对容易了。

拓展任务程序运行后的结果如图 2-35 所示。

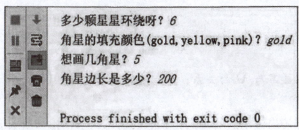

（a）

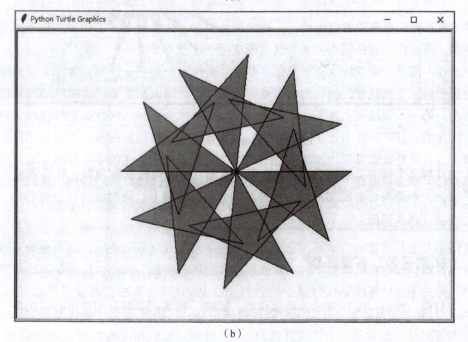

（b）

图 2-35　拓展任务程序运行后的结果

　　到这里，第一个 Python 程序用不到 25 行的代码，就实现了灵活地绘制多颗多彩的多角星。

　　在这个过程中，要结合预备知识中的相关内容，查看和运行代码。通过运行后的结果，直观地体验 Python 语言的特点和作用，进而加深对代码的理解。当然，也可以自己提问题，并编写代码解决问题，然后反复观察运行结果并深入思考，这样就能对利用 Python 语言解决实际问题的基本流程有一定的了解。

任务 2　人工智能之机器学习

教学目标

了解机器学习的基本概念、发展历史、应用领域。

教学要求

1. 知识点

掌握各种模型的工作原理。

2. 技能点

掌握机器学习的各种方法。

3. 重难点

重点是了解机器学习与 AI 的关系；难点是机器学习的流程。

傍晚小街路面上沁出微雨后的湿润，和煦的细风吹来，抬头看看天边的晚霞，嗯，明天又是一个好天气。走到水果摊旁，挑了个根蒂蜷缩、敲起来声音浊响的青绿西瓜，一边满心期待着皮薄肉厚瓤甜的爽脆感，一边愉快地想着，这学期狠下了功夫，基础概念弄得清清楚楚，算法作业也是信手拈来，这门课成绩一定差不了。

回看这一段话，会发现这里涉及很多基于经验作出的预判。例如，为什么看到微湿路面、感到和风、看到晚霞，就认为明天是好天呢？这是因为在生活经验中已经遇见过很多类似情况，第一天观察到上述特征后，第二天天气通常会很好。为什么色泽青绿、根蒂蜷缩、敲声浊响，就能判断出是正熟的好瓜？因为吃过、看过很多西瓜，所以基于色泽、根蒂、敲声这几个特征就可以作出相当好的判断。类似地，从以往的学习经验知道，下足了功夫、弄清了概念、做好了作业，自然会取得好成绩。能作出有效的预判，是因为已经积累了许多经验，而通过对经验的利用，就能对新情况作出有效的决策。

上面对经验的利用是靠人类自身完成的，计算机能帮忙吗？

机器学习正是这样一门学科，它致力于研究如何通过计算的手段，利用经验来改善系统自身的性能。在计算机系统中，经验通常以数据形式存在。因此，机器学习所研究的主要内容，是关于在计算机上从数据中产生模型（Model）的算法，即学习算法（Learning Algorithm）。有了学习算法，并把经验数据提供给它，它就能基于这些数据产生模型；在面对新的情况时（如看到一个没剖开的西瓜），模型会提供相应的判断（如好瓜），如果说计算机科学是研究关于算法的学问，那么类似地，可以说机器学习是研究关于学习算法的学问。

一、初识机器学习

（一）机器学习与 AI 的关系

什么是机器学习？

机器学习（Machine Learning，ML）是 AI 的核心和一个分支，是让机器自己做主，而不是告诉计算机具体干什么。机器学习理论主要是设计和分析一些让计算机可以自动学习的算法，它是从数据中自动分析获得规律，并利用规律对未知数据进行预测的算法。所以机器学习的核心就是数据、算法（模型）、算力（计算机运算能力）。机器学习应用领域十分广泛，如数据挖掘、数据分类、计算机视觉、自然语言处理（NLP）、生物特征识别、搜索引擎、医学诊断、检测信用卡欺诈、证券市场分析、DNA 序列测序、语音和手写识别、战略游戏和机器人运用等。机器学习的部分应用领域如图 2-36 所示。目前，AI 还处于弱 AI 阶段，并不会让机器产生意识。

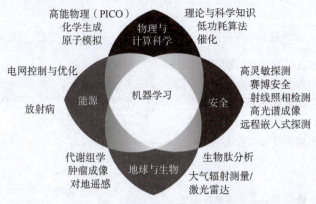

图 2-36　机器学习的部分应用领域

　　AI 在最近两年大出风头，无人驾驶汽车、"阿尔法狗"战胜人类最强棋手、演唱会人脸识别抓捕逃犯、手机多国语言在线翻译，这一切无不给人类带来深深的震撼，可以说 AI 在未来将迎来巨大的爆发式增长，对每个人的生活带来深刻的影响。

（二）大起大落的机器学习

　　机器学习作为 AI 一个独立的方向，正处于高速发展之中。最早的机器学习算法可以追溯到 20 世纪初。从 1980 年机器学习成为一个独立的方向开始算起，到现在也已经过去了近 40 年。在这些年中，经过一代又一代人的努力，机器学习诞生了大量经典的方法，具体成果如表 2-7 所示。

表 2-7　机器学习发展时间表

时间段	机器学习理论	代表性成果
20 世纪 50 年代初	AI 研究处于推理期	A.Newell 和 H. Simon 的逻辑理论家程序证明了数学原理，并开发了此后的通用问题求解程序
	已出现机器学习的相关研究	1952 年，阿瑟·萨缪尔在 IBM 公司研制了一个西洋跳棋程序，这是 AI 下棋问题的由来
20 世纪 50 年代中后期	开始出现基于神经网络的连接主义学习	F. Rosenblatt 提出了感知机，但该感知机只能处理线性分类问题，处理不了异或逻辑。还有 B. Widrow 提出的 Adaline
20 世纪 60 至 70 年代	基于逻辑表示的符号主义学习技术蓬勃发展	P. Winston 的结构学习系统，R. S. Michalski 的基于逻辑的归纳学习系统，以及 E. B. Hunt 的概念学习系统
	以决策理论为基础的学习技术	
	强化学习技术	N. J. Nilson 的学习机器
	统计学习理论的一些奠基性成果	支持向量、VC 维、结构风险最小化原则

续表

时间段	机器学习理论	代表性成果
20 世纪 80 年代至 90 年代中期	机械学习（死记硬背式学习） 示教学习（从指令中学习） 类比学习（通过观察和发现学习） 归纳学习（从样例中学习）	学习方式分类
	从样例中学习的主流技术之一： 1. 符号主义学习 2. 基于逻辑的学习	1. 决策树（Decision Tree）。 2. 归纳逻辑程序设计（Inductive Logic Programming，ILP）具有很强的知识表示能力，可以较容易地表达出复杂的数据关系，但会导致学习过程面临的假设空间太大，复杂度极高，因此，问题规模稍大就难以有效地进行学习
	从样例中学习的主流技术之二：基于神经网络的连接主义学习	1983 年，J. J. Hopfield 利用神经网络求解流动推销员问题这个 NP 难题。1986 年，D. E. Rumelhart 等人重新发明了 BP 算法，BP 算法一直是被应用得最广泛的机器学习算法之一
	20 世纪 80 年代是机器学习成为一个独立的学科领域，各种机器学习技术百花初绽的时期	连接主义学习的最大局限是试错性，学习过程涉及大量参数，而参数的设置缺乏理论指导，主要靠手工调参，参数调节失之毫厘，学习结果可能谬以千里
20 世纪 90 年代中期	统计学习（Statistical Learning）	支持向量机（Support Vector Machine，SVM），核方法（Kernel Methods）
21 世纪初至今	深度学习（Deep Learning）	深度学习兴起的原因有二：数据量大，机器计算能力强

追溯历史，如图 2-37 所示，会发现机器学习的技术爆发有其历史必然性，属于技术发展的必然产物。而理清机器学习的发展脉络有助于整体把握机器学习，或者 AI 的技术框架，有助于从道德层面理解这一技术领域。

（1）诞生并奠定基础时期。

1949 年，赫布基于神经心理学提出了一种学习方式，该方法被称为赫布学习理论。假设反射活动的持续性或反复性会导致细胞的持续性变化并增加其稳定性，当一个神经元 A 能持续或反复激发神经元 B 时，其中一个或两个神经元的生长或代谢过程都会变化。

1950 年，阿兰·图灵创造了图灵测试（见图 2-38）来判定计算机是否智能。图灵测试认为，如果一台机器能够与人类展开对话（通过电传设备）而不能被辨别出其机器身份，那么称这台机器具有智能。这一简化使得图灵测试能够令人信服地说明思考的机器是可能的。

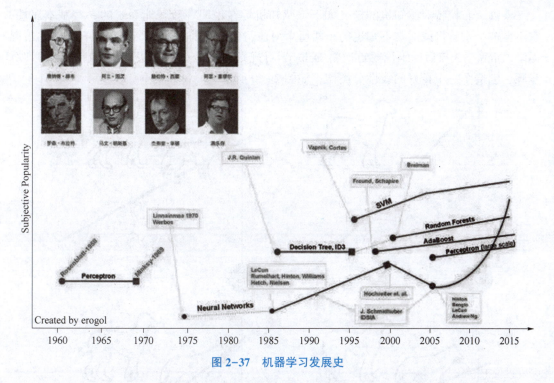

图 2-37　机器学习发展史

2014 年 6 月 8 日，一个叫作尤金·古斯特曼的聊天机器人成功让人类相信它是一个 13 岁的男孩，成为有史以来首台通过图灵测试的计算机。这是 AI 发展的一个里程碑。

1952，IBM 科学家亚瑟·塞缪尔（见图 2-39）开发了一个跳棋程序。该程序能够通过观察当前位置，并学习一个隐含的模型，从而为后续动作提供更好的指导。塞缪尔发现，伴随着该游戏程序运行时间的增加，其可以实现越来越好的后续指导。通过这个程序，塞缪尔驳倒了普罗维登斯提出的机器无法超越人类，像人类一样写代码和学习的论断。他创造了机器学习这一术语。

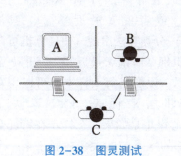

图 2-38　图灵测试　　　　　　　　　图 2-39　塞缪尔

1957 年，罗森·布拉特基于神经感知科学背景提出了第二模型，该模型非常类似现在的机器学习模型。这在当时是一个令人非常兴奋的发现，它比赫布的想法更适用。基于这个模型，罗森·布拉特设计出了第一个计算机神经网络——感知机，它模拟了人脑的运作方式。

罗森·布拉特对感知机的定义如下：感知机旨在说明一般智能系统的一些基本属性，它不会被个别特例或通常不知道的东西所束缚住，也不会因为那些个别生物有机体的情况而陷入混乱。3 年后，维德罗首次将 Delta 学习规则（即最小二乘法）用于感知器的训练步骤，创造了一个良好的线性分类器，如图 2-40 所示。

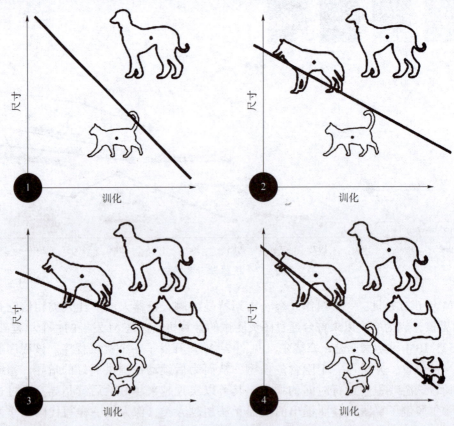

图 2-40　感知机线性分类器

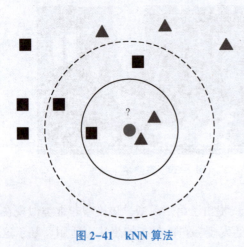

图 2-41　kNN 算法

1967 年，最近邻算法（the Nearest Neighbor Algorithm），或者说 k 最近邻（k-Nearest Neighbor，kNN）分类算法出现，使计算机可以进行简单的模式识别。所谓 k 最近邻，就是 k 个最近的邻居的意思，说的是每个样本都可以用它最接近的 k 个邻居来代表。kNN 算法（见图 2-41）的核心思想是如果一个样本在特征空间中的 k 个最相邻的样本中的大多数属于某一个类别，则该样本也属于这个类别，并具有这个类别上样本的特性。这就是所谓的少数服从多数原则。

1969 年马文·明斯基提出了著名的 XOR 问题，指出感知机在线性不可分的数据分布上是失效的，如图 2-42 所示。此后神经网络的研究者进入了寒冬，直到 1980 年才再一次复苏。

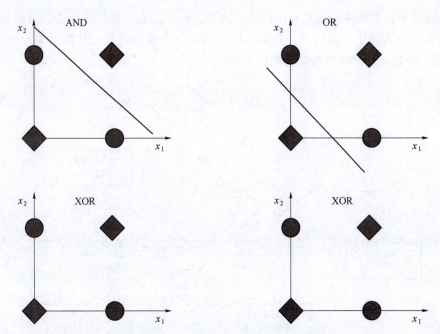

图 2-42　XOR 问题，数据线性不可分

（2）停滞不前的瓶颈时期。

从 20 世纪 60 年代中到 20 世纪 70 年代末，机器学习的发展步伐几乎处于停滞状态。无论是理论研究还是计算机硬件限制，都使整个 AI 领域的发展都遇到了很大的瓶颈。虽然这个时期温斯顿（Winston）的结构学习系统和海斯·罗思（Hayes Roth）等的基于逻辑的归纳学习系统取得了较大的进展，但只能学习单一概念，而且未能投入实际应用。而神经网络学习机因理论缺陷也未能达到预期效果而转入低潮。

（3）希望之光重新点亮。

伟博斯在 1981 年的神经网络反向传播（BP）算法中具体提出多层感知机模型，如图 2-43 所示。虽然 BP 算法早在 1970 年就已经以自动微分的反向模型（Reverse Mode of Automatic Differentiation）为名提出来了，但直到此时才真正发挥效用，并且直到现在 BP 算法仍然是神经网络架构的关键因素。有了这些新思想，神经网络的研究又加快了。

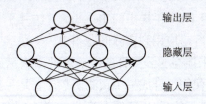

图 2-43　多层感知机（或者人工神经网络）

在 1985—1986 年，神经网络研究人员（鲁梅尔哈特、辛顿、威廉姆斯-赫、尼尔森）相继提出了使用 BP 算法训练的多参数线性规划（MLP）的理念，成为后来深度学习的基石。

在另一个谱系中，昆兰于 1986 年提出了一种非常出名的机器学习算法，称为决策树，如图 2-44 所示，更具体地说是 ID3 算法。这是另一个主流机器学习算法的突破点。此外 ID3 算法也被发布成了一款软件，它能以简单的规划和明确的推论找到更多的现实案例，而这一点正好和神经网络黑箱模型相反。

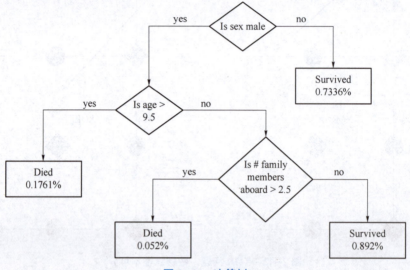

图 2-44　决策树

决策树是一个预测模型，代表的是对象属性与对象值之间的一种映射关系。树中每个节点表示某个对象，每个分岔路径则代表某个可能的属性值，而每个叶节点则对应从根节点到该叶节点所经历的路径所表示的对象的值。决策树仅有单一输出，若要有复数输出，可以建立独立的决策树以处理不同输出。数据挖掘中决策树是一种经常要用到的技术，可以用于分析数据，同样也可以用来作预测。

（4）现代机器学习的成型时期。

1990 年，Schapire 最先构造出一种多项式级的算法，这就是最初的 Boosting 算法。一年后，Freund 提出了一种效率更高的 Boosting 算法，如图 2-45 所示。但是，这两种算法存在共同的实践上的缺陷，都要求事先知道弱学习算法学习正确的下限。

1995 年，Freund 和 Schapire 改进了 Boosting 算法，提出了 AdaBoost（Adaptive Boosting）算法，该算法效率和 Freund 于 1991 年提出的 Boosting 算法几乎相同，但不需要任何关于弱学习器的先验知识，因而更容易应用到实际问题当中。

Boosting 方法是一种用来提高弱分类算法准确度的方法，这种方法构造一个预测函数系列，然后以一定的方式将他们组合成一个预测函数。它是一种框架算法，主要是通过对样本集的操作获得样本子集，然后用弱分类算法在样本子集上训练生成一系列的基分类器。

支持向量机，如图 2-46 所示，于 1964 年提出，是机器学习领域的另一重要突破，该算法具有非常强大的理论地位和实证结果。那一段时间机器学习研究也分为 NN 和 SVM 两派。然而，在 2000 年左右提出了带核函数的支持向量机后，SVM 在许多以前由 NN 占据的任务中获得了更好的效果。此外，SVM 相对于 NN 还能利用所有关于凸优化、泛化边际理论和核函数的深厚知识。因此 SVM 可以从不同的学科中大力推动理论和实践的改进。这一时期，人们发现神经网络模型相比 SVM 更容易过拟合，神经网络处于劣势。

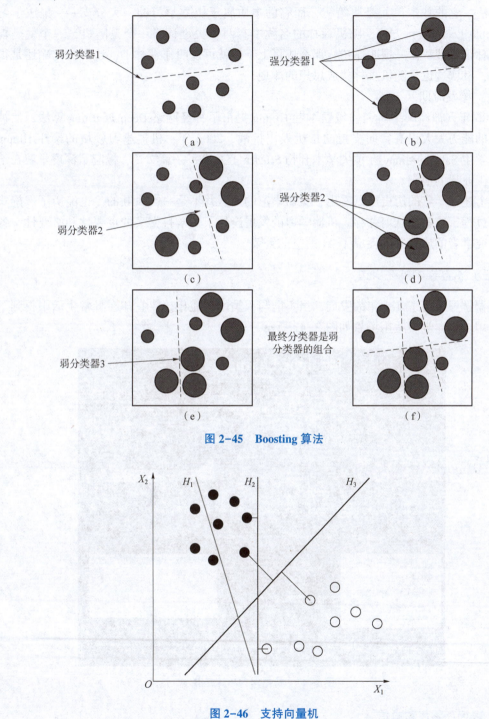

图 2-45　Boosting 算法

图 2-46　支持向量机

而神经网络遭受又一个质疑，通过 Hochreiter 等人在 1991 年和 2001 年的研究表明在应用 BP 算法学习时，NN 神经元饱和后会出现梯度损失（Gradient Loss）的情况。简单地说，在一定数量的 epochs 训练后，NN 会产生过拟合现象。

2001 年，布雷曼博士提出随机森林的概念，它是通过集成学习的思想将多棵树集成的一种算法，它的基本单元是决策树，而它的本质属于机器学习的一大分支——集成学习（Ensemble Learning）方法。随机森林的名称中有两个关键词，一个是随机，一个就是森林。森林很好理解，一棵叫作树，那么成百上千棵就可以叫作森林了，这样的比喻还是很贴切的，其实这也是随机森林集成思想的体现。

（5）爆发时期。

2006 年，神经网络研究领域领军者 Hinton 提出了神经网络 Deep Learning 算法，使神经网络的能力大大提高，向支持向量机发出挑战。2006 年，机器学习领域的泰斗 Hinton 和他的学生 Salakhutdinov 在顶尖学术刊物 *Science* 上发表了一篇文章，掀起了深度学习在学术界和工业界的浪潮。

从上述几十年的历史可以看出，机器学习的发展并不是一帆风顺的，也经历了螺旋式上升的过程，成就与坎坷并存。机器学习的发展诠释了多学科交叉的重要性和必要性，各领域研究学者的成果共同促成了 AI 的空前繁荣。

（三）机器学习就在身边

机器学习经历了几十年的发展，虽不能与人类的智能相比，它却在日常生活中得到了广泛应用。机器学习适用场景如图 2-47 所示。

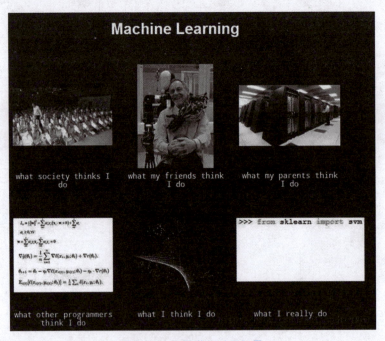

图 2-47　机器学习适用场景

1. 银行、零售和电信

（1）潜在客户和合作伙伴。

（2）客户满意度指数（基于关系、交易、营销活动等）。

（3）欺诈、浪费和滥用索赔。

（4）预测信用风险和信誉。

（5）营销活动的有效性（如提议被多少人接受了？被多少人拒绝了？有没有决定性的影响因素）。

（6）交叉销售和建议（例如，电商网站告诉你购买这个产品的消费者同时也购买了那个产品。）

（7）联络中心（帮助客服代表在与客户的通话中获取相关数据）。

2. 医疗保健和生命科学

（1）扫描、筛选和生物识别。

（2）基于混合成分的药物。

（3）基于症状、患者记录和实验室报告的诊断和补救。

（4）根据药物、患者、地理位置、气候条件、过往病史、食物摄入等数据的 AECP（不良事件病例处理）情景。

3. 一般日常应用

（1）文字或语音书写识别。

（2）调试、故障排除和解决方案向导。

（3）过滤垃圾邮件。

（4）短信和邮件分类或建议。

（5）支持问题并丰富 KeDB（知识错误数据库）。

（6）朋友和同事推荐。

（7）无人驾驶，通过构建 AI 和算法。

（8）图像处理。

4. 安全

（1）手写、签名、指纹、虹膜/视网膜识别和验证。

（2）人脸识别。

（3）DNA 模式匹配。

总结以上的例子，可以发现机器学习很适用于以下几种场景。

（1）人类不能手动编程。

（2）人类不能很好地定义这个问题的解决方案是什么。

（3）人类不能做到的需要极度快速决策的系统。

（4）大规模个性化服务系统。

对于人类的头脑来说，反复数十亿次地不间断处理数据，必然是会感到厌倦的，而这就是机器学习算法发挥关键作用的地方。

二、机器学习进阶

通过上一节的学习，对机器学习有了大概的认识。如果把机器学习比作一个人，目前只是认识了这个人，但对其性格以及特质还是很模糊，并不了解。接下来，将进一步深入地了解机器学习的基础知识，进一步地观察机器学习到底长什么样，有哪些特质。就像平时讨论一个人的性格一样，如开朗、稳重、外向和内向，机器学习同样有自己的评价标准。这一节，将介绍一些专业的术语，它们能够更准确和专业地评价和讨论机器学习。

（一）多种多样的机器学习

实现机器学习的方法多种多样，不同的应用领域和案例使用的机器学习的方法也各不相同。

1. 机器学习在干什么

机器学习的功能到底是什么？或者说机器学习到底是干什么的？从功能上来说，机器学习的功能大致可分为回归、分类和聚类。初次听到这几个词会感觉比较抽象，可以通过在学校中生活的例子来想象一下。

关于回归，假设某同学所在的班级每周 x 都会进行一次考试，每次考试都能得到自己所在班级的一个排名 y。那么经历了 n 次考试后（每次考试未必是相邻的周），根据每次的考试名次可以大致地画出这个同学名次波动的曲线。根据这条曲线，也就基本可以推测该同学在过去或未来某一次考试的名次。这条曲线生成的过程就属于回归的拟合过程。

回归是指针对有无限个可能解的问题，根据已知变量去预测一个连续的、逼近的变量，如房价的预测、明日气温的预测。在实际的回归案例中，已知变量也是连续的值，会比较复杂，具体操作会在后续章节讲解，现在只需要知道回归问题预测的是一个连续的值就可以了。

分类是指事物所有状态的可能性的集合。例如，对于生命状态的分类包括生和死，对产品合格状态的分类包括合格与不合格，对于动物的分类包括猫、狗和其他物种，对于学生毕业就业的情况可分为就业与未就业。每当讨论起某同学，经常会说，他毕业一定能找一个好工作的。这样的一个推论，往往是根据许多因素得来的，如学习成绩，是否是班委，是否在学校有兼职，大赛获奖情况等。但是这些因素所起到的作用是均等的吗？仔细想想当然不是，一定有轻重之分。根据毕业生的在校情况给每个因素赋予一定的轻重比例，这个过程就是分类的拟合过程。根据这些因素比例，就可以推测在校生未来的就业情况。当然，人人都不会神机妙算，预测的只是每一个类别的概率。

分类是针对有有限个可能的问题，预测的是一个离散的、明确的变量。例如，给出一张图片，去判断是 T 恤、裤子或者其他的种类。同样，在实际的分类问题中，已知变量有可能是连续的值，也有可能是离散的（表示类别）的值，在此只需要知道分类问题预测的是一个概率就可以了。

聚类和分类有一些相似，都是把集中的数据分成不同的类别。但是这些数据往往没有明显的标签。在学校每年一度的运动会上，各个班级的同学在操场上按不同的区域集合，当大家在休息时，不同班级的同学多少会散乱在一起。试想一下，在这个时候作为学生干部能否把大家分类为不同的班级呢？答案是肯定的。虽然散在一起的同学身上并没有标注班级的标签，事先也不认识这些同学，但可以根据相互之间的距离和聚集程度大体地区分出来。

聚类需要从没有标签的一组输入向量中寻找数据的模型和规律，在数据中心发现彼此类似的样本所聚成的族。

2. 机器学习怎样学习

AI 是模仿人在某一方面的能力，从机器学习的方面来讲，就是能像人一样预测数值、预测可能性。和人类一样，机器学习生来并不具备这些能力，机器学习的准确推测建立在对大量已知数据的分析基础上，而这个过程称为学习或者训练。机器学习的学习方式大体分为三类：监督学习、无监督学习和弱监督学习。

（1）监督学习。

最常见的监督学习就是平时学习然后参加考试的过程。中学阶段通过大量的习题训练，学习解题方法，为的是能够在高考的时候取得好的成绩，是高考的题目是之前没有见过的，但是这并不说明高考的题目是不能做出来的，可以通过对之前做过的习题的分析，找到解题的方法。

监督学习的原理和上面的例子差不多，利用一些已知的数据训练机器，然后机器分析数据，找到数据内在的联系，从而对未知的数据进行判断和决策。

监督学习的学习数据既有特征（feature），也有标签（label）。如同上一节学生就业的例子，数据中既有学生的平时表现数据，也有学生最后的就业数据，利用这些数据，机器学习就生成了预测模型。其中的标签可以理解为一种反馈。如同学习一样，如果所做的习题没有参考答案来给反馈，那做题就是处于瞎猜的状态。

监督学习首先要通过学习已知数据，然后才可以完成预测和分类。

（2）无监督学习。

前面所说的聚类过程就属于典型的无监督学习。相对于有监督学习，无监督学习是一类比较困难的问题，它的学习数据没有标签，同时特征往往也不明确，但按照一定方法，也能够大致将所有的数据映射到多个不同标签（分类）。

（3）弱监督学习。

监督学习可以更精确地拟合现实中的模型，但它的缺点也很明显。首先是要有大量的训练数据，同时这些数据必须有标签。然而，标签，即数据的标记工作通常由人工进行，工作量大，同时也难以保证标签的正确性。弱监督学习便是为了应对各种数据标签问题提出的解决方法。

不完全监督指的是训练数据只有部分是带有标签的，同时大量数据是没有被标注过的。这是最常见的由于标注成本过高而导致无法获得完全的强监督信号的情况，例如，聘请领域专家直接给大量数据添加标签的成本就相当高。另外，在为医学影像研究构建大型数据集时，放射科医生可能不会标记数据，而且由于医生对于数据科学的了解往往不够深入，许多数据的标注结果（例如为分割任务框定的病灶轮廓）是无法使用的，从而产生了很多实际上缺少有效标记的训练样本。

不确切监督即训练样本只有粗粒度的标签。例如，针对一幅图片，只拥有对整张图片的类别标注，而对于图片中的各个实体（Instance）则没有标注的监督信息。例如，对一张肺部 X 光图片进行分类时，只知道某张图片是肺炎患者的肺部图片，但是并不知道图片中具体哪个部位的响应说明了该图片的主人患有肺炎。

不准确监督即给定的标签并不总是真值。出现这种情况的原因有很多，例如，标注人员自身水平有限、标注过程粗心、标注难度较大。在标签有噪声的条件下进行学习就是一个典型的不准确监督学习的情况。

（二）学会内行术语

机器学习听起来比较神秘，但它的机制却是人类思想，非常好理解。在讨论机器学习的机制前，先统一一下术语，这是沟通和理解问题的基础。掌握了这些术语，就不再是一个简单的使用者，而是跨入 AI 专业大门的技术人才了。

（1）数据集。

数据是机器学习的原材料，是机器学习产生智能的源泉。假如让机器学习学会判断一个西瓜是否成熟，那就需要提供一组关于西瓜的数据，例如，西瓜的颜色、西瓜的尺寸、西瓜的质量、西瓜的根蒂形状、敲击声是否清脆等。如果只提供一两个西瓜的数据，机器学习很难正确地学会挑熟。因为凡事都有例外，这个例外的数量可能还不少。所以，用于机器学习的西瓜的数量必须很大，如一地摊西瓜的数据，或者是一大卡车西瓜的数据。这种多数量样本组成的数据，称为数据集。

在这个数据集中，反映西瓜特点的属性如西瓜的颜色、西瓜的大小等称为属性或特征。对于西瓜质量这个特征来说，质量可以从几百克到几千克，是一个连续值。对于这种具有连续值的数据，称为数值数据。而对于西瓜的颜色这个特征来说，它的取值为青绿或者乌黑，是由好几个分类组成的，是不连续的数据，称为分类数据。

在西瓜的数据集中，每一个西瓜的特点是通过（颜色、尺寸、质量、形状等）多个特征值构成的，这些多特征值的组合称为特征向量。

（2）模型。

通过西瓜的特征，经过思考，就可以辨别西瓜的成熟度。这看似是一件简单的事情，思考一下它是怎样实现的。首先眼睛会把西瓜的样子传入大脑，手会把西瓜的质量传入大脑，这些信号进入复杂的神经连接，最终再传到嘴上，说出了结果。正是这样一个复杂的生理结构让其能够作出思考和判断。机器学习也是同样的道理，任何一个机器学习也应该有这样一个生理结构，我们把它称为模型。模型的构建是机器学习非常重要的一部分，很多情况下，只需要学会用某个模型就可以了，就如同只要可以根据需要买到性能不错的手机就可以，但并不需要会制造手机。

（3）训练。

生理结构是人类智能的基础，可是只有生理结构，人类智能也是不完善的。没有人天生就会挑瓜，它是经历过无数次成功和失败的亲身实践后才具备的技能。这样一个过程就是机器学习中的学习。一个建立好的模型就如同一个新生的婴儿，只是有了最基本的生理结构，如果不经过长期的学习，那么它的智能也不会有任何提高。让建立好的模型学习大量数据的过程称为模型训练，而用于训练的数据集，称为训练集。

（4）预测。

在训练过程中，结果会对模型起到指导作用。例如，挑了一个瓜，认为是熟的，但切开之后却是生的。这个结果会起到反馈作用，下一次遇到类似情况时可以避免犯错。而预测与训练稍有些不同，它缺少了反馈的环节。如果把训练比作平时的学习，而预测就是期末考试。训练的最终目的是预测。通过考试答题正确率这种预测，可以测试平时的学习情况。同训练集一样，一组用于测试的大量数据构成的数据集，称为测试集。

> **注意**：测试集中的数据和训练集是完全不同的，就好比考试的题目不应该出现练习原题一样。如果用训练集做测试，会发现正确率很高，但这是一种虚假的结果，并不能反映训练效果好不好。

（三）机器学习的一般流程

在进一步介绍机器学习的案例前，首先了解一下机器学习的一般流程。这个流程和传统软件开发的流程有些不同，该流程不必将精力放在编程的流程上，而是需要理解每一步的具体意义。在实际的应用过程中，对待不同的案例，流程和表述会有一定的差别，总体来说机器学习的流程包括分析案例、数据获取、模型训练和模型验证这四个过程。

（1）分析案例。

机器学习的第一步是要理解实际问题，把实际问题抽象为机器学习能处理的数据问题。鸢尾花有不同的品种，通过肉眼便可直观地看出不同品种的区别。如果要让机器学习能够区分鸢尾花不同的品种，就需要把花瓣的样子抽象为数据。在这个案例中，可以把鸢尾花的花瓣长度和花瓣宽度的数据作为要处理的数据。

门卫工作人员可以识别出不同的访客，是因为每个人都有不同的面目特征。如果要让机器学习也能够进行人脸识别，就需要把人脸的图像抽象为数据。由于人脸的特征过于复杂，测量统计每个人眼睛的形状、五官的距离是不现实而且会不准确的。在这种情况下，不妨把人脸图像量化为数字图像，把图像中的每一个像素都作为处理的数据。

（2）数据获取。

机器学习的第二步就是准备机器学习所需的数据集，包括获取原始数据以及从原始数据中经过特征工程从中提取训练数据、测试数据。在实际应用中，只靠个人去准备数据是费时费力的，因为少量的数据并不能很好地支撑机器学习。机器学习在当代之所以能再次发展起来，其中重要的一个原因是几十年来相关案例的数据收集比较完善。不少科研机构和公益组织准备了大量的数据集供其学习和使用。常见的开源数据集网站汇总如表2-8所示。

表2-8 常见的开源数据集网站汇总

名称	简介	网址
UCI	UCI 是加州大学欧文分校所维护的一个数据集（库）（见图2-48），里面包含373个数据集，包括分类、回归等多种类型	http://archive.ics.uci.edu/ml/index.php
GoogleTrends	GoogleTrends 数据集的来源主要是互联网，具有很强的时效性、社会性，更具有应用价值。数据主要以CSV 表格文件保存	http://googletrends.github.io/data/
Kaggle	Kaggle 本身是为开发商和数据科学家提供举办机器学习竞赛、托管数据库、编写和分享代码的平台，里面的数据覆盖了分类、回归、排名、推荐系统以及图像分析等各个非常实用的领域	https://www.kaggle.com/
AWS 公用数据集	AWS 数据集需要通过自身的 API 访问，包含了人类基因组项目、Common Crawl 网页语料库、维基百科数据和 Google Books Ngrams 等形形色色的数据集	

名称	简介	网址
Imagenet	Imagenet 是图像领域最出名的数据集之一，该数据集有 1 400 万图片，涵盖有丰富的类别，带标注数据也超过百万，这使得该数据集在图像处理、定位、检测等研究工作中占据很大的地盘，其几乎成为目前深度学习图像领域算法性能检验的标准数据库	http://www.mhylpt.com/

这些数据集提供的数据特征比较丰富，在学习和应用的过程中，可根据实际情况分析选择所需要数据的特征。选择样本数据时，一般采用随机抽取方式组成的训练集和测试集使用，因为随机组成的数据更能反映一般规律。图 2-49 所示为 MNIST 数据集。

图 2-48　数据集图片

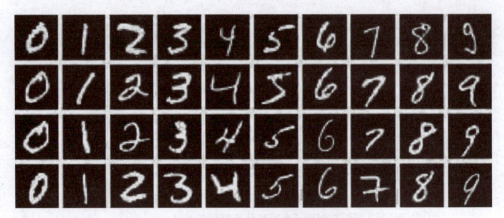

图 2-49　MNIST 数据集

（3）模型训练。

准备好数据之后，首先选择一个适合的模型，不同的模型在解决不同的问题上性能会有比较大的差距。之后便是将准备好的数据交给模型来训练，通过迭代使模型最终收敛。在训练的过程中，需要根据训练的精度误差及训练时间来调整相应的参数，使模型更适合实际案例。

（4）模型验证。

一旦训练完毕，就要对得到的模型进行评估。此时，早前选好的测试集就派上用场了。在评估中，使用之前从未使用过的数据来测试模型，得到输出并将其与正确的判定结果进行对比。这种方法能够了解模型在遇到未接触的数据时的表现情况，同时也可展示模型在现实世界的表现。

三、认识监督学习大家庭

通过前面的学习，明白了机器学习是怎样做到回归和分类的，掌握了线性模型进行回归和分类的原理。线性模型是非常可靠的首选算法，适用于非常大的数据集，也适用于高维数据。实际上，在监督学习的模型家族中除了线性模型，还有其他模型，下面将介绍一些经典模型。

（一）支持向量机

在机器学习的分类问题中，有两个非常类似且平分秋色的方法，一个是线性逻辑回归，还有一个就是支持向量机，它们在不同的应用场景有着不同的表现。对于二分类问题，两者都是通过训练具有标签的二维特征向量来生成模型，区别仅在损失函数的实现上不同。在逻辑回归模型中，损失函数通过 sigmoid 拟合的曲线与实际标签的差距作为衡量标准，这种损失函数称为 logistic loss 函数，如图 2-50 所示。

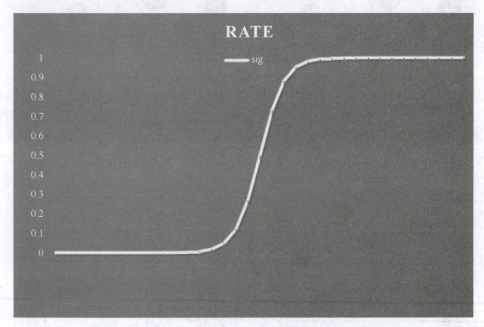

图 2-50　使用 sigmoid 表示分类问题

在支持向量机中，损失函数通过分类支持向量之间的距离作为衡量标准，这种损失函数称为 hinge loss 函数。接下来看看什么是支持向量。

（1）支持向量。

假如标签分为蓝球和红球几个样本数据，如图 2-51 所示，画一条直线将蓝球和红球进行分开，这条直线就成为支持向量。

图 2-51　支持向量

　　随着样本的增加，支持向量的参数也会不断地优化调整位置，如图 2-52 所示。这一过程和线性逻辑回归的原理基本相同。

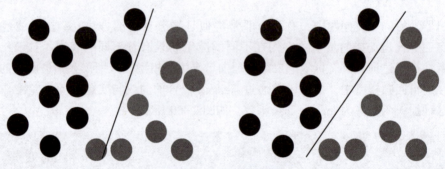

图 2-52　支持向量调整

　　然而支持向量机相比于线性回归，对于没有明显分界面的样本数据有更好的区分能力。如图 2-53 所示，当蓝球和红球样本交叉混在一起时，使用线性回归无论怎样画出分界线都很难做到正确地分类。遇到这种情况该怎么办呢？如果将蓝球在三维空间中提高一些，将红球降低一些，是不是就可以使用一个平面作为分界面来分类了呢？答案是肯定的，对于三维空间的样本来说，支持向量就由一条直线变为一个平面，如图 2-54 所示。

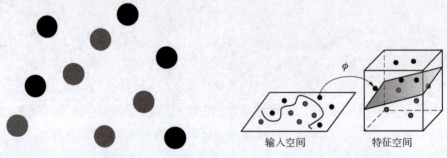

图 2-53　二维支持向量不可分的情况　　　　　　图 2-54　三维变换

　　接下来的问题就是怎样把这些样本点根据类别变换到三维空间。这个时候就需要用核函数来转换了，最常用的核函数是高斯核函数，如图 2-55 所示。不需要掌握核函数是如何计算的，只需要明白，是使用核函数将数据转换为另一个维度，即将二维中线性不可分离的数据转换为三维空间中线性可分离的数据。就如在逛街时，四周道路都是死路的情况下，可以通过翻墙来越过障碍物一样。

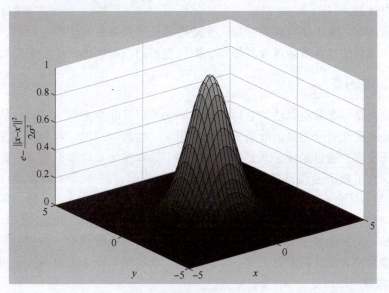

图 2-55　高斯核函数

（2）支持向量与回归线的区别，如图 2-56 所示。

支持向量直线和线性回归拟合的直线看似相似，但由于损失函数的不同，优化的目的也不同。对于支持向量来说，要求在向量的两侧尽可能地塞下同类的样本，也可以理解为两类样本距离支持向量会尽可能的远，中间的空隙尽可能的大。而回归拟合的直线则是尽可能远离大多数聚集在一起的样本点。

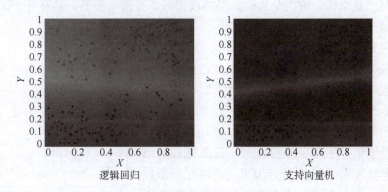

图 2-56　逻辑回归与支持向量机

在图 2-56 中可以看出，蓝色样本大多数聚集在右上角，红色样本大多聚集在左下角，蓝色和红色背景色的深浅代表预测样本的概率。

在线性回归中，它的分界线尽可能远离这两个聚集区域，呈现出向右倾斜的姿态，这代表着逻辑回归的分类更注重将特征明显的样本尽可能正确分类。而对于中间特征模糊的样本所在区域，背景色较浅，这说明线性回归对于特征模糊的样本分类效果不佳。两个样本区域颜色过渡缓慢，这是由于线性回归只显示概率，决定权还在于人类。

在支持向量机中，它的分界线则是尽可能地让蓝色和红色样本之间的距离更大，对于特征模糊的样本所在区域，背景色过度比较剧烈，这主要是由于支持向量机不能预测概率，而是绝对分类。

在实际应用中，对于小规模数据集，支持向量机的效果要好于线性回归，但是在大数据中，支持向量机的计算复杂度受到限制，而线性回归因为训练简单，使用的频率更高。

（二）贝叶斯分类

贝叶斯分类是一类分类算法的总称，这类算法均以贝叶斯定理为基础，故统称为贝叶斯分类。而朴素贝叶斯分类是贝叶斯分类中最简单，也是常见的一种分类方法。它的基本原理是贝叶斯定理，通俗来说，就是在一个条件下计算发生某件事的概率。例如，一个班级的两个同学到了做毕业设计的时间，两个人能力相同，独立完成毕业设计的概率都为 0.8，一位同学去了企业通过实习来完成毕业设计，另一位同学则去了图书馆通过查书籍来完成毕业设计。对这两位同学能否完成毕业设计来分类（预测完成的概率），哪一位同学会更容易被分类为能够完成呢？很明显是去企业实习的那位同学，前提是能够有更高的概率从企业拿到毕业设计的实际案例。下面从统计学的基本概念来说明这个问题。

1. 基本术语

（1）概率。

通常所说的概率是指用来描述某些不确定问题发生的可能性，这种可能性用 0 到 1 之间的数值来表示。抛硬币，正面朝上和背面朝上的概率是相同的，每个概率都是 0.5。如果用事件 A 表示正面朝上，那么 $P(A)$ 表示正面朝上的概率，即 $P(A)=0.5$。

（2）样本空间。

样本空间表示一个事情发生的所有可能结果的集合，例如，抛硬币结果的样本空间为 {正面，反面}，这个集合称为全集。如果是投掷骰子，每个骰子一共有 6 个面，样本空间就是 {1,2,3,4,5,6}，这个空间也是全集。

（3）条件概率。

条件概率是指事件 A 在另一个事件 B 已经发生条件下的发生概率，如图 2-57 所示。在掷骰子的案例中，出现 4，5，6 任意一面的概率为 0.5，记作 $P(4,5,6)=P(4)+P(5)+P(6)=1/6+1/6+1/6=0.5$。假如有人对骰子做了手脚，使得 4，5，6 面更容易出现，假设概率增大到 $P(4,5,6)=0.8$，在这样的条件下，出现 6 这一面的概率还是 1/6 吗？很明显这个概率会增大。

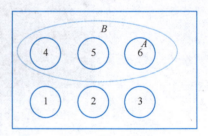

图 2-57　样本空间中的条件事件

用 A 表示出现 6 面的事件，用 B 表示骰子被做了手脚这个条件。那么在 B 条件下发生 A 的概率记作 $P(A|B)$。其中的 B 可以理解为特征的概率，而 A 是分类的概率。

（4）全概率和贝叶斯公式。

如图 2-58 所示，全集空间划分为 A_1，A_2，A_3 3 个子空间时，阴影区域 B 的概率为

$$P(B) = P(A_1)P(B|A_1) + P(A_2)P(B|A_2) + P(A_3)P(B|A_3)$$

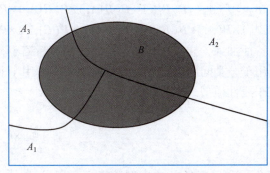

图 2-58　子空间中的条件事件

根据概率公式可得贝叶斯公式

$$P(A_3|B) = \frac{P(A_3B)}{P(B)} = \frac{P(B|A_3)P(A_3)}{P(B)}$$

$P(A_3|B)$ 是已知 B 发生后 A 的条件概率，也由于得到 B 的取值而被称作 A 的后验概率。$P(A_3)$ 是 A 的先验概率（或边缘概率），之所以称为先验是因为它不考虑任何 B 方面的因素。$P(B|A_3)$ 是已知 A 发生后 B 的条件概率，也由于得自 A 的取值而被称作 B 的后验概率。$P(B)$ 是 B 的先验概率或边缘概率。

2. 贝叶斯分类应用

还是按照图 2-58 中的案例说明，概率表示为面积比例。已知一个样本空间分成三类，分别是 A_1，A_2，A_3，并且知道概率为 $P(A_1)$，$P(A_2)$，$P(A_3)$。黄色阴影部分表示样本中具有 B 特征的概率，在 A_1 类别中具有 B 特征的样本概率为 $P(B|A_1)$，在 A_2 类别中具有 B 特征的样本概率为 $P(B|A_2)$，在 A_3 类别中具有 B 特征的样本概率为 $P(B|A_3)$。问题就变成了，具有 B 特征的样本是 A_1，A_2，A_3 的概率是多少，利用贝叶斯公式，就可以计算出概率。哪个概率大，就认为它属于哪一类。

在实际应用过程中，仅有一个 B 特征时最终的预测结果并不准确，当增加一个 C 特征时，如图 2-59 所示，得到了在 A_1，A_2，A_3 类别中具有 C 特征的样本概率分别为 $P(C|A_1)$，$P(C|A_2)$，$P(C|A_3)$，此时样本同时具有了 B 特征和 C 特征，那么它的分类概率就变成如下公式。

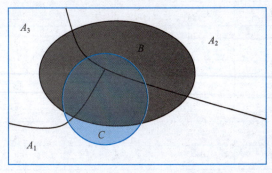

图 2-59　子空间中多个条件事件

$$P(A_1|B^{\wedge}C)=P(B^{\wedge}C|A_1)\times P(A_1)/P(B^{\wedge}C)=P(B|A_1)\times P(C|A_1)\times P(A_1)/P(B)/P(C)$$

$$P(A_2|B^{\wedge}C)=P(B^{\wedge}C|A_2)\times P(A_2)/P(B^{\wedge}C)=P(B|A_2)\times P(C|A_2)\times P(A_2)/P(B)/P(C)$$

$$P(A_3|B^{\wedge}C)=P(B^{\wedge}C|A_3)\times P(A_1)/P(B^{\wedge}C)=P(B|A_3)\times P(C|A_3)\times P(A_3)/P(B)/P(C)$$

可以看出，随着新特征加入，样本在整体空间的面积不断缩小，概率的计算会更加准确。贝叶斯分类器只适用于分类问题，比线性模型速度快，适用于非常大的数据集和高维数据，但其精度通常低于线性模型。

（三）决策树

1. 决策树简介

决策树是广泛用于分类和回归任务的模型，其主要用于分类。决策树模型呈现树形结构，是基于输入特征对实例进行分类的模型。下面通过一个判定客户是否买车的案例来了解决策树，如图 2-60 所示。

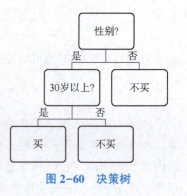

图 2-60　决策树

决策树是一个二叉树，每个根节点都有两个子节点，决策树中最末端的节点称为叶节点，而叶节点就是分类结果，除了叶节点外的其他节点代表了样本的特征。在这个例子中，只要给出客户的样本信息 {性别，年龄} 就可以对其是否买车作出预测。本质上，它从一层层的 if/else 问题中进行学习，并得出结论。掌握了程序设计基础相关的知识点就可以比较简单地实现这个模型。

2. 决策树生成

在实际的应用案例中，决策树模型的使用流程一般分为 4 个步骤：生成决策树模型、产生分类规则、测试模型、预测模型。与线性模型不同的是，决策树模型的生成过程是一个从根节点到叶节点不断深入迭代生成的过程。下面通过一组数据来分析，如表 2-9 所示。

表 2-9　样本数据

用户 ID	年龄	性别	收入	婚姻状况	是否买房
1	27	男	15 万	否	否
2	47	女	30 万	是	是
3	32	男	12 万	否	否
4	24	男	45 万	否	是
5	45	男	30 万	是	否
6	56	男	32 万	是	是
7	31	男	15 万	否	否
8	23	女	30 万	是	否

通过表格数据可以直观地看出，数据的特征空间为 {年龄，性别，收入，婚姻状况}，

而要预测的分类是一个二分类问题。在决策树中，级别越高的节点，包含的信息量越小，不确定性越大，因此分类越模糊；而级别越低的节点，包含的信息量越大，不确定性越小，因此分类就会越具体。根据决策树的原理，目的就是要把信息量小的特征尽可能放到级别高的节点上，把信息量大的特征尽可能放到级别低的节点上。那如何确定每个特征信息量的大小呢？

（1）熵。

熵是一个热力学概念，用来描述事物的混乱程度，可以理解为描述一个信息是否具体。如图 2-61 所示，3 个图中鸡蛋的数量是一样的，哪个图能够更明显地数出鸡蛋的数量呢？很明显是第一幅图，因为它的信息更具体，事物更有序，称它的熵最小。而对于第三张图，它的信息不明显，事物更无序，称它的熵最大。

图 2-61　不同程度的熵

（2）类别熵与特征类别熵。

案例中是否买房的情况分成了两类，买房与不买房的人数是不同的。为了衡量样本空间中分类的分离度，引入了类别熵的概念，公式如下。

$$H(X) = -\left(P(x_1)\log_2 \frac{1}{P(x_1)} + P(x_2)\log_2 \frac{1}{P(x_2)} + \cdots + P(x_n)\log_n \frac{1}{P(x_n)} \right)$$

在买房的数据中心，一共 3 人买房，5 人没买，那么依据公式，就可以计算出买房情况的类别熵为 $H(C) = -\frac{3}{8}\log_2 \frac{3}{8} - \frac{5}{8}\log_2 \frac{5}{8} = 0.288$。

同学习贝叶斯分类时的思想类似，类别熵必然受到特征的影响，例如，当引入年龄这个因素时，类别熵的情况就会发生变化，称为特征类别熵，用 $H(C|X)$ 表示。

对于年龄因素，可以分为 3 个区间（特征类别），分别是 $X11$：20~30 岁，$X12$：30~40 岁和 $X13$：大于 40 岁，此时的数据表则变为 3 个数据表，如表 2-10~表 2-12 所示。

表 2-10　*X11* 区间样本

用户 ID	年龄	性别	收入	婚姻状况	是否买房
1	27	男	15 万	否	否
4	24	男	45 万	否	是
8	23	女	30 万	是	否

表 2-11　*X12* 区间样本

用户 ID	年龄	性别	收入	婚姻状况	是否买房
3	32	男	12 万	否	否
7	31	男	15 万	否	否

表 2–12　*X*13 区间样本

用户 ID	年龄	性别	收入	婚姻状况	是否买房
2	47	女	30 万	是	是
5	45	男	30 万	是	否
6	56	男	32 万	是	是

根据类别熵的公式可以计算出三者的特征熵为：

$$H(C \mid x_{11}) = -\frac{1}{3}\log_2 \frac{1}{3} - \frac{2}{3}\log_2 \frac{2}{3} = 0.278$$

$$H(C \mid x_{12}) = -\frac{0}{2}\log_2 \frac{0}{2} - \frac{2}{2}\log_2 \frac{2}{2} = 0$$

$$H(C \mid x_{13}) = -\frac{2}{3}\log_2 \frac{2}{3} - \frac{1}{3}\log_2 \frac{1}{3} = 0.278$$

样本中在 30~40 这个年龄区间，特征熵为 0，它的实际意义就表示这个特征的信息混乱无序度为 0，信息是确定的，30~40 这个年龄段没有人买房。

最终计算出年龄 *X*1 的特征类别熵为：

$$H(C \mid X_1) = P(x_{11})H(C \mid x_{11}) + P(x_{12})H(C \mid x_{12}) + P(x_{13})H(C \mid x_{13})$$

$$= \frac{3}{8}\times 0.278 + \frac{2}{8}\times 0 + \frac{3}{8}\times 0.278$$

$$= 0.209$$

同理，计算出的性别 *X*2、收入 *X*3、婚姻状况 *X*4 的特征类别熵分别为

$$H(C \mid X_2) = 0.284$$

$$H(C \mid X_3) = 0.151$$

$$H(C \mid X_4) = 0.274$$

（3）信息增益。

信息增益就是在某个特征条件下，信息熵减少的程度。直观地理解是，当确定某个特征时，由于信息量提高，那么分类的结果会更加具体，无序程度也就降低了。它的意义表示为特征 *X* 对分类 *C* 的贡献度大小，用公式表示为：

$$G(X) = H(C) - H(C \mid X)$$

通过公式计算可得年龄、性别、收入、婚姻状况 4 个特征的信息增益为：

$$G(X_{年龄}) = 0.079$$

$$G(X_{性别}) = 0.004$$

$$G(X_{收入}) = 0.137$$

$$G(X_{婚姻状况}) = 0.014$$

可以看到，收入这个特征的信息增益最大，所以将收入作为根节点，此时生成的分支如图 2–62 所示。

当生成新的叶节点时，可以看到，在收入大于 40 万的节点中，分类只有一种情况为买，这时就可以生成最终节点为买；在收入为 10 万~20 万的节点中，分类也只有一种情

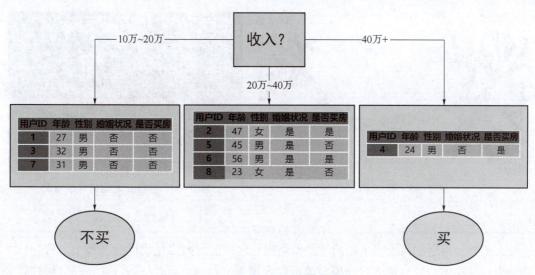

图 2-62　确定根节点后的决策树

况为不买,这时也可以生成最终节点不买。在 20 万~40 万这个节点,分类有多种情况,这时对于这个节点的样本再次重复决策树生成的过程就可以。

决策树有两个优点:一是得到的模型很容易可视化,非专家也很容易理解(至少对于较小的树而言);二是算法完全不受数据缩放的影响。决策树的主要缺点在于很容易过拟合,泛化性能很差。因此,在大多数应用中,往往使用集成方法来替代单棵决策树。

(四) 神经网络

应用在 AI 的神经网络一般称为人工神经网络,它的研究在很早就出现了,它从信息处理角度通过对人脑神经元及其网络进行模拟、简化和抽象,建立某种模型,按照不同的连接方式组成不同的网络。它是一种运算模型,由大量的节点(或称神经元)之间相互连接构成。神经网络研究的进展,在很大程度上并不是来源于计算机科学家的贡献,而是来源于生物学家、心理学家。随着对大脑研究的不断进步,人们意识到如果要让机器模拟人类的智能,突破点应该是让机器模拟人类的神经结构。可以看出,AI 已是一个相当大的、多学科交叉的学科领域。

1. 神经元模型

人类的智能活动主要是靠大脑来实现的,大脑中的神经系统则是由 140 到 160 亿个神经元细胞构成的,如图 2-63 所示。神经元中的树突用来接收其他神经元发来的信号(神经递质),是神经元的输入部分。当神经元接收到信号的刺激后,就会通过轴突末梢发出信号,这些信号再去刺激其他的神经元,是神经元的输出部分。比较神奇的是,只有当神经元受到足够强度的刺激,才会响应释放出刺激其他神经元的神经递质,如果受到的刺激不足,神经元将不会有输出。这样的输出其实等同于一个二分类,并不会出现中间值。神经元上亿的神经元细胞按照不同的结构连接在一起,就形成了一个神经网络,如图 2-64 所示。

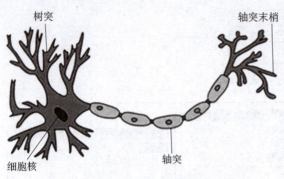

图 2-63　神经元细胞　　　　　　　　　图 2-64　神经元之间的连接情况

2. 人工神经网络模型

人工神经网络如何模拟生物的神经网络呢？回顾前面的多元线性分类模型。假如样本空间为 $\{x_1, x_2, x_3, x_4\}$，那么线性模型就可以表示为 $y = w_1x_1 + w_2x_2 + w_3x_3 + w_4x_4 + b$。线性模型的训练过程就是求出参数 (w_1, w_2, w_3, w_4, b)。这个计算模型称为感知器，如图 2-65 所示。为了模拟神经元的二分类输出，将 y 值进行 sigmoid 处理，如图 2-66 所示。在这里，sigmoid 称为激活函数。

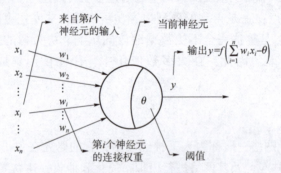

图 2-65　感知器模型

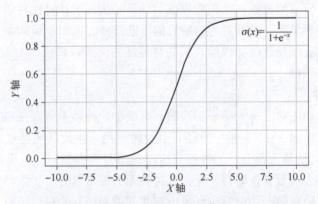

图 2-66　sigmoid 激活函数

可以看出，上面的线性逻辑分类模型，就是最基本的神经元模型的实现，它有 n 个输入，每一个输入对应一个权值 w，神经元内会对输入与权重做乘法后求和，求和的结果加上

偏置 b，最终将结果放入激活函数中，有激活函数给出最后的输入，输出的结果往往是二进制的，0 代表一致，1 代表激活。这样一个机制，称为感知机。如果将这些神经元有层次地组织起来，就形成了神经网络，如图 2-67 所示。在图中，layer1 代表输入的 3 个特征，每一个特征都会与后面每一个神经元做连接，这些连接都有不同的权重 w，这样的连接称为全连接。layer2 表示 5 个神经元组成的第二层网络，与第三层全连接。最后一层 layer4，表示输出层，这一层的 4 个神经元往往代表不同的分类，每个神经元的输出代表分类的概率。

上图中的 layer2 和 layer3 在输入层和输出层中间，称为隐藏层。可以想象成大脑的工作机制，通过看图片来说出图片内容时，实际上是眼睛视网膜的神经元作为输入层受到刺激，这些信号在大脑中穿过多层的神经网络后，刺激才传到嘴巴上，从而说出了结果，隐藏层的作用就在于此。在神经网络早期，由于计算机性能较弱，计算效率低，对于一个三层网络训练就会花费大量的时间和成本。随着现在计算机性能的提高，增加多个隐藏层渐渐变得可行，对于这种有更多隐藏层的神经网络模型，称为深度学习。

3. 神经网络种类

由于神经元有多个输入和一个输出，可以像拼积木一样自由度非常高地组建各种形状的模型。上面介绍的网络模型是一个标准的完全连接神经网络。在实际的应用中，不同的组建方式在不同的案例上性能会有不同的适应性。首先了解一下根据连接方式的不同，神经网络有哪些分类？

（1）卷积神经网络。

神经网络进行图片识别时，输入的特征向量就是图片中的每一个像素。试想一下，手机拍到的照片，可以直接输入模型吗？对于一个只有 32px 的图片，建立的 3 层模型如图 2-68 所示，一条连接便代表一个需要计算的权重值。现在的手机拍照像素都很高，一张 2 000 万 px 的照片就意味着要把 2 000 万个特征输入模型，那么所需要计算的权重值就会成为一个天文数字，是不能接受的。

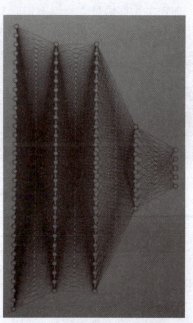

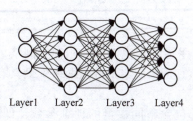

图 2-67　三层网络模型　　　　图 2-68　分辨率图像的全连接网络模型

针对这种情况，要实现两个目的：第一，尽可能地缩小原始图片的尺寸；第二，在缩小原始图片尺寸的时候要尽可能地保留图片中的特征细节。这时，就需要用到卷积。

① 卷积。

卷积的原理可以理解为某一确定条件下的值，它是由其他条件共同决定的。例如，某同学在前天向喜欢的女生表白找到了女朋友，这件事使他的开心度为 x_1；这位同学在昨天得知自己考试成绩是第一名，这件事使他的开心度为 x_2；在今天，他又知道自己在技能大赛中获得了第一名，这件事使他的开心度为 x_3，试问这位同学在今天到底有多开心？是 x_3 吗？当然不是，因为前两天的开心余韵还在，只是程度降低了。所以他在今天的开心度可以表示为 $x_3+w_2x_2+w_1x_1$，这样的计算过程就是卷积。

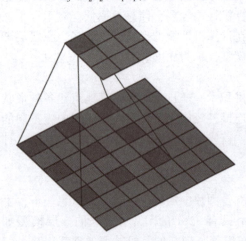

图2-69　卷积原理

在图 2-69 中，把蓝色的 7×7 大小的图片缩小为 3×3 的图片，并不是简单地去掉多余的像素，而是每一个新像素都是由邻域的像素共同计算得出的。使用卷积缩放图片，在改变图片大小后，图片清晰度没有发生变化。

② 卷积核。

明白了卷积的原理，卷积的值是由于邻域的值按照不同的权重共同计算而得出来的。那么应该计算哪些邻域，权重又该是多少，这就是卷积核的概念。不同的卷积核不仅决定了图片缩放的大小，还可以提取不同的图片特征。图 2-70（b）为应用低通滤波器，图片变得更模糊；图 2-70（c）表示应用卷积核为高通滤波器，图片的细节得到加强；图 2-70（d）表示使用的卷积核为边缘检测，丢掉了图像中的色彩信息，加强了轮廓信息。可以看出，对于边缘检测卷积核，即使图片缩小后，这些特征信息也非常明显，因此常用来作为神经网络的输入特征。

图2-70　不同卷积核的效果

（a）Lena 原图；（b）低通滤波器；（c）高通滤波器；（d）边缘检测

③ LeNet-5。

LeNet-5 是 Yann LeCun 在 1998 年设计的用于手写数字识别的卷积神经网络。当年美国大多数银行使用它来识别支票上面的手写数字，它是早期卷积神经网络中最具有代表性的模型之一。

LeNet-5 共有 7 层（不包括输入层），每层都包含不同数量的训练参数，如图 2-71 所示。

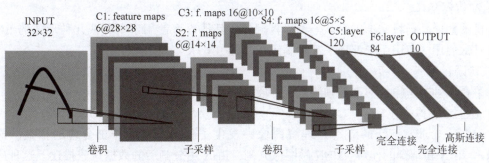

图 2-71　LeNet-5 模型

但是，由于当时缺乏大规模的训练数据，计算机的计算能力也跟不上，而且网络结构相对过于简单，LeNet-5 对于复杂问题的处理结果并不理想。

④ 应用领域。

CNN 在机器学习、语音识别、文档分析、语言检测和图像识别等领域有着广泛的应用。其中，CNN 在图像处理和图像识别领域取得了很大的成功，在国际标准的 Imagenet 数据集上，许多成功的模型都是基于 CNN 的。CNN 相较于传统的图像处理算法的好处之一在于其避免了对图像复杂的前期预处理过程，可以直接输入原始图像。

（2）循环神经网络。

有像卷积网络这样表现非常出色的网络了，为什么还需要其他类型的网络呢？因为传统的神经网络对于很多问题难以处理。例如，用卷积神经网络做一个人脸识别的宿舍门禁系统，它可以很好地识别出某个同学并决定是否放行。假如有校外人员，想拿着某同学的照片骗过门禁系统，该如何预防呢？这里就存在一个序列顺序问题。一般情况下，同学们都结伴而行，比如 a，b，c，d 四名同学经常一起回宿舍，而有一天校外人员拿着同学 e 的照片，按照 a，b，c，e，d 的顺序混入宿舍，就不符合正常的序列顺序。卷积神经网络并没有考虑到这个序列问题，而循环神经网络就能很好地解决这类问题。循环神经网络，即一个序列当前的输出与前面的输出也有关。例如，要预测句子的下一个单词是什么，一般需要用到前面的单词，因为一个句子中前后单词并不是独立的。具体的表现形式是循环神经网络会对前面的信息进行记忆并应用于当前输出的计算中，即隐藏层之间的节点不再无连接而是有连接的，并且隐藏层的输入不仅包括输入层的输出还包括上一时刻隐藏层的输出。理论上，RNN 能够对任何长度的序列数据进行处理。如图 2-72 所示，这是一个简单的 RNN 的结构，可以看到隐藏层是可以自己进行连接的。

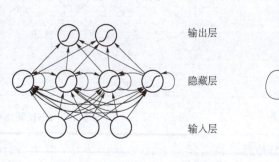

图 2-72　循环网络模型

RNN 多用于序列前后有关联的领域。

① 语言建模和文本生成。

语言建模和文本生成是指给出一个词语序列，试着预测下一个词语的可能性。这在翻译任务中是很有用的，因为最有可能的句子将是可能性最高的单词组成的句子。

② 机器翻译。

机器翻译是指将文本内容从一种语言翻译成其他语言使用了一种或几种形式的 RNN。所有日常使用的实用系统都用了某种高级版本的 RNN。

③ 语音识别。

语音识别基于输入的声波预测语音片段，从而确定词语。

④ 生成图像描述。

RNN 一个非常广泛的应用是理解图像中发生了什么，从而作出合理的描述。这是 CNN 和 RNN 相结合的作用。CNN 做图像分割，RNN 用分割后的数据重建描述。这种应用虽然基本，但可能性是无穷的。

⑤ 视频标记。

视频标记可以通过一帧一帧地标记视频进行视频搜索。

（3）深度信念网络。

深度信念网络是一个概率生成模型，与传统的判别模型的神经网络相对，生成模型是建立一个观察数据和标签之间的联合分布，对 P（Observation | Label）和 P（Label | Observation）都做了评估，而判别模型仅评估了后者，也就是 P（Label | Observation）。

深度信念网络（DBN）通过采用逐层训练的方式，解决了深层次神经网络的优化问题，通过逐层训练为整个网络赋予了较好的初始权值，使得网络只要经过微调就可以达到最优解。模型如图 2-73 所示，DBN 主要由多个受限玻耳兹曼机构组成，在此只做了解。

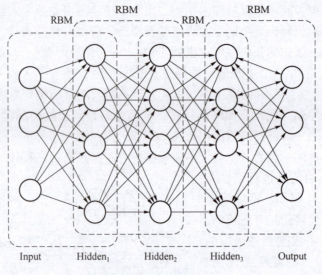

图 2-73　DNB 网络模型

深度信念网络诞生于 2006 年，是为了解决当时神经网络的性能问题而提出的新方法，相对于传统的神经网络，它的特点主要是训练时间短，在样本数据量少时预测更精确。

随着近几年计算机硬件设备性能的提高，同时也出现了很多适合于神经网络运算的专用处理器，神经网络的发展进入了一个繁荣时期。很多优秀的模型不断出现，它们往往不是单一的网络类型，更多的是不同网络模型以不同的维度组合，这种灵活的创新方式创造了机器学习领域许多更加实用的案例。

任务3 了解人工智能的数据信息

前面学习了 AI 的核心驱动力，了解了促进 AI 发展的其他支撑技术。AI 进入到落地阶段后，智能交互、人脸识别、无人驾驶等应用成为最大的热门，在比拼技术与产业的结合能力时，数据作为 AI 算法的燃料是实现这一能力的必要条件。

因此，AI 数据服务成为必不可少的一环，为机器学习算法训练、优化提供数据采集、标注等服务，这对于 AI 从纵深到细分行业和场景应用至关重要。AI 数据服务就是为 AI 算法训练及优化提供的数据集、清洗、信息抽取、标注等服务。

一、数据采集

数据采集，又称数据获取。

被采集数据可以是被监测的各种物理量，如温度、湿度、水位、风速、压力等，也可以是各类影音图文信息，如图像、视频、音频、文本等，包括各类生产生活往来记录（如交易记录、通话记录、交通轨迹等）等信息数据。采集的工具包括摄像头、麦克风等，如图 2-74 所示。

图像、文本采集

场景语音采集

道路视频数据采集

图 2-74 数据采集

二、数据标注

数据标注是通过数据加工人员（数据标注员）借助标记工具，对 AI 学习数据进行加工的一种行为。如果大多数原始数据是原油，那么数据标注就是把原油提炼为成品油的过程。

数据标注的类型通常包括语音标注、图像标注、文本标注、视频标注等。标注的基本形式有标注画框、3D 画框、文本转录、图像打点、目标物体轮廓线等。

例如，在聊天软件中，通常会有一个语音转文本的功能，这种功能的实现大多数人可能都会知道是由智能算法实现的，但是很少有人会想，算法为什么能够识别这些语音呢，算法是如何变得如此智能的？

其实智能算法就像人的大脑一样，它需要进行学习，通过学习它才能够对特定数据进行处理、反馈。

（1）语音标注，如图 2-75 所示。模型算法最初无法直接识别语音内容，而是经过人工对语音内容进行文本转录，将算法无法理解的语音内容转化成容易识别的文本内容，然后算法模型通过被转录后的文本内容进行识别并与相应的音频进行逻辑关联。那么不同的语速、音色模型算法怎么分辨，这就是模型算法在学习时需要海量数据的原因，这些数据必须覆盖常用语言场景、语速、音色等，全面的数据才能训练出出色的模型算法，便于理解。

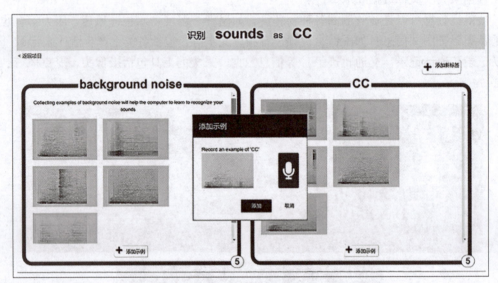

图 2-75　语音标注

（2）图像标注，如图 2-76 所示。图像和视频按照数据标注的工作内容来分类统一称为图像标注，因为视频也是由图像连续播放组成的（1 s 的视频包含 25 帧图像，每 1帧都是 1 张图像）。现实应用场景中，经常用到图像数据标注的有人脸识别及自动驾驶车辆识别等。就拿自动驾驶来说，汽车在自动行驶的时候如何识别车辆、行人、障碍物、绿化带甚至是天空呢？图像标注不同于语音标注，因为图像包括形态、目标点、结构划分等，仅凭文字进行标注是无法满足数据需求的，所以，图形的数据标注需要相对复杂的过程，数据标注人员需要对不同的目标标记物用不同的颜色进行轮廓标记，然后对相应的轮廓打标签，用标签来概述轮廓内的内容。以便让模型识别图像的不同标记物。

（3）文本标注，如图 2-77 所示。与之相关的现实应用场景包括名片自动识别、证照识别等。文本标注和语音标注有些相似，都需要通过人工识别转录成文本的方式。

图 2-76　图像标注

2

(1) 在2019年2月初，办案的警察用新科技手段——大数据对嫌疑人进行了追踪研判，推测二十一年过去了，他们可能已经结婚生子，最终，功夫不负有心人，发现嫌疑人罗某有一个(ge5)女儿，但是户口并不在其名下。

○ge4　　○ge3　　●ge5　　○不确定　　○无效

(2) 他竟然又遇到了一个(ge5)#ge5#与他家夫人长得相似的女孩。

○ge4　　○ge3　　●ge5　　○不确定　　○无效

(3) 而我国又特别重视和尊重这些曾经参加过抗战的老兵，于是他出动了6辆坦克来致敬这个(ge5)#ge5#老兵。

●ge4　　○ge3　　●ge5　　○不确定　　○无效

(4) 直到当天早上，她无意间发现正对主卧的墙上有一个(ge5)#ge5#插座，隐约闪烁着亮光，她让男友把它拆下来。

○ge4　　○ge3　　●ge5　　○不确定　　○无效

(5) 大会表彰了167名"全国自强模范"、100个(ge5)#ge5#"全国助残先进集体"、100名"全国助残先进个人"、100个"残疾人之家"和33名"全国残联系统先进工作者"。

○ge4　　○ge3　　●ge5　　○不确定　　○无效

(6) 与他相比，徐寿辉就差得太远了，这个人确实是个好人，但除了好人，他什么也不是，陈友谅每天看见徐寿辉高高在上地坐在宝座上就来气，这个废物为什么坐在上面，我还要向他请示，当这个(ge5)#ge5#念头出现的频率越来越多，越来越频繁时，思想中的图谋就将变成行动。

○ge4　　○ge3　　●ge5　　○不确定　　○无效

(7) 东北地区商品房销售面积1531万平方米，下降4.2%，1—3月份为增长0.3%；销售额1230亿元，增长3.3%，增速回落3个(ge5)#ge5#百分点。

○ge4　　○ge3　　●ge5　　○不确定　　○无效

(8) 5月9日下午3时，俄罗斯莫斯科举行了盛大的红场阅兵，这是为了庆祝卫国战争胜利74周年，整个(ge4)#ge5#阅兵仪式用一个词来形容就是"壮观"。

●ge4　　○ge3　　○ge5　　○不确定　　○无效

(9) 根据王磊的描述，甲骨文中国此次裁员只是个(ge4)#ge5#开始，"深圳前几天已经裁掉了全部研发人员，甲骨文中国研发人员全部被裁不可避免。

图 2-77　文本标注

数据标注员是深度学习技术催生出来的新职业，其从事的是 AI 时代的信息处理工作。当技术的进步大幅提升了数据处理的效率时，人的作用将从原来的重复劳动变成监督和辅助机器学习，职业要求和内涵也随之发生重大变化。

三、数据分析

数据分析是指用适当的统计方法对收集来的大量数据进行分析，提取有用信息和形成结论。AI 数据分析流程如图 2-78 所示。在实际生活中，数据分析可以帮助人们作出判断以便采取适当行动。

典型的数据分析包含以下三个步骤。

（1）探索性数据分析：当数据刚取得时，可能杂乱无章，看不出规律，但通过作图、造表等形式的方程拟合，可寻找和揭示隐含在数据中的规律性。

（2）模型选定分析：在探索性分析的基础上提出一类或几类可能的模型，然后通过进一步的分析从中挑选一定的模型。

（3）推断分析：通常使用数理统计方法对所定模型或估计的可靠程度和精确程度作出推断。

图 2-78　AI 数据分析流程

未来随着算法的需求越来越大，由机器持续学习人工标注，提升预标注和自动标注能力对人工的替代率将成趋势。技术的进步大幅提升数据处理效率的同时，数据标注员如何变成 AI 训练师，新技术在取代人工的同时也带来了新的职业路径和新的职业要求。

课后延展 < < <

有多少智能，就有多少人工。随着 AI 技术突飞猛进地发展，数据标注行业也随之异军突起。经过短短几年的发展，我国专职从事数据标注行业的人员已经突破 20 万，兼职人员的数量突破 100 万。在未来 5 年，专职数据标注工程师的缺口将高达 100 万。AI 行业巨头纷纷寻找专业的数据标注工程师，但目前接受过系统培训的数据标注工程师少之又少。

——《数据标注工程》刘鹏

全球科技巨头纷纷拥抱深度学习，自动驾驶、AI 医疗、语音识别、图像识别、智能翻译以及震惊世界的 AlphaGo，背后都是深度学习在发挥神奇的作用。深度学习是 AI 从概念到繁荣得以实现的主流技术。经过深度学习训练的计算机不再被动按照指令运转，而是像自然进化的生命那样，开始自主地从经验中学习。

——《深度学习——智能时代的核心驱动力量》［美］特伦斯·谢诺夫斯基

自我测试

1. 小组合作任务：将班级学生分成若干个小组，各小组就生活中的实际案例进行数据采集并完成标注及分析，最终输出专题报告。

2. 深度学习和传统机器学习相比，具有哪些优势？互联网时代，网购已经深入千家万户，结合本节学习的内容思考深度学习在京东、美团、淘宝等网购平台有哪些用武之地？

任务 1   视觉智能

教学目标

1. 掌握图像识别、人脸识别、文字识别、目标检测的含义。

2. 理解图像识别、人脸识别、文字识别、目标检测的原理、技术流程、应用及发展趋势。

3. 进行图像识别、人脸识别、文字识别、目标检测的实训。

教学要求

1. 知识点

图像识别、视频识别、人脸识别、行为识别、文字识别、目标检测的原理和技术流程。

2. 技能点

掌握图像识别、人脸识别、文字识别、目标检测的实训操作。

3. 重难点

通过学习，重点理解视觉智能包括哪些应用技术？过去的计算机视觉和现在的视觉智能有什么区别和联系？思考在生活和行业方面有哪些具体应用？从看得见到看得清楚、看得明白之间，怎么去训练机器？同时，结合每个任务后的实训项目进一步思考，尝试拓展更多实训任务。

任务说明

　　AI 最具有应用前景的方向就是图像视觉领域，那么如何才能让机器识别世界万事万物？对人类而言，视觉是人们非常熟悉的一种功能，它不仅帮助人们获得信息，而且还帮助人们加工信息。让计算机能够像人一样看见，从而获得对世界的感知、识别和理解的能力，就是计算机视觉。它能够让机器具备获取图像并且识别图像内容的能力，从而看懂、理解这个世界。拥有智慧的双眼，这是 AI 技术在视觉智能层面的重要应用。成语"眼见为实"，也表达了视觉对人类的重要性，不难想象，具有视觉功能的机器应用前景有多么宽广。对 AI 来说，视觉 AI 也被视为目前最具应用价值的 AI 技术。

　　刷脸支付、拍照识物、逃犯追捕、货物自动分拣、动物跟踪保护、污染物监测等越来越多的场景可以被"看见"，某计算机识别场景如图3-1所示。

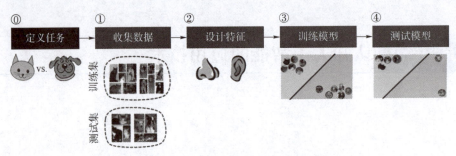

图 3-1　猫狗分类的经典机器学习流程

相关知识

作为 AI 技术应用最广泛的领域，视觉 AI 的核心是用机器眼来代替人眼。计算机视觉就是用各种成像系统代替视觉器官作为输入敏感手段，由计算机来代替大脑完成处理和解释。计算机视觉的最终研究目标就是使计算机像人那样通过视觉观察和理解世界，具有自主适应环境的能力。

由于深度学习技术的发展、计算能力的提升和视觉数据的增长，视觉 AI 在不少场景应用中都取得了令人瞩目的成绩。例如，人脸识别的应用、视频监控分析、文字识别、工业瑕疵检测、自动驾驶/驾驶辅助、医疗影像诊断等，特别是在安防领域，中国是世界上拥有最多摄像头的国家，对图像的分析处理需求巨大，巨大的需求必然推动行业的快速发展，计算机视觉应用场景如图3-2所示。手机的普及也为图像采集奠定了基础，未来基于手机的计算机视觉应用也会日益丰富，成为新的发展趋势。

图 3-2　计算机视觉应用场景

一、图像识别技术的原理及应用

（一）什么是图像识别

图像识别是 AI 行业应用的一个重要方向，也是机器学习最热门的领域之一。其目的是让计算机代替人类去处理大量的物理信息，解决人类无法识别或者识别率特别低的信息。

计算机的图像识别技术和人类的图像识别在原理上并没有本质的区别，只是机器缺少人类在感觉与视觉差上的影响。人类的图像识别不单是凭借整个图像存储在脑海中，通过记忆来识别的，也是依靠图像本身所具有的特征而先将其进行分类，然后通过各个类别所具有的特征将图像识别出来的，只是很多时候人们没有意识到这一点。当看到一张图片时，大脑会迅速搜索，根据存储记忆进行查看，是否见过此图片或与其相似的图片，从而进行识别。其实这就是在看到与感应到的中间经历了一个迅速识别的过程。

这个识别的过程和搜索有些类似。在这个过程中，大脑会根据存储记忆中已经分好的类别进行识别，查看是否有与该图像具有相同或类似特征的存储记忆，从而识别出是否见过该图像。机器的图像识别技术也是如此，通过分类并提取重要特征而排除多余的信息来识别图像。机器所提取出的这些特征有时会非常明显，有时又很普通，这在很大的程度上影响了机器识别的速率。总之，在计算机的图像识别中，图像的内容通常是用图像特征进行描述的。

图像识别技术是信息时代一门重要的技术，其产生目的是让计算机代替人类去处理大量的物理信息。随着计算机技术的发展，人类对图像识别技术的认识越来越深刻。图像识别技术的过程分为信息获取、预处理、特征抽取和选择、分类器设计和分类决策。

（二）基于机器学习的图像识别过程

计算机的图像识别技术与人类的图像识别原理相同，过程也是大同小异。图像识别技术的过程分以下几步：信息获取、预处理、特征抽取和选择、分类器设计和分类决策，其技术流程如图 3-3 所示。

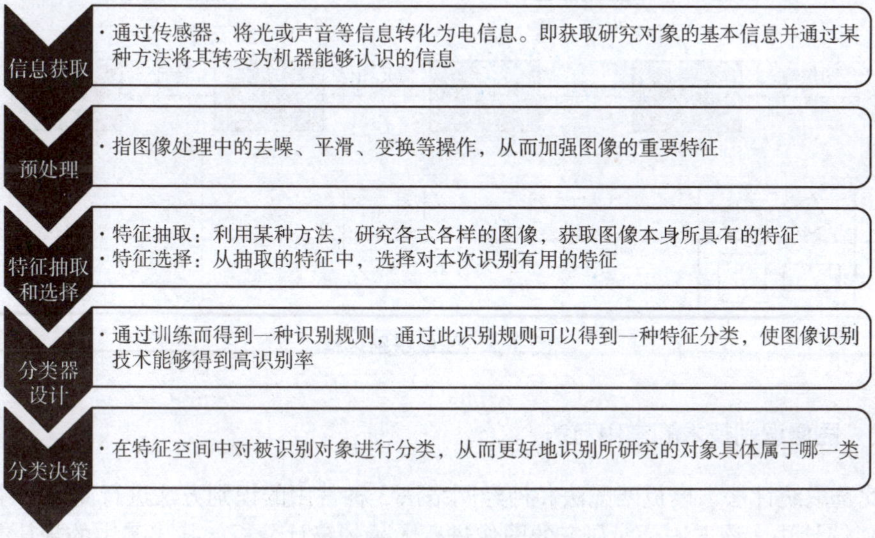

信息获取	·通过传感器，将光或声音等信息转化为电信息。即获取研究对象的基本信息并通过某种方法将其转变为机器能够认识的信息
预处理	·指图像处理中的去噪、平滑、变换等操作，从而加强图像的重要特征
特征抽取和选择	·特征抽取：利用某种方法，研究各式各样的图像，获取图像本身所具有的特征 ·特征选择：从抽取的特征中，选择对本次识别有用的特征
分类器设计	·通过训练而得到一种识别规则，通过此识别规则可以得到一种特征分类，使图像识别技术能够得到高识别率
分类决策	·在特征空间中对被识别对象进行分类，从而更好地识别所研究的对象具体属于哪一类

图 3-3　机器学习图像识别的技术流程

信息获取是指通过传感器，将光或声音等信息转化为电信息，也就是获取研究对象的基本信息并通过某种方法将其转变为机器能够认识的信息。

预处理主要是指图像处理中的去噪、平滑、变换等操作，从而加强图像的重要特征。

特征抽取和选择是指在模式识别中，需要进行特征的抽取和选择。简单的理解就是研究的图像是各式各样的，如果要利用某种方法将它们区分开，就要通过这些图像本身所具有的特征来识别，获取这些特征的过程就是特征抽取。在特征抽取中所得到的特征也许对此次识别并不都是有用的，这个时候就要提取有用的特征，这就是特征的选择。特征抽取和选择在图像识别过程中是非常关键的技术之一，所以对这一步的理解是图像识别的重点，图像特征包含的内容如图3-4所示。

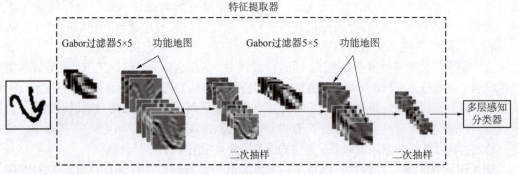

图3-4 图像特征包含的内容

分类器设计是指通过训练而得到一种识别规则，通过此识别规则可以得到一种特征分类，使图像识别技术能够得到高识别率。分类决策是指在特征空间中对被识别对象进行分类，从而更好地识别所研究的对象具体属于哪一类。

图像识别过程分为图像处理和图像识别两个部分，图像识别过程如图3-5所示。

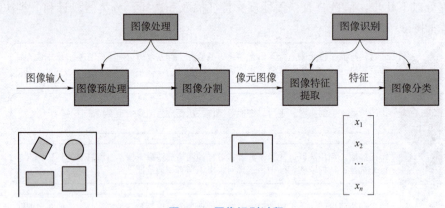

图3-5 图像识别过程

(三) 图像识别技术的常用方法

在此选取统计法、模板匹配法和神经网络法3种常用的识别方法进行简要介绍。

（1）统计法。该方法是对研究的图像进行大量的统计分析，找出其中的规律并提取反映图像本质特点的特征来进行图像识别。其缺点是，当特征数量激增时，会给特征提取造成困难，分类也难以实现。尤其是当被识别图像（如指纹、染色体等）的主要特征是结构特征时，用统计法就很难进行识别。

（2）模板匹配法。该方法是一种最基本的图像识别方法，是把已知物体的模板与图像中所有未知物体进行比较，如果某一未知物体与该模板匹配，则该物体被检测出来，并被认为是与模板相同的物体。该方法虽然简单方便，但其应用有很大的限制，由于该方法识别率过多地依赖于已知物体的模板，如果已知物体的模板产生变形，会导致错误地识别。

（3）神经网络法。该方法是一种比较新型的图像识别技术，是指用神经网络算法对图像进行识别的方法。近十多年来得益于算法的提升和海量的训练数据，让深度学习模型成功应用于一般图像的识别和理解，这不仅大幅提升了图像识别的准确性，也避免了人工抽取特征时的时间消耗。

这里的神经网络是指人工神经网络，是人类模仿动物神经网络后人工生成的。神经网络侧重于模拟和实现人的认知过程中的感知过程、形象思维、分布式记忆和自学习、自组织过程。深度神经网络之所以有这么强大的能力，就是因为它可以自动地从图像中学习有效的特征，同时可以很好地解决图片分类问题。对于原始的图像来讲，先要去提取它的特征，然后再采用分类器进行分类，因此，可以通过卷积运算搭建深度神经网络。深度神经网络的特征提取如图 3-6 所示。

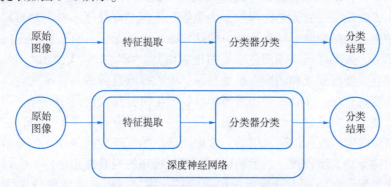

图 3-6　深度神经网络的特征提取

深度神经网络降低了 AI 的复杂程度，在传统模式分类的系统中，特征的提取和分类是两个独立的步骤。而深度神经网络将两者合并在了一起，只需要将一张图片输入给神经网络，就可以得出对于图片类别的预测，不再需要分布完成图片的特征提取和分类。所以从这个角度而言，深度神经网络并不是对传统模式分类系统的颠覆，而是它的改进与增强。

由于神经网络具有容错性强、独特的联想记忆及自组织、自适应和自学习能力，因而特别适合处理信息模糊或不精确问题。神经网络算法的提升对于 AI 技术的应用有着重要的推动作用。

（四）图像识别的应用

图像识别技术在公共安全、生物、工业、农业、交通、医疗等很多领域都有广泛应用。例如，交通方面的车牌识别系统；公共安全方面的人脸识别技术、指纹识别技术；农业方面的种子识别技术、食品品质检测技术；医学方面的心电图识别技术等。现实生活中，人脸检测和识别、视频监控等都是图像识别最广泛的应用。

目前的图像识别技术是作为一个工具来帮助人类与外部世界进行交互的，只为人类自身的视觉提供了一个辅助作用，所有的行动还需自行完成。而当机器真正具有了视觉之后，它们完全有可能代替人类去完成这些行动。目前的图像识别应用就像是盲人的导盲犬，在盲人行动时为其指引方向；而未来的图像识别技术将会同其他 AI 技术融合在一起成为盲人的全职管家，盲人不需要进行任何行动，而是由这个管家帮助其完成所有事情。例如，如果图像识别是一个工具，就如同驾驶汽车时佩戴谷歌眼镜，它将外部信息进行分析后传递，驾驶员再依据这些信息作出行驶决策；而如果将图像识别利用在机器视觉和 AI 上，这就如同谷歌的无人驾驶汽车，机器不仅可以对外部信息进行获取和分析，还全权负责所有的行驶活动，让驾驶员得到完全解放。

在 AI 中，感知是通过解释传感器的响应而为机器提供它们所处世界的信息，其中它们与人类共有的感知形态包括视觉、听觉和触觉，而视觉最为重要，因为视觉是一切行动的基础。视觉是最及时和准确的信息获取渠道，人类感觉信息中的 80% 都是视觉信息。机器视觉之于 AI 的意义就是视觉之于人类的意义，而决定着机器视觉的就是图像识别技术。

更重要的是，在某些应用场景，机器视觉比人类的生理视觉更具优势，它更加准确、客观和稳定。人类视觉有着天然的局限，人类看起来能立刻且毫不费力地感知世界，而且似乎也能详细生动地感知整个视觉场景，但这只是一个错觉，只有投射到眼球中心的视觉场景的中间部分，人类才能详细而色彩鲜明地看清楚。偏离中间大约 10° 的位置，神经细胞更加分散并且只能探知光和阴影。也就是说，人类视觉世界的边缘是无色、模糊的。因此，才会存在变化盲视，才会在经历着多样事物发生时，仅关注其中一样，而忽视了其他事物的发生，甚至不知道它们的发生。而机器在这方面就有着更多的优势，它们能够发现和记录视力所及范围内发生的所有事情。拿应用最广的视频监控来说，传统监控需要有人在电视墙前时刻保持高度警惕，然后再通过自己对视频的判断得出结论，但这往往会因为人的疲劳、视觉局限和注意力分散等原因影响监控效果。但有了成熟的图像识别技术之后，AI 再加以支持，计算机就可以自行对视频进行分析和判断，发现异常情况直接报警，这使实时监控具有了更高的效率和准确度。在反恐领域，借助机器的人脸识别技术也要远优于人的主观判断。

许多科技巨头也开始了在图像识别和 AI 领域的布局，Facebook 签下的 AI 专家 Yann LeCun 最重大的成就就是在图像识别领域，其提出的 LeNet 为代表的卷积神经网络，在应用到各种不同的图像识别任务时都取得了不错效果，被认为是通用图像识别系统的代表之一；Google 借助模拟神经网络 DistBelief 通过对数百万份 YouTube 视频的学习自行掌握了猫的关键特征，这是机器在没有人帮助的情况下自己读懂了猫的概念。值得一提的是，负责这个项目的 Andrew NG 已经转投百度，领导百度研究院，其一个重要的研究方向就是 AI 和图像识别。这也能看出国内科技公司对图像识别技术以及 AI 技术的重视程度。

图像识别技术，连接着机器和世界，帮助人类越发了解这个世界，并最终代替人类完成更多的任务。

二、人脸识别技术及应用

（一）人脸识别的技术

这是一个看脸的时代，谈人脸技术，大家最为熟知的就是人脸识别。该技术在金融、社保、零售、安防等领域表现突出，成为 AI 技术领域的明星。一般而言，一个完整的人脸识别系统包含四个主要组成部分，即人脸检测、人脸对齐、人脸特征提取以及人脸识别。人脸检测是在图像中找到人脸的位置，人脸对齐是在人脸上找到眼睛、鼻子、嘴巴等面部器官的位置，通过人脸特征提取将人脸图像信息抽象为字符串信息，最后人脸识别将目标人脸图像与既有人脸比对计算相似度，确认人脸对应的身份，人脸识别系统组成如图 3-7 所示。

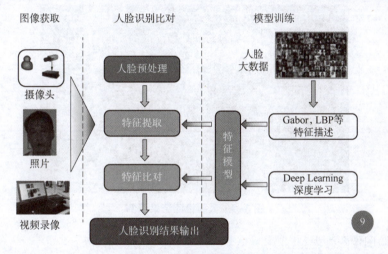

图 3-7　人脸识别系统组成

人脸识别的技术流程如图 3-8 所示。主要流程包含人脸图像采集与检测、人脸图像预处理、人脸图像特征提取以及匹配与识别。

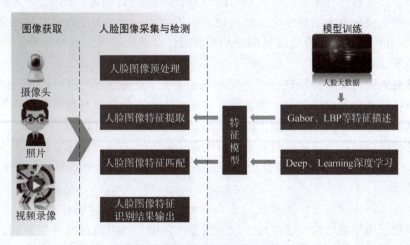

图 3-8　人脸识别的技术流程

（1）人脸图像采集及检测。

人脸图像采集通过摄像镜头采集，如静态图像、动态图像、不同位置、不同表情等方面都可以得到很好的采集。当用户在采集设备的拍摄范围时，采集设备会自动搜索并拍摄用户的人脸图像。该流程一般由摄像头模组完成（RGB 摄像头、红外摄像头或者 3D 摄像头等）。

人脸检测算法的输入是一张图片，输出是人脸框坐标序列（0 个人脸框或 1 个人脸框或多个人脸框）。一般情况下，输出的人脸坐标框为一个正朝上的正方形，但也有一些人脸检测技术输出的是正朝上的矩形，或者是带旋转方向的矩形。

常见的人脸检测算法基本是一个扫描加判别的过程，即算法在图像范围内扫描，再逐个判定候选区域是否是人脸的过程。因此人脸检测算法的计算速度会跟图像尺寸、图像内容相关。在开发过程中，可以通过设置输入图像尺寸、最小脸尺寸限制、人脸数量上限的方式来加速算法，人脸检测结果示例如图 3-9 所示。

图 3-9　人脸检测结果示例

（2）人脸图像预处理。

该过程是基于人脸检测结果，对图像进行处理并最终服务于特征提取的过程。人脸识别系统获取的原始图像由于受到各种条件的限制和随机干扰，往往不能直接使用，必须在图像处理的早期阶段对它进行灰度矫正、噪声过滤等图像预处理。

人脸图像预处理过程主要包括人脸对准（得到人脸位置端正的图像）、人脸图像的光线补偿、灰度变换、直方图均衡化、归一化（取得尺寸一致、灰度取值范围相同的标准化人脸图像）、几何校正、中值滤波（图片的平滑操作以消除噪声）及锐化等。

（3）人脸图像特征提取。

这是针对人脸的某些特征进行的，又称人脸表征，它是对人脸进行特征建模的过程。可使用的特征通常分为视觉特征、像素统计特征、人脸图像变换系数特征、人脸图像代数特征等。具有表征某个人脸特点能力的数值串被称为人脸特征（Face Feature）。

人脸特征提取过程的输入也是一张人脸图和人脸五官关键点坐标，输出是人脸相应的一个数值串（即特征）。人脸特征算法都会根据人脸五官关键点坐标将人脸对齐预定模式，然后计算特征。

近几年来，深度学习方法基本统治了人脸特征算法，这些算法都是固定时长的算法。早前的人脸特征模型都较大，速度慢，仅适用于后台服务。但最新的一些研究，可以在基本保证算法效果的前提下，将模型大小和运算速度优化到移动端可用的状态，人脸特征提取过程如图 3-10 所示。

图 3-10　人脸特征提取过程（最右侧数值串为人脸特征）

（4）匹配与识别。

提取的人脸图像的特征数据与数据库中存储的特征模板进行搜索匹配，通过设定一个阈值，当相似度超过这一阈值时，则把匹配得到的结果输出。人脸识别就是将待识别的人脸特征与已得到的人脸特征模板进行比较，根据相似程度对人脸的身份信息进行判断，人脸的匹配与识别如图 3-11 所示。这一过程又分为两类：一类是确认，是一对一进行图像比较的过程；另一类是辨认，是一对多进行图像匹配对比的过程。

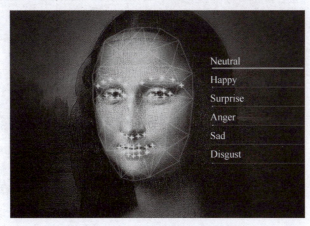

图 3-11　人脸的匹配与识别

（二）人脸识别的应用领域

人脸识别产品已广泛应用于金融、司法、军队、公安、边检、政府、航天、电力、工厂、教育、医疗及众多企事业单位等领域。随着技术的进一步成熟和社会认同度的提高，人脸识别技术将应用在更多的领域。

（1）金融远程开户。

通过自拍照与身份证照或公安系统照片之间的人脸对比，核实用户身份是否属实，优化金融等高风险行业复杂的身份验证流程。

（2）服务人员身份监管。

对于用户身份真实性要求较高的服务领域（如家政、货运等），通过人脸对比，确保服务人员身份的真实性，提高业务人员身份审核效率。

（3）企业刷脸考勤。

用人脸识别替代指纹识别、刷工卡的方式进行考勤，实现多人同时考勤，提高防作弊能力的同时提升考勤效率。

（4）酒店自助入住。

用户到店后主动出示身份证，通过人脸1：1的服务将用户现场拍摄的照片与身份证信息进行比对验证，实现自助入住。

（5）民事政务自助办理。

原本烦琐费时的窗口业务办理，转为线上自助办理（如制卡、社保核身），保证用户身份真实性的同时，大幅缩短业务处理的时间。

其他类似人脸识别用于人物身份确认的常见技术还有指纹识别、手掌几何学识别、虹膜和视网膜识别等。这些识别技术也广泛应用于通过人类生物特征进行身份认证的场景，例如，签证应用、身份识别、打卡应用等场景，生物识别技术如图3-12所示。

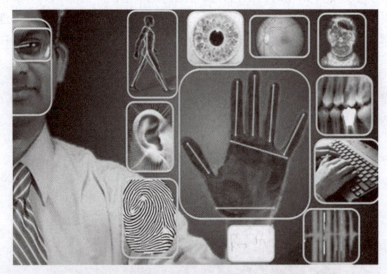

图3-12　生物识别技术

三、OCR文字识别技术及其应用

（一）OCR识别技术的含义

文字识别技术的发展为无纸化、智能化办公提供了技术支持。例如，在图书馆、资料室、古籍管理等方面，对纸质文字一拍即可变成可编辑的文字，便于检索分类，省去操作耗时、错误率较高的人工，避免对珍贵史料造成损坏。此外，文字识别技术还可以识别视频中的文字，对互联网视频内容进行识别审核、监控，从而筛除掉违规的视频、广告等。

利用OCR文字识别技术代替人工录入，将图片上的文字、符号识别出来并变为可编辑的文本，OCR识别技术的使用场景如图3-13所示。

AI时代的OCR，又称文字识别技术，它是基于深度学习技术，将纸张、图片等载体上的文字内容，智能识别成为可编辑的文本。它不仅支持通用的印刷体文字识别，也支持运单等手写体文字识别，从而可以更加有效地代替人工录入信息。

图 3-13　OCR 识别技术的使用场景

（二）AI 时代，OCR 识别技术的蜕变

1. 智能 OCR 的优点

随着 AI 时代的到来，深度学习技术进入视觉识别领域，一种全新的基于深度学习的 OCR 流程被提出来。

OCR 识别从单字识别进化到整行识别，文字识别准确率大幅提升。同时，智能 OCR 识别技术大幅提升了对识别图像质量的宽容度，可以有效识别光照不均、图像模糊、复杂背景等低质量图像。

相比传统 OCR，智能 OCR 不需要扫描仪或高拍仪，手机、平板等移动设备拍摄的照片，只要文字用肉眼可辨认，都可以用于 OCR 识别。甚至，对于手写字体的识别也能轻松完成，AI 会不断学习各种写字习惯，可谓最恐怖的学习达人，任何一个字它都能在 1 s 内完成识别。

同时，针对各类复杂背景下的证件，智能 OCR 将会自动进行关键点捕捉，将有效的信息从复杂的背景中提取，并自动进行水平校对和角度修正。如果关联至指定页面，它还会根据定位自动进行填充，调整文字字号适应框体。这种模式适用于烦琐复杂的数据表格，华为 OCR 识别如图 3-14 所示。

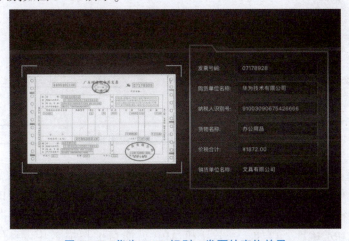

图 3-14　华为 OCR 识别：发票的定位效果

2. OCR 识别技术的识别流程

智能 OCR 大幅提升了文字识别效率与识别质量，其识别的整个流程主要分为以下 8 个步骤，OCR 识别流程如表 3-1 所示。

表 3-1　OCR 识别流程

序号	步骤	内容
1	图像输入	采集所要识别的图像，如名片、身份证、护照、行驶证、驾驶证、公文、文档等
2	图像预处理	包含二值化、去噪、倾斜度矫正等
3	版面分析	对将要识别的文档分段、分行处理等
4	字符切割	定位出字符串的边界，然后分别对字符串进行单个切割
5	字符特征提取	提取字符特征，为识别提供依据
6	字符识别	将当前字符提取的特征向量与特征模板库进行模板粗分类和模板细匹配，识别出字符
7	版面回复	将识别结果按照原来的版面排版，输出 Word 或 PDF 格式的文档
8	后处理校正	根据特定的语言及上下文的关系，对识别结果进行校正

（三）OCR 识别技术的应用

OCR 识别包含通用文字识别、卡证文字识别、票据文字识别、场景文字识别及其他文字（如图片数字、印章检测、表格文字、图片二维码等）识别等几个类型场景的识别，OCR 识别技术的应用场景如图 3-15 所示。

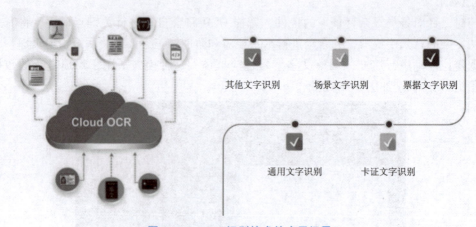

图 3-15　OCR 识别技术的应用场景

OCR 识别技术的应用在当前已是百花齐放。例如，每天需要处理大量表格信息录入的部门（如邮政、税务、海关、审计等）；网络信息安全企业根据爬虫搜集的网络图片，对照图片上的文字识别剖析，进而判断其是否带有特殊颜色信息内容；图书馆藏书的电子化，提高了效率和准确度。再如，一款手机 APP 就能帮忙扫描名片、身份证，并识别出里面的信息；汽车进出停车场，采用车牌识别技术，一改以往人工登记等。

在物流行业，顺丰通过手写体文字识别技术，自动识别出运单的收寄件人电话号码和地址等字段，基于这些 OCR 自动识别出的信息，再结合自有运单数据库，可以自动匹配到更完整、更充分的运单各字段信息，这将大幅提升运单信息录入效率和物流资源的调度匹配能力，OCR 识别用于顺丰运单信息录入，如图 3-16 所示。

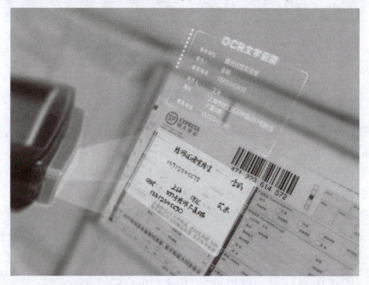

图 3-16　OCR 识别用于顺丰运单信息录入

以身份证的管理和识别为例，OCR 支持对二代居民身份证正反面所有 8 个字段进行结构化识别，包括姓名、性别、民族、出生日期、住址、身份证号、签发机关、有效期限，识别准确率超过 99%。同时支持身份证正面头像检测。

AI 时代的 OCR 识别，不再局限于文本文字，其应用已经扩展到身份证识别、发票识别、出生证明识别、不动产登记识别等。除了服务于过去的办公室一族，智能 OCR 技术的身影也已经逐渐覆盖到智慧城市、智慧金融、智能交通、智慧医疗等越来越多的领域。"一键识别，无须修改"，当这样的智能识别 OCR 技术进入工作场景之中，也许未来，某些岗位就要让位于 AI!

四、目标检测的原理与应用

（一）什么是目标检测

目标检测的任务是找出图像中机器所有感兴趣的目标或者物体，确定其位置和大小，是机器视觉领域的核心问题之一。由于各类物体有不同的外观、形状、姿态，加上成像时光照、遮挡等因素的干扰，目标检测一直是机器视觉领域最具有挑战性的问题。

目标检测与识别是指从一幅场景（图片）中找出目标，包括检测（where）和识别（what）两个过程。这意味着，不仅要用算法判断图片中是不是一辆汽车，还要在图片中标记出它的位置，用边框或红色方框把汽车圈起来。其中定位的意思是判断汽车在图片中的具体位置，任务的难点在于待检测区域候选的提取与识别。目标检测的提取与识别如

图 3-17 所示。

分类　　　　　分类+定位　　　　目标检测　　　　实例分段

CAT　　　　　　CAT　　　CAT, DOG, DUCK　CAT, DOG, DUCK

单个目标　　　　　　　　　多个目标

图 3-17　目标检测的提取与识别

目标检测与识别在生活中多个领域中有着广泛的应用，它是将图像或者视频中的目标与不感兴趣的部分区分开，判断是否存在目标，若存在目标则确定目标的位置，识别目标是一种计算机视觉任务。目标检测与识别是计算机视觉领域中一个非常重要的研究方向，随着互联网、AI 技术、智能硬件的迅猛发展，人类生活中存在着大量的图像和视频数据，这使得计算机视觉技术在人类生活中起到的作用越来越大，对计算机视觉的研究也越来越火热。目标检测与识别，作为计算机视觉领域的基石，也越来越受到重视。在实际生活中应用也越来越广泛，例如，目标跟踪、视频监控、信息安全、自动驾驶、图像检索、医学图像分析、网络数据挖掘、无人机导航、遥感图像分析、国防系统等。

由于近年来目标检测与识别技术的火热发展，越来越多的相关研究成果发表在各种顶级期刊或者会议上，如 TIP，CVIU，TPAMI，IJCV，CVPR，ICCV，ECCV，ACM，MM等。在各国学者的共同努力下，目标检测与识别技术飞速发展，并使最好的目标检测与识别算法在公开数据集上有着跨越式的进步，算法性能在不断地接近人类能力。

（二）目标检测的算法分类

近几年来，目标检测算法取得了很大的突破。目前可以将现有的基于深度学习的目标检测与识别算法大致分为以下两大类。

一类是比较流行的算法，基于区域建议的 R-CNN 系算法（R-CNN, Fast R-CNN, Faster R-CNN 等），它们是 two-stage 的，需要先利用算法产生目标候选框，也就是目标位置，然后再对候选框做分类与回归。而另一类是 Yolo, SSD 这类 one-stage 算法，其仅使用一个卷积神经网络 CNN 直接预测不同目标的类别与位置。第一类算法准确度高一些，但是速度慢，第二类算法速度快，但是准确性要低一些。这可以在图 3-18 中看到。

1. 基于传统图像处理和机器学习算法的目标检测与识别方法

传统的目标检测与识别方法主要可以表示为目标特征提取→目标识别→目标定位。

这里所用到的特征都是人为设计的，例如，尺度不变特征变换匹配算法（Scale Invariant Feature Transform，SIFT）、方向梯度直方图特征（Histogram of Oriented Gradient，HOG）、加速稳健特征（Speeded Up Robust Features，SURF）等。通过这些特征对目标进行识别，然后再结合相应的策略对目标进行定位。

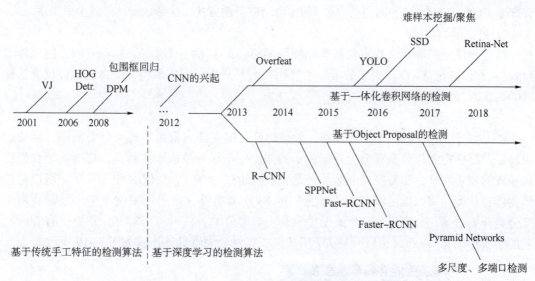

图3-18 目标识别的历史发展

2. 基于深度学习的目标检测与识别方法

现在，基于深度学习的目标检测与识别成为主流方法，主要可以表示为图像的深度特征提取，也是基于深度神经网络的目标识别与定位，其中，主要用到的深度神经网络模型是卷积神经网络 CNN。

（三）R-CNN 原理简述

对于 R-CNN 模型，它其实是将 4 个应用于不同任务的已有算法很好地结合了起来，最终在目标检测任务中取得了不错的效果，这种结合更像是偏向于工程的方法，而不是在算法上的一种突破，当然在后续的 Fast-RCNN 与 Faster-RCNN 中模型逐步完善并整合成为一个模型，但是在 R-CNN 中是没有的。

所以 R-CNN 由 4 个部分构成，它们分别是：

（1）区域建议算法；

（2）特征提取算法（AlexNet）；

（3）线性分类器（线性 SVM）；

（4）边界框修正回归模型（Bounding Box）。

1. 区域建议算法

首先是区域建议算法，这个东西在 CNN 之前就已经有了，而且算法不止一种，区域特征（Selective Search）算法是比较著名的一个，此外还有 EdgeBox，MSER，MCG 等算法。

那么区域建议算法在 R-CNN 中有什么用呢？这要从目标检测任务开始谈起，在一幅图像中要实现目标检测任务，一种最简单的思路是如果建立滑动窗，对每次滑动窗提取出来的图像做分类，如果分类结果恰好是目标的话，就实现了目标检测，目标的属性由分类器识别，目标的位置由滑动窗给定。但是考虑到一次滑动遍历产生的子图像数量就不少了，同时还有不同步长和窗口尺寸的情况，此时产生的待分类图像是非常多的，这种方式显然没什么实用价值，于是就有了区域建议算法，即一种根据图像自身信息产生推荐区域的算法，它会产生 1 000~2 000 个潜在目标区域，相比滑动遍历的方式，这个数量已经减少了很多。

2. 特征提取算法

这里的特征提取算法其实就是卷积神经网络，R-CNN 中使用的是 AlexNet，但是作者（Ross）并没有把 AlexNet 当作分类器来使用，而是只用了网络的特征层做区域建议算法输出的图像的特征提取工作。

3. 线性分类器

R-CNN 使用了线性 SVM 分类器，如果想要了解支持向量机的最大分类间隔，需要说明的是，目标检测任务是有分类功能的，例如，一个任务是检测猫和狗，那么除了要框出猫和狗的位置之外，还需要判断是猫还是狗，这也是 SVM 在 R-CNN 中的作用。所以待检测物体有几类，那么就应该有几个二分类的 SVM 分类器，在上面的例子中，就需要两个二分类分类器了，分别是猫-非猫模型和狗-非狗模型，在 R-CNN 中，分类器有 20 个，它的输入特征是 AlexNet 提取到的 fc7 层特征，线性分类器具体步骤如图 3-19 所示。

具体怎么做呢？
①对2000×20维矩阵中每列按从大到小进行排序；
②从每列最大的得分建议框开始，分别与该列后面的得分建议框进行IoU计算，若IoU>阈值，则剔除得分较小的建议框，否则认为图像中存在多个同一类物体；
③从每列次大的得分建议框开始，重复步骤②；
④重复步骤③直到遍历完该列所有建议框；
⑤遍历完2000×20维矩阵所有列，即所有物体种类都做一遍非极大值抑制；
⑥最后剔除各个类别中剩余建议框得分少于该类别阈值的建议框。

图 3-19　线性分类器具体步骤

4. 边界框修正回归模型

边界框修正也是个古老的话题了，在计算机视觉常见任务中，在分类与检测之间还有一个定位任务，因为一幅图像中只有一个目标，需要把这个目标框出来，此时用到的就是 Bounding Box Regression 回归模型。

在 R-CNN 中，Bounding Box Regression 回归模型的作用是修正建议推荐区域的边界，输入的特征是 AlexNet 的第五层特征，与 SVM 分类器一样，它也是每一个类别都有一个模型，一共 20 个。

上面，分别介绍了 R-CNN 的 4 个部分及其作用，可以看到，其实都是之前的东西，但是 R-CNN 的成功之处在于找到一种训练与测试的方法，把这 4 个部分结合了起来，且准确率大幅提升的原因在于 CNN 的引入。参考 HOG+SVM 做行人检测的方法，HOG 就是一种手工特征，而在 R-CNN 中换成了 CNN 提取特征，R-CNN 的主要步骤如图 3-20 所示。

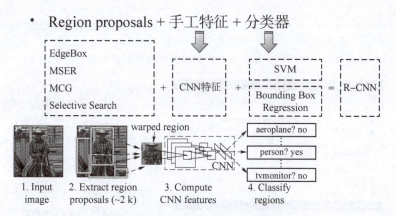

图 3-20 R-CNN 的主要步骤

（四）目标检测算法——CNN 的贡献

2014 年，R-CNN 横空出世颠覆了以往的目标检测方案，这使目标检测精度大幅提升。R-CNN 的贡献可以主要分为以下 5 个方面。

（1）使用了卷积神经网络进行特征提取。

（2）使用 Bounding Box Regression 进行目标包围框的修正。

（3）耗时的 Selective Search，对一张图像，需要花费 2 s。

（4）耗时的串行式 CNN 前向传播，对于每一个候选框，都需经过一个 AlexNet 提取特征，为所有的候选框提取特征大约花费 47 s。

（5）三个模块（CNN 特征提取、SVM 分类和边框修正）是分别训练的，并且训练的时候，对存储空间的消耗很大。

任务实施

实训项目 1：神奇的变色龙。

任务描述	基于对图像技术的学习，依托 AI 实训平台进行硬件组装、硬件联调、编程运行等一系列实训过程，可完成神奇的变色龙的生物特征模拟，对镜头范围放置的颜色卡片进行分类，LED 三色灯随着颜色卡片的替换而变化，感受自然生物变色龙神奇的自我保护机制
任务目标	通过神奇的变色龙实训项目实践主要达到以下目标： 1. 深入了解 AI+生物特征模拟应用场景的设计与实现； 2. 能够针对 LED 三色灯颜色分类算法模型需求，完成数据标注、模型训练等； 3. 清楚智能开发板、摄像头、LED 三色灯/AI 盒子等硬件的结构与原理； 4. 能够创建一个自己的 AI 实训项目，并完成软硬件环境的联调； 5. 掌握基本的编程逻辑、语法，通过图形化编程实现实训项目预设目标； 6. 能够从多个行业实际场景中，应用 AI 思维发现问题、解决问题

续表

操作截图	操作步骤
1. LED 三色灯颜色分类算法模型相关的数据集处理及模型训练	
	LED 三色灯颜色分类算法模型相关数据集的创建、收集、标注； 清楚颜色分类算法模型相关数据的收集要求、途径以及标注操作
	LED 三色灯颜色算法模型创建、训练、校验、发布； 清楚颜色分类算法模型创建、训练、校验、发布的流程与操作，理解深度学习概念、原理及应用
2. 智能开发板、摄像头、LED 三色灯/AI 盒子等硬件的组装与连接	
	智能开发板、LED 三色灯、摄像头/AI 盒子与计算机连接； 了解相关硬件的结构与原理，理解控制中心、传输网络、感应器、执行器组成体系的运行机制
3. 创建一个神奇的变色龙实训项目，并进行相关硬件与实训平台的联动及调试	
	创建并管理一个神奇的变色龙实训项目； 清楚实训项目创建、管理的流程与操作
	将智能开发板、LED 三色灯、摄像头/AI 盒子相关硬件积木拖动到编程区进行运行调试； 学会使用实训平台的代码积木，进行图形化编程、运行、调试，理解所用到智能硬件积木的含义及使用方法

任务实施

操作截图	操作步骤
4. 根据神奇的变色龙过程、原理，完成图形化编程和模型调用	
	调整相关硬件位置，模拟神奇的变色龙的生物特征；了解生物特征模拟现状、需求及生物特征模拟应用优化方案，理解生物特征模拟过程、原理
	将代码积木从积木获取区拖动到编程区进行拼接，以及基本代码参数的修改，并运行、调试，实现实训项目预设目标；理解所用到通用模块积木、智能硬件积木、算法模型积木的含义及使用方法，掌握基本的编程逻辑、语法

（任务实施）

实训项目 2：人脸信息检测。

任务描述	基于对人脸识别技术的学习，依托 AI 实训平台进行硬件组装、硬件联调、编程运行等一系列实训过程，完成人脸检测场景模拟，识别进入镜头范围的人脸，返回人脸相关信息（性别、年龄、颜值、脸型、表情、情绪等），该技术可应用于考勤、门禁、商场顾客画像分析等现实场景
任务目标	通过人脸信息检测实训项目实践主要达到以下目标： 1. 深入了解人脸识别技术在人脸信息检测应用场景的设计与实现； 2. 能够针对人脸信息检测算法模型需求，完成数据标注、模型训练等； 3. 清楚智能开发板、摄像头/AI 盒子等硬件的结构与原理； 4. 能够创建一个自己的 AI 实训项目，并完成软硬件环境的联调； 5. 掌握基本的编程逻辑、语法，通过图形化编程实现实训项目预设目标； 6. 能够从人脸信息检测的其他具体场景中，应用 AI 思维发现问题、解决问题

续表

操作截图	操作步骤
1. 智能开发板、摄像头/AI 盒子等硬件的组装与连接	
	智能开发板、摄像头/AI 盒子与计算机连接； 了解相关硬件的结构与原理，理解控制中心、传输网络、感应器、执行器组成体系的运行机制
2. 创建一个人脸信息检测实训项目，并进行相关硬件与实训平台的联动及调试	
	创建并管理一个人脸信息检测实训项目； 清楚实训项目创建、管理的流程与操作
	将智能开发板、摄像头/AI 盒子相关硬件积木拖动到编程区进行运行调试； 学会使用实训平台的代码积木，进行图形化编程、运行、调试，理解所用到智能硬件积木的含义及使用方法
3. 根据人脸检测过程、原理，完成图形化编程和模型调用	
	调整相关硬件位置，模拟人脸信息检测场景； 了解人脸信息检测场景现状、需求以及人脸信息检测应用优化方案，理解人脸信息检测过程、原理
	将代码积木从积木获取区拖动到编程区进行拼接，以及基本代码参数的修改，并运行、调试，实现实训项目预设目标； 理解所用到通用模块积木、智能硬件积木、算法模型积木的含义及使用方法，掌握基本的编程逻辑、语法

（左侧竖排）任务实施

实训项目 3：票证识别。

任务描述	基于对文字识别技术的学习，依托 AI 实训平台进行硬件组装、硬件联调、编程运行等一系列实训过程，完成身份证/火车票识别场景模拟，识别进入镜头范围的身份证/火车票，返回显示身份证/火车票号码、文字内容，该技术可应用于身份录入等现实场景
任务目标	通过票证识别实训项目实践主要达到以下目标： 1. 深入了解 AI+票证识别应用场景的设计与实现； 2. 清楚智能开发板、摄像头/AI 盒子等硬件的结构与原理； 3. 能够创建一个自己的 AI 实训项目，并完成软硬件环境的联调； 4. 掌握基本的编程逻辑、语法，通过图形化编程实现实训项目预设目标； 5. 能够从多个行业实际场景中，应用 AI 思维发现问题、解决问题

操作截图	操作步骤
1. 智能开发板、摄像头/AI 盒子等硬件的组装与连接	
	智能开发板、摄像头/AI 盒子与计算机连接； 了解相关硬件的结构与原理，理解控制中心、传输网络、感应器、执行器组成体系的运行机制
2. 创建一个票证识别实训项目，并进行相关硬件与实训平台的联动及调试	
	创建并管理一个票证识别实训项目； 清楚实训项目创建、管理的流程与操作
	将智能开发板、摄像头/AI 盒子相关硬件积木拖动到编程区进行运行调试； 学会使用实训平台的代码积木，进行图形化编程、运行、调试，理解所用到智能硬件积木的含义及使用方法

任务实施

学习情境三　认知人工智能的应用技术

续表

操作截图	操作步骤
3. 根据身份证/火车票识别过程、原理，完成图形化编程和模型调用	
	调整相关硬件位置，模拟身份证/火车票识别场景； 　了解票证识别场景现状、需求以及文字识别应用优化方案，理解身份证/火车票识别过程、原理
	将代码积木从积木获取区拖动到编程区进行拼接，以及基本代码参数的修改，并运行、调试，实现实训项目预设目标； 　理解所用到通用模块积木、智能硬件积木、算法模型积木的含义及使用方法，掌握基本的编程逻辑、语法

（左侧竖排）任务实施

 自我测试

　　1. 谈一谈：列举身边的图像识别、人脸识别、文字识别、目标检测的应用案例，试想还有哪些改进或创新之处？

　　2. 想一想：视觉智能相关技术在哪方面已超越人类？进而影响到了哪些传统的就业岗位？又在哪些方面现阶段甚至很长一段时间内还不能代替人类的角色？

任务 2　听觉智能

教学目标

1. 理解并掌握语音识别技术的含义及应用领域。

2. 了解声纹识别与语音识别的区别与联系。

3. 进行语音识别的项目实训。

教学要求

1. 知识点

语音识别；语音特征提取；人机对话系统的角色演进；声纹识别。

2. 技能点

掌握语音识别为文本、文本识别为语音的双向实训操作。

3. 重难点

本任务的重点是理解语音识别、声纹识别技术的含义、应用领域及其相互间的区别和联系，语音转变成文本的技术和流程。难点是通过本任务的学习，深度思考语音识别、语义理解、自然语言生成这样一个人机对话系统的演进过程。

任务说明

语言一直都是人与人之间交流的工具，也是人与机器人之间交流的阻碍，那么能否让 AI 充当人与人之间的翻译？甚至让人与机器能够顺畅进行对话呢？答案是肯定的，语音识别，作为人机交互的第一入口，已让这一梦想成为现实。可以与人对话的智能音箱，听得懂指令的智能家居设备，能懂多国语言的智能翻译、电话客服机器人等都已走进了人们的生活，人与机器的日常对话如图 3-21 所示。听觉智能闻声识人是如何做到的？看似简短的人机对话背后有怎样复杂的处理流程？

图 3-21　人与机器的日常对话

相关知识

如何让机器具备听的能力？语音识别技术，又称自动语音识别，其目标是让机器听懂人类的语言。语音识别技术给计算机添上了耳朵，利用该技术，可以尝试着让计算机按照人类的语音命令做一些有趣的事情。

随着深度学习的兴起，语音识别技术的发展将更上一层楼。融合语义理解、语音交互的智能语音系统将不断成熟，未来的机器不仅能听会说，还能理解会思考，机器听觉及对话处理技术如图 3-22 所示。

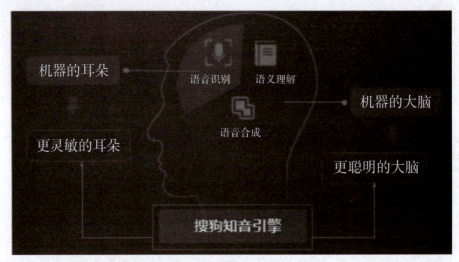

图 3-22 机器听觉及对话处理技术

一、语音识别技术

语音识别技术是指与机器进行语音交流，让机器明白人们说了什么，这是人们长期以来梦寐以求的事情。语音识别可比作机器的听觉系统、AI 的耳朵。语音识别就是让机器通过识别和理解过程把语音信号转变为相应的文本或命令的技术。语音识别的最大优势是，使人机用户界面更加自然和容易使用。语音识别技术主要包括特征提取技术、模式匹配准则及模型训练技术 3 个方面。根据识别的对象不同，语音识别任务大体可分为 3 类，即孤立词识别、连续语音识别和关键词识别。

（1）孤立词识别，如开机、关机等。

（2）连续语音识别，如识别一个句子或一段话。

（3）关键词识别，针对的是连续语音，检测已知的关键词在何处出现，如在一段话中检测 AI、深度学习这两个词。

语音信号具有得天独厚的优势，虽然表现形态简单，但是形简意丰。形简意丰的语音信号如图 3-23 所示，语音信号包含语义内容信息、语种（语言、方言）信息、说话人身份（唯一身份证明）、性别信息、情感信息（高兴、悲伤、恐惧、焦虑等）等。声纹结合内容和情感等信息是进行语音识别与分辨的最佳工具。

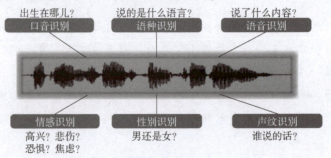

图 3-23 形简意丰的语音信号

语音识别技术主要包括特征提取技术、模式匹配准则及模型训练技术 3 个方面。以下是语音识别技术流程。

（1）信号处理：声音信号是连续的模拟信号，为了保证音频不失真而影响识别，需要对声音信号进行降噪和过滤处理，以便保证计算机识别的是过滤后的语音信息。声音信号数字化之前的预处理包括防混叠滤波及防工频干扰滤波。在得到的声波信号输入中需要实际处理的信号并不一定占满整个时域，会有静音和噪声的存在，因此，必须先对得到的输入信号进行一定的预处理，进行防混叠滤波和防工频干扰滤波，其中防混叠滤波是指滤除高于 1/2 采样频率的信号成分或噪声，使信号带宽限制在某个范围内，否则如果采样率不满足采样定理，就会产生频谱混叠，此时信号中的高频成分将产生失真，而工频干扰是指 50 Hz 的电源干扰。

（2）信号表征：对语音的内容信息根据声学特征进行提取，并尽量对数据进行压缩，特征提取完成之后，就进入了特征识别、字符生成环节。声学特征的提取与选择是语音识别的一个重要环节。模拟的语音信号进行采样得到波形数据之后，首先要送到特征提取模块，提取出合适的声学特征参数，供后续声学模型训练使用。好的声学特征应当考虑以下 3 个方面的因素：第一，应当具有比较优秀的区分特性，以使声学模型不同的建模单元可以方便准确地建模；第二，特征提取也可以认为是语音信息的压缩编码过程，既需要将信道、说话人的因素消除保留与内容相关的信息，又需要在不损失过多有用信息的情况下使用尽量低的参数维度，这样便于高效准确地进行模型的训练；第三，需要考虑鲁棒性，也就是对环境噪声的抗干扰能力。

（3）模式识别：从每一帧中找出当前说的音素，由多个音素组成单词，再由单词组成文本句子。通过声学模型识别音素、语言模型和词汇模型，识别单词和句子。

这样，只要模型中涵盖足够的语料，即语音的大数据集，就能解决各种语音识别问题。整个流程下来，语音就能识别成文本了。

语音识别系统的模型通常由声学模型和语言模型两部分组成，它们分别对应于语音到音节概率的计算和音节到字概率的计算，语音识别如图 3-24 所示。音素就是声母和韵母，而状态则是比音素更加细节的语音单位，把帧识别成状态，把状态组合成音素，把音素组合成单词。那每帧音素对应哪个状态呢？某帧对应哪个状态的概率最大，那这帧就属于哪个状态。这些概率可以从声学模型里读取，里面存了一大堆参数，通过这些参数，就可以知道帧和状态对应的概率。获取这一大堆参数的方法叫作训练。一个因素通常会包含 3 个状态，把一系列语音帧转换为若干音素的过程利用了语音的声学特性，因此这部分叫作声学模型。隐马尔可夫模型是目前进行声学建模的主流技术。从音素到文字的过程需要用到语言表达的特点，这样才能从同音字中挑选出正确的文字，组成意义明确的语句，这部分被称作语言模型。

语音识别系统的前提是需要建立参考模式库。在训练阶段，把特征参数形式表示的语音信号进行相应的技术处理，获得表示识别基本单元共性特点的标准数据，以此来构成参考模板，参考模式库是由所有能识别的基本单元的参考模板综合在一起形成的，模型训练如图 3-25 所示。

深度学习的应用极大地促进语音识别技术的发展，弥补了数据统计模型和算法的不足，帮助把不存在的数据也计算出来，大大提高了语音识别系统的识别率。未来语音识别技术的发展还将大力提升识别系统中的语言模型、词汇量，同时使连续语音识别更精准。

但真正实现人机交互、智能语音识别系统还有很长的路要走，这也是未来语音识别的发展方向，人机对话演进过程如图 3-26 所示。

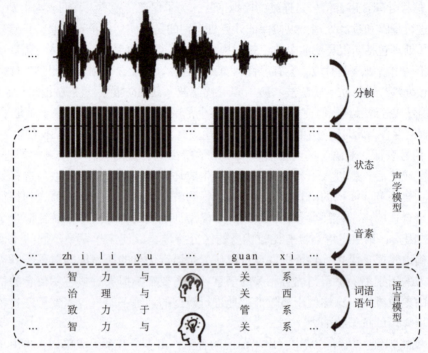

图 3-24　语音识别

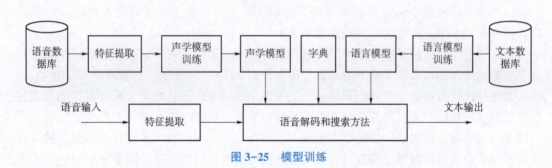

图 3-25　模型训练

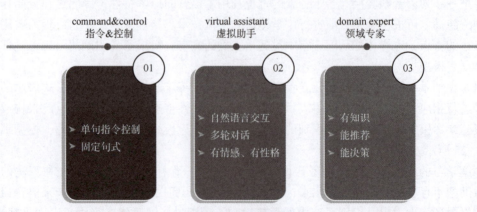

图 3-26　人机对话演进过程

二、语音识别技术的应用

语音识别已成为 AI 应用的一个重点，并已深入应用到众多垂直行业领域中。语音识别是一门交叉学科，它涉及的领域非常广泛，包括发声机理、模式识别、信号处理、概率论、信息论、听觉机理和 AI 等。语音识别技术已经在现实生活中得到了广泛的应用，具有广阔的应用前景，如语音检索、命令控制、自动客户服务、机器自动翻译等，语音识别应用场景如图 3-27 所示。当今信息社会的高速发展，迫切需要性能优越的，能满足各种不同需求的自动语音识别技术。概括起来，智能语音识别主要应用于 3 个系统：语音输入系统、语音控制系统和语音对话系统，这也是语音识别商业化发展的主要方向。

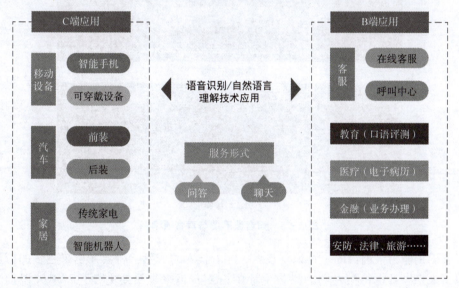

图 3-27   语音识别应用场景

（1）语音输入系统。

语音输入系统能将语音识别成文字，提升用户的效率，如微信语音转换文字、讯飞输入法等。

（2）语音控制系统。

通过语音控制设备，进行相关操作，彻底解放双手，如智能音箱、智能汽车系统等。

（3）语音对话系统。

相比较语音输入系统和语音控制系统，语音对话系统更为复杂，却代表着语音识别的未来方向。它将会根据用户的语音实现交流与对话，保证回答的内容准确，对语义理解要求较高。语音对话系统在家庭机器服务员、宾馆服务、订票系统、银行服务等方面，都将会起到非常重要的作用。

在日常工作和生活中，语音识别已广泛应用。如医疗智能语音录入系统、智能车载、智能穿戴、智能家居等。

三、声纹识别：让语音识别更加隐秘

如果说语音识别的目的是提升效率，那么声纹识别的目的则是进行身份确认与审查。

智能语音系统可以大幅提升人们的工作效率和生活质量，但是有一个问题却始终存在，即任何人都可以启动这些 AI 设备，隐私保护较差，这些设备并没有专属语音管家。所以，声纹识别成为未来智能语音识别领域的重点方向。

相比较语音识别，声纹识别最大的特点在于智能系统不仅会捕捉语音内容，还会根据音波特点、说话人的生理特征等参数，自动识别说话人的身份。因为每个人发出的声纹图谱会与其他人不同，声纹识别正是通过比对说话人在相同音素上的发声来判断是否为同一个人，从而实现系统"闻声识人"的功能，声音波形图与声音语谱图如图 3-28 所示。

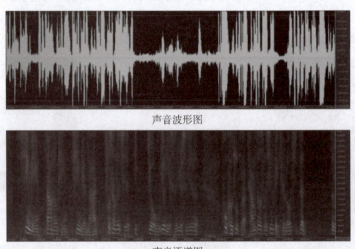

声音波形图

声音语谱图

图 3-28　声音波形图与声音语谱图

声纹识别作为最前沿的生物识别技术，随着技术的成熟，将会在越来越多的应用场景下落地，未来声音也将在人们的科技生活中扮演着越来越重要的角色，声纹识别流程如图 3-29 所示。

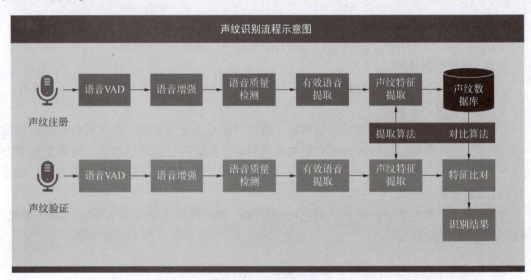

图 3-29　声纹识别流程

四、语音合成

语音合成的主要目的是让机器能说话，以便使一些其他存储方式的信息能够转化成语音信号，让人能够简单地通过听觉就可以获得大量的信息。语音合成技术除了在人机交互中的应用外，在自动控制、测控通信系统、办公自动化、信息管理系统、智能机器人等领域也有着广阔的应用前景，语音合成应用场景如图3-30所示。目前各种语音报警器、语音报时器、公共汽车上的自动报站、股票信息的查询、电话查询业务等均已实现商品化。另外，语音合成技术还可以作为听觉、视觉和语音表达有障碍的伤残人的通信辅助工具。

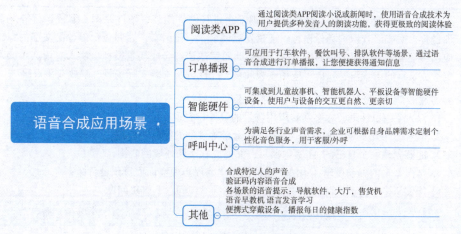

图3-30　语音合成应用场景

语音合成是一个分析→存储→合成的过程。一般是选择合适的基元，再将基元用一定的参数编码方式或波形方式进行存储，形成一个语音库。合成时，根据待合成的语音信息，从语音库中取出相应的基元进行拼接，并将其还原成语音信号。在语音合成中，为了便于存储，必须先将语音信号进行分析或变换，因而在合成前还必须进行相应的反变换。其中，基元是语音合成系统所处理的最小的语音基本单元，待合成词语的语音库就是所有合成基元的集合。根据基元的选择方式及其存储形式的不同，可以将语音合成方式笼统地分成波形合成方法和参数合成方法。

波形合成方法是一种相对简单的语音合成技术。它把人的发音波形直接存储或者进行简单波形编码后存储，组成一个合成语音库；合成时，根据待合成的信息，在语音库中取出相应单元的波形数据，拼接或编辑到一起，经过解码还原成语音。这种系统中语音合成器主要完成语音的存储和回放任务。如果选择如词组或者句子这样较大的合成单元，则能够合成高质量的语句，并且合成的自然度好，但所需要的存储空间也相当大。虽然在波形合成法中，可以使用波形编码技术压缩一些存储量，但由于存储容量的限制，词汇量不可能做到很大。通常，波形合成法可合成的语音词汇量在500字以下，一般以语句、短句、词或者音节为合成基元。

参数合成方法又称分析合成方法，它是一种比较复杂的方法。为了减少存储空间，必须先对语音信号进行各种分析，用有限个参数表示语音信号以压缩存储容量。参数的具体表示，可以根据语音生成模型得到如线性预测系统、线谱对参数或共振峰参数等。这些参数比较规范、存储量少。参数合成方法的系统结构较为复杂，并且用参数合成时，由于提取参数或编码过程中，难免存在逼近误差，用有限个参数很难适应语音的细微变化，所以合成的语音质量及清晰度也就比波形合成法要差一些。

　　就目前的技术水平，仅采用上述的分析→存储→合成的思想不可能合成任意语种的无限词汇量的语音。因而国际上很多研究者都在努力开发另一类无限词汇量的语音合成的方法，按语言学规则从文本到语言的语音合成法，简称规则合成方法。人们期望通过这项研究合成出高自然度的语音来，尽管截至目前还未曾达到这样的效果。

任务实施

　　实训项目 1：语音文字互转。

任务描述	基于对语音技术的学习，依托 AI 实训平台进行硬件组装、硬件联调、编程运行等一系列实训过程，完成语音识别场景模拟，通过麦克风录入一段语音，返回显示语音的文字内容，此可应用于字幕录入、听力障碍等实际场景；也可完成语音合成场景模拟，输入一段文字，通过音响播放文字的语音内容，此可应用于视频配音、朗读听书等实际场景，解放双手双眼	
任务目标	通过语音文字互转实训项目实践主要达到以下目标： 1. 深入了解 AI+语音文字互转应用场景的设计与实现； 2. 学会智能开发板、麦克风、音响/AI 盒子等硬件的结构与原理； 3. 能够创建一个自己的 AI 实训项目，并完成软硬件环境的联调； 4. 掌握基本的编程逻辑、语法，通过图形化编程实现实训项目预设目标； 5. 能够从多个行业实际场景中，应用 AI 思维发现问题、解决问题	
任务实施	**操作截图**	**操作步骤**
	1. 智能开发板、麦克风、音响/AI 盒子等硬件的组装与连接	
	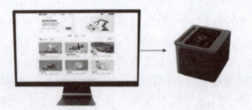	智能开发板、麦克风、音响/AI 盒子等硬件与计算机连接； 　　了解相关硬件的结构与原理，理解控制中心、传输网络、感应器、执行器组成体系的运行机制
	2. 创建一个语音文字互转实训项目，并进行相关硬件与实训平台的联动及调试	
		创建并管理一个语音文字互转实训项目； 　　清楚实训项目创建、管理的流程与操作
		将智能开发板、麦克风、音响/AI 盒子相关硬件积木拖动到编程区进行运行调试； 　　学会使用实训平台的代码积木，进行图形化编程、运行、调试，理解所用到智能硬件积木的含义及使用方法

续表

操作截图	操作步骤
3. 根据语音识别/语音合成过程、原理，完成图形化编程和模型调用	
演讲听写　记者采访　视频字幕直播　小说写作　法院庭审　医疗病历记录	调整相关硬件位置，模拟语音识别/语音合成场景； 了解语音识别/语音合成场景现状、需求以及语音识别/语音合成应用优化方案，理解语音识别/语音合成的过程和原理
	将代码积木从积木获取区拖动到编程区进行拼接，以及基本代码参数的修改，并运行、调试，实现实训项目预设目标； 理解所用到通用模块积木、智能硬件积木、算法模型积木的含义及使用方法，掌握基本的编程逻辑、语法

（任务实施）

学习情境三　认知人工智能的应用技术

实训项目 2：智能语音对话。

任务描述	基于对语音技术的学习，依托 AI 实训平台进行硬件组装、硬件联调、编程运行等一系列实训过程，完成智能语音对话场景模拟，通过麦克风录入一段对话语音，通过音响返回相应对话语音，可应用于日常对话、信息查询、闹钟设置等实际场景
任务目标	通过智能语音对话实训项目实践主要达到以下目标： 1. 深入了解 AI+智能语音对话应用场景的设计与实现； 2. 学会智能开发板、麦克风、音响/AI 盒子等硬件的结构与原理； 3. 能够创建一个自己的 AI 实训项目，并完成软硬件环境的联调； 4. 掌握基本的编程逻辑、语法，通过图形化编程实现实训项目预设目标； 5. 能够从多个行业实际场景中，应用 AI 思维发现问题、解决问题

	操作截图	操作步骤
任务实施	1. 智能开发板、麦克风、音响/AI 盒子等硬件的组装与连接	
		智能开发板、麦克风、音响/AI 盒子等硬件与计算机连接； 了解相关硬件的结构与原理，理解控制中心、传输网络、感应器、执行器组成体系的运行机制

续表

操作截图	操作步骤
2. 创建一个智能语音对话实训项目，并进行相关硬件与实训平台的联动及调试	
	创建并管理一个智能语音对话实训项目； 清楚实训项目创建、管理的流程与操作
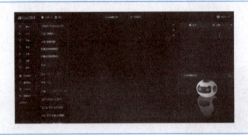	将智能开发板、麦克风、音响/AI盒子相关硬件积木拖动到编程区进行运行调试； 学会使用实训平台的代码积木，进行图形化编程、运行、调试，理解所用到智能硬件积木的含义及使用方法
3. 根据智能语音对话过程、原理，完成图形化编程、模型调用	
	调整相关硬件位置，模拟智能语音对话场景； 了解智能语音对话场景现状及需求以及智能语音对话应用优化方案，理解智能语音对话过程、原理
	将代码积木从积木获取区拖动到编程区进行拼接，以及基本代码参数的修改，并运行、调试，实现实训项目预设目标； 理解所用到通用模块积木、智能硬件积木、算法模型积木的含义及使用方法，掌握基本的编程逻辑、语法

（左侧纵向标题：任务实施）

🎵 自我测试

1. 结合身边的语音识别技术应用案例（如智能音箱、服务机器人），讨论其工作原理和流程。

2. 想一想，目前的语音识别技术在哪些方面还有提升空间？未来有哪些应用前景？

任务3　认知智能——机器如何懂语义、会思考

教学目标

1. 理解并掌握自然语言处理的含义及常见应用。
2. 初步学习知识图谱的内涵、体系及应用。
3. 了解数据智能的定义、发展目标及数据中台的意义。

教学要求

1. 知识点

自然语言处理的含义、应用；知识图谱的定义；知识图谱的体系架构及应用；数据智能的发展；数据中台和业务中台的价值。

2. 重难点

通过本任务的学习，初步了解 AI 最高阶的发展水平——认知智能，包含了哪些重点技术、发展方向及应用场景。本任务的重点是理解自然语言处理、知识图谱、数据智能的定义及在工作生活中的应用领域；难点是理解三者间的促进关系、对 AI 技术水平发展的关键作用，并深度思考当机器懂语义、会思考后，人和机器的关系可能会是什么样？

任务导入

当提到今日头条，你脑海里第一反应是什么？是新闻推送的 App，但又很奇怪，大家看到的内容和文章完全不一样，什么原因？再看新浪、搜狐，大家看到的新闻似乎都差不多，怎么同是新闻网站，差别这么大？自觉不自觉间，人们的喜好、行为习惯、生活轨迹已经被诸多 App 所捕获，在不经意地训练着机器，而机器也在更努力地学习着、理解着……未来的某一天，人和机器会形成统一的语言吗？机器像人一样会思考、能理解、做决策吗？

内容概览

本任务内容概览如图 3-31 所示。

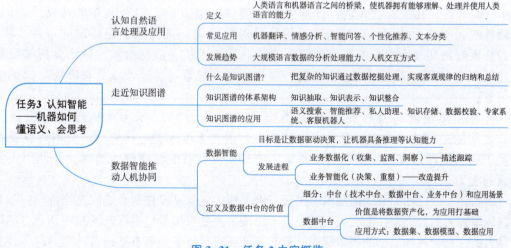

图 3-31　任务 3 内容概览

相关知识

　　AI 最聪明的智能水平是认知智能，就是让机器能理解、会思考、主动采取行动。如何让机器更聪明？首先就是让它理解人类的语言，如果机器和人类拥有一样的语言体系，那二者相互间的交流、训练及理解就会高效太多。有了统一的语言，还需要机器拥有强大的知识库，没有知识的 AI 不是真正的 AI，而知识图谱就是在自然语言处理的基础上发展而来，并不断提升着认知智能最难的推理问题，自然语言处理与知识图谱如图 3-32 所示。

图 3-32　自然语言处理与知识图谱

一、认知自然语言处理及应用

（一）自然语言处理的含义

　　自然语言，其实就是人们在日常生活中使用的语言，人们所熟知的韩语、英语、法语等都属于这个范畴。自然语言处理就是对自然语言进行数字化处理的一种技术，目的是更好地实现人机交互。它在机器翻译、问答系统、信息检索、情感分析等互联网应用中占有重要地位，在金融智能、商业智能、智慧司法等领域具有极为广阔的应用前景。

　　自然语言处理的目标是弥补人类交流（自然语言）与计算机理解（机器语言）之间的差距，最终实现计算机在理解自然语言上像人类一样智能。其本质就是在人类语言和机器语言之间搭起一个桥梁，使计算机拥有能够理解、处理，并使用人类语言的能力。

　　例如，一台机器如果既懂汉语，又懂英语，那么它就可以在两者之间充当翻译；如果空调能理解人们的语言，那么人们就可以不用按钮而是直接通过说话来遥控空调。自然语言是人类区别于其他动物的根本标志，只有当计算机具备了处理自然语言的能力时，计算机才算实现了真正的智能。

自然语言处理（NLP）是计算机科学领域与 AI 领域中一个重要的发展方向，它研究的是人与计算机之间用自然语言进行有效通信的各种理论与方法，所以这里提到的自然语言处理是一门集语言学、计算机科学、数学于一体的科学。

自然语言处理是计算机以一种聪明而有用的方式分析、理解和从人类语言中获得意义的一种方式。通过利用自然语言处理，开发者可以组织和构建知识来执行自动摘要、翻译、命名实体识别、关系提取、情感分析、语音识别和话题分割等任务。

自然语言处理在人们的生活中很常见，如 Siri 语音助手及谷歌助手（Google Assistant），其主要技术为语音识别、问答系统；机器翻译以及翻译软件，如有道翻译、百度翻译、谷歌翻译等，它用到的技术是 Seq2Seq 和编码解码（Encoder-decoder），这里提到的编码解码技术可以实现一个句子到另一个句子的变换，这个技术经常被用在机器翻译的对话生成以及问答系统中；评论归纳主要应用于淘宝等一些电子商务类的网站，它用到的技术主要包括主题模型和情感分析，自然语言处理如图 3-33 所示。

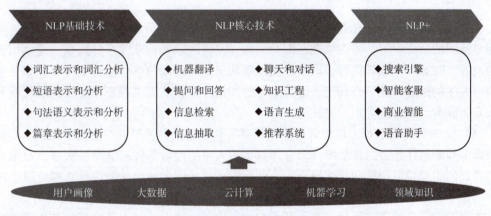

图 3-33　自然语言处理

（二）自然语言处理的常见应用

自然语言处理在人们的日常生活中起到越来越重要的作用，其几种常见应用如图 3-34所示。

（1）机器翻译让世界变成真正意义上的地球村，因其效率高、成本低，满足了全球各国多语言信息快速翻译的需求。谷歌、百度等公司都提供了基于海量网络数据的机器翻译和辅助翻译工具。

（2）情感分析作为一种常见的自然语言处理方法的应用，可以从大量数据中识别和吸收相关信息，而且还可以理解更深层次的含义。能够判断出一段文字所表达观点和态度的正、负面性。例如，企业分析消费者对产品的反馈信息，或者检测在线评论中的差评信息等。

（3）智能问答能够利用计算机自动回答用户所提出的问题，在回答用户问题时，首先要正确理解用户所提出的问题，提取其中关键的信息，在已有的语料库或者知识库中进行检索、匹配，将获取的答案反馈给用户，其常用于智能语音客服等。

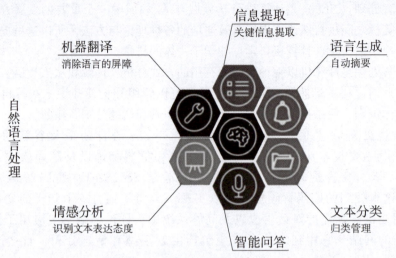

图 3-34　自然语言处理应用举例

（4）个性化推荐可以依据大数据和客户历史行为记录，分析出用户的兴趣爱好，实现对用户意图的精准理解，实现精准匹配。例如，在新闻服务领域的今日头条，通过用户阅读的内容、时长、评论等偏好，以及社交网络甚至是所使用的移动设备型号等，综合分析用户所关注的信息源及核心词汇，进行专业的细化分析，从而进行新闻推送，实现新闻的个人定制服务，最终提升用户黏性。

（5）文本分类用于打击垃圾邮件。自然语言处理通过分析邮件中的文本内容，能够相对准确地判断邮件是否为垃圾邮件。它通过学习大量的垃圾邮件和非垃圾邮件，收集邮件中的特征词生成垃圾词库和非垃圾词库，然后根据这些词库的统计频次计算邮件属于垃圾邮件的概率，以此来进行判定。

不知不觉，自然语言处理已深入到人们的工作和生活中，以上几种场景其实已司空见惯，只是人们不懂得背后的技术和原理。

例如，网上购物，现已成为日常生活中重要的一部分。而自然语言处理则依据大数据和用户行为给企业带来诸多便利，实现了商业模式的巨大变化。

（1）分析用户词句。当顾客在网上了解企业或者查看产品时，通过分析用户词句，实现对客户意图的精准理解，这极大地降低了企业在搜集客户喜好和调查市场时的成本。

（2）个性化推荐。演化出的推荐系统为顾客推荐感兴趣的信息和商品，特别是帮助有选择困难症的顾客完成消费。

（3）情感分析。在搜集顾客使用后的意见和评价时，自动分析评论关注点和评论观点，并输出评论观点标签及评论观点极性，帮助商家进行产品分析，辅助客户进行消费决策。

（4）智能问答。24 h 智能问答系统，不仅会回复客户某一问题，还会一次性回复相关问题的链接，使客户能享受到一次提问全面掌握信息的贴心服务，自然语言处理应用于美团点评的场景，如图 3-35 所示。

不仅如此，在网络舆情监管方面，自然语言处理充分发挥情感分析和舆情分析能力，自动分析文本中的语气、情感和可信度，作出对舆情好坏的判断，帮助分析热点话题、敏感话题并及时做好危机舆情的监控。

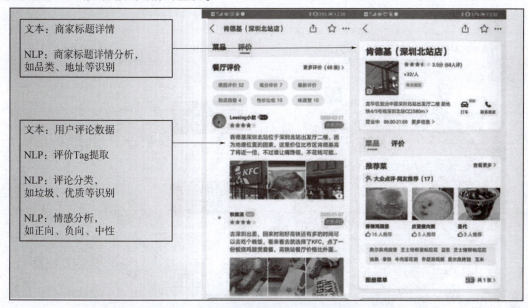

图 3-35　自然语言处理应用于美团点评的场景

（三）自然语言处理的发展趋势

未来自然语言处理将朝着两个互补式的方向发展：大规模语言数据的分析处理能力和人机交互方式。

1. 大规模语言数据的分析处理能力

大规模语言数据的分析处理能力指的是建立在自然语言处理上对语言信息进行获取、分析、推理和整合的能力。以智能车载为例，在汽车的使用、运维、保养过程中，会产生大量数据（车联网数据、车主特征数据，包括驾驶行为、周边环境、违章数据、运维保养记录、习惯偏好、属性特征等），其中很大一部分都是以自然语言的方式存在的。随着车联网向纵深方向发展，硬件基础功能免费，基于用户及行车数据的深度挖掘与增值服务将成为未来的主要盈利点。实现汽车后市场服务精准营销对接，这其中的关键是要自动分析并理解这些语言数据。而用机器来从事这些事务，就比人更具有信息全面、响应快速的特点，从而能迅速、及时地服务于人类决策。不单是汽车后市场领域，对于其他如制造、农业、能源、金融、医疗、零售等领域来说，自然语言处理，将会是提升企业自身竞争力的重要技术支撑，自然语言处理技术用于智能车载大数据处理，如图 3-36 所示。

2. 人机交互方式

人机交互方式指的是将自然语言作为人与机器交互的自然接口和统一的交互方式。目前，在 AI 应用方面，通常都是先赋予产品某项功能，这种功能是由事先专门为机器设计的语言编写程序来实现的。不同的机器，通常要使用不同的开发语言或方式，这严重影响了人们对机器的开发与使用。因此使用统一的交互方式，使用人类的自然语言，就成为一种极佳的选择。也只有通过采用自然语言处理，才能让机器具有理解人类语言的能力，从而实现建立在自然语言基础上的人机交互，适合 AI 开发的 5 种最佳编程语言的优缺点对比如表 3-2 所示。

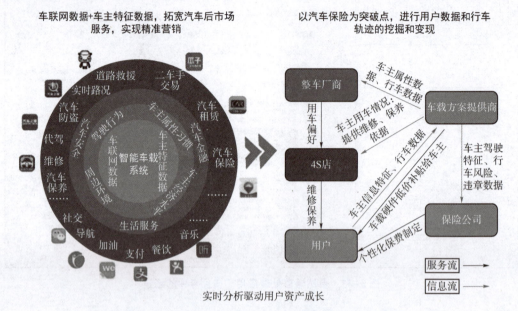

图 3-36　自然语言处理技术用于智能车载大数据处理

表 3-2　适合 AI 开发的 5 种最佳编程语言的优缺点对比

编程语言	简介	优点	缺点
python	Python 是一种多范式编程语言，同时支持面向对象、过程式和函数式 3 种编程风格，支持神经网络和 NLP 解决方案的开发；提供了方便的函数库和简洁的语法结构	1. 有丰富多样的库和工具。 2. 支持算法测试而无须实现它们。 3. 跨平台开发容易移植。 4. 与 Java，C++等相比，Python 语法更简洁、开发速度更快	1. 当与其他语言进行混合 AI 编程时，习惯了使用 Python 的开发者可能难以调整到整齐划一的语法。 2. 与 C++ 和 Java 不同，Python 是解释型语言，在 AI 开发中，编译和执行速度会变慢。 3. 不合适移动计算
C++	C++是最快的计算机语言，非常适合对时间敏感的 AI 编程项目。它提供了更快的执行速度、更短的响应时间，适用于搜索引擎和计算机游戏的开发，允许广泛使用算法，支持由于继承和数据隐藏而在开发中重用程序，适用于机器学习和神经网络	1. 适合寻找复杂 AI 问题的解决方案。 2. 丰富的库函数和编程工具集合。 3. C++是一种多范式编程，支持面向对象的原则，因此可用于实现有组织的数据	1. 多任务处理性不太强，仅适用于实现特定系统或算法的核心或基础。 2. C++遵循自下而上的方法，开发起来较为复杂

编程语言	简介	优点	缺点
Java	Java 是一种多范式语言，遵循面向对象的原则和一次写入读、运行的原则（wora），可以在任何支持它的平台上运行，而无须重新编译。从 C 和 C++中派生出它的大量语法不仅适用于 NLP 和搜索算法，还适用于神经网络	1. 非常便携，由于虚拟机技术，它很容易在不同的平台上实现。 2. 与 C++不同，Java 易于使用甚至调试。 3. 有一个自动内存管理器，可以简化开发人员的工作	1. 比 C++慢，它的执行速度更慢，响应时间更长。 2. 虽然在高级平台上具有高度可移植性，但 Java 需要对软件和硬件进行大幅改动才能实现。 3. Java 是一种通常不成熟的编程 AI 语言，因为仍有一些正在进行的开发，如 JDK1.1 测试版
LISP	LISP 是一个计算机编程语言家族，是仅次于 Fortran 的第二古老的编程语言，具有快速原型设计和实验的灵活性。它在解决特定问题时效率更高，非常适用于归纳逻辑项目和机器学习	1. 编码快速高效，因为它由编译器而不是解释器支持。 2. 自动内存管理器是为 LISP 发明的，因此它具有垃圾收集功能。 3. 提供对系统的特定控制，从而最大限度地利用它们	1. 很少有开发人员熟悉 LISP 编程。 2. 作为一种复古编程语言的 AI，LISP 需要配置新的软件和硬件以适应它的使用
SWI Prolog	Prolog 也是古老的编程语言之一，是一种基于规则和声明的语言，包含规定 AI 语言编码的事实和规则，具有促进开发人员喜欢使用的灵活框架的机制，支持基本机制，例如，模式匹配、基于树的数据结构化以及 AI 编程必不可少的自动回溯。除了在 AI 项目中广泛使用外，Prolog 还用于创建医疗系统	1. 有一个内置的列表处理代表基于树的数据结构。 2. 高效地进行快速原型设计，以便 AI 程序经常发布模块。 3. 允许在运行程序的同时创建数据库	尽管 Prolog 已经老了，但它尚未完全标准化，因为某些功能在实现上有所不同，使开发人员的工作变得烦琐

　　自然语言处理作为一门新兴学科，其最终目标是弥补人类交流（自然语言）与计算机理解（机器语言）之间的差距，最终实现计算机在理解自然语言上像人类一样智能。未来，自然语言处理的发展将使 AI 可以逐渐面对更加复杂的情况、解决更多的问题，也必将带来一个更加智能化的时代。

二、走近知识图谱

（一）什么是知识图谱

知识图谱（Knowledge Graph）是一门典型的多学科融合，它通过将应用数学、图形学、信息科学等学科理论、方法与计量学、统计学等方法结合，并利用可视化的图谱形象地展示出来。其核心目标是把复杂的知识领域通过数据挖掘、信息处理、知识计量和图形绘制显示出来，揭示知识的动态发展规律。

本质上，知识图谱是一种揭示实体之间关系的语义网络。

网络综艺《奇葩说》第五季第 17 期："你是否支持全人类一秒知识共享？"辩手在节目中区分了信息和知识两个概念。

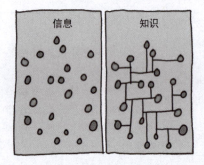

图 3-37　信息和知识

（1）信息是指外部的客观事实。例如，这里有一瓶水，它现在是 ℃。

（2）知识是对外部客观规律的归纳和总结。例如，水在零度的时候会结冰。

客观规律的归纳和总结似乎有些难以实现。有另一种经典的解读，很形象地区分信息和知识，如图 3-37 所示。

有了这样的参考，很容易理解，在信息的基础上，建立实体之间的联系，就能形成知识。换句话说，知识图谱是由一条条知识组成，每条知识表示为一个 SPO 三元组（Subject-Predicate-Object 主谓宾，用来表示事物的一种方法和形式），而这个三元组集合可以抽象为一张图，例如图 3-38 所示的某影视剧人物关系图谱，输入电视剧中的两个人物，几部不同的影视剧或者小说的关联人物全部出现，大量与之相关的实体信息会不断关联并结构化地呈现出来，实现数据图谱化。

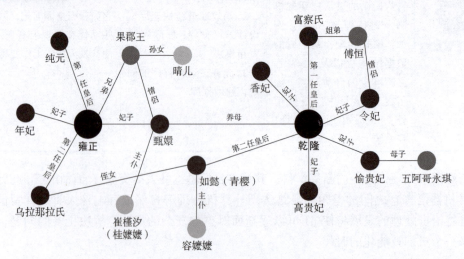

图 3-38　某影视剧人物关系图谱

而知识图谱实际上就是如此工作，大多数采用自下而上的构建方式，即从大量信息中提取出实体，选择其中可信度较高的加入到知识库，再构建实体与实体之间的联系。

（二）知识图谱的体系架构

知识图谱的体系架构是指其构建自身模式的结构，如图 3-39 所示。

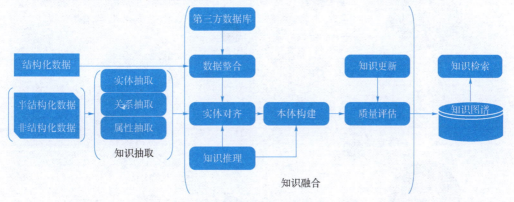

图 3-39 知识图谱的体系架构

知识图谱的体系架构共分为 3 个步骤。

（1）知识抽取：从一些公开的半结构化、非结构化的数据中抽取出可用的知识单元。知识单元主要包括实体抽取、关系抽取以及属性抽取 3 个知识要素。

（2）知识表示：把知识客体中的知识因子与知识关联起来，便于人们识别和理解知识，分为主观知识表示和客观知识表示两种。

（3）知识融合：是高层次的知识组织，是使来自不同知识源的知识在同框架规范下进行组织，实现数据、信息、经验以及人的思想的融合，形成高质量的知识库。

以当前主流在线视频网站及影视公司为例，表面上看它们是相对独立的公司，背后却有着千丝万缕的联系（竞争、合作），也已纳入 BAT（百度、阿里、腾讯）三大互联网巨头的麾下。单一地看到一家公司的名字时，不具有名称以外的其他意义，仅是孤立的存在。而爱奇艺被百度收购，阿里投资入股优酷土豆，则是关于公司投资关系的陈述，属于信息的范畴。而对于知识而言，是在更高层面上的一种抽象和归纳，把公司的投资隶属关系、竞争关系、合作关系等属性和信息整合起来，就得到对该公司关系网络的全面认知。而未来，随着更多信息的出现和抽取，对该公司的认知将更为全面，这就是知识更新，扩展现有的知识，增加新的知识，让知识图谱的内容与时俱进。在线视频及影视公司关系知识图谱如图 3-40 所示。

（三）知识图谱的应用

知识图谱为互联网海量、动态的大数据再组织、再利用提供了一种更为有效的方式，使网络的智能化水平更高，更加接近于人类的认知思维。

图 3-41 为知识图谱的具体应用方向与代表企业，不管是智能搜索、社交网络，还是网上购物、新闻查询等，知识图谱已经在生活中、垂直行业应用中发挥着日益重要的作用。

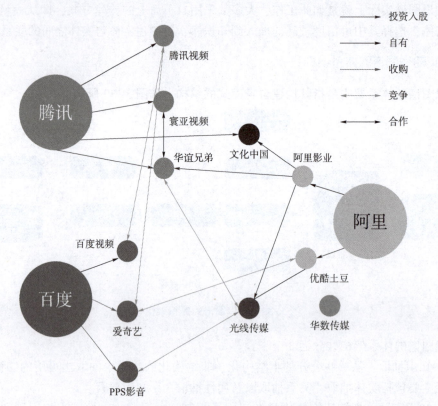

图 3-40　在线视频及影视公司关系知识图谱

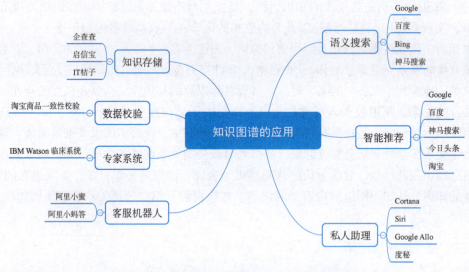

图 3-41　知识图谱的具体应用方向与代表企业

　　未来，从技术来说，知识图谱的发展取决于自然语言处理的不断进步，因为需要机器能够理解海量的文字信息。在工程上，知识图谱面临更多的问题，其来源于如何获取并融合更多的知识。搜索领域能做得越来越好是因为有成千上万的用户，用户在查询的过程中，实际也在优化搜索结果，这也是为什么百度的英文搜索超不过 Google，因为没有那么多英文用户。知识图谱也是同样的道理，只有将更多用户的行为应用在知识图谱的更新上，它才能走得更远。

知识图谱不是 AI 的最终答案，但知识图谱这种综合各项计算机技术的应用方向，一定是 AI 未来的形式之一。

三、专家系统技术原理与应用

（一）专家系统的结构

专家系统通常由人机交互界面、知识库、推理机、解释器、综合数据库、知识获取 6 个部分构成。其中以知识库与推理机相互分离而别具特色。专家系统的体系结构可随专家系统的类型、功能和规模的不同，而有所差异。

基于规则的产生式系统是目前实现知识运用最基本的方法。产生式系统由综合数据库、知识库和推理机 3 个主要部分组成，综合数据库包含求解问题世界范围内的事实和断言。知识库包含所有用"如果：〈前提〉，于是：〈结果〉"（If-Then 规则）形式表达的知识规则。推理机（又称规则解释器）的任务是运用控制策略找到可以应用的规则。

1. 知识库

为了使计算机能运用专家的领域知识，必须采用一定的方式表示知识。常用的知识表示方式有产生式规则、语义网络、框架、状态空间、逻辑模式、脚本、过程、面向对象等。知识库用来存放专家提供的知识。专家系统的问题求解过程是通过知识库中的知识来模拟专家的思维方式的，因此，知识库是专家系统质量是否优越的关键所在，即知识库中知识的质量和数量决定着专家系统的质量水平，这也是专家系统设计的瓶颈问题。一般来说，专家系统中的知识库与专家系统程序是相互独立的，用户可以通过改变、完成知识库中的知识内容来提高专家系统的性能。通过知识获取，可以扩充和修改知识库中的内容，也可以实现自动学习功能。

2. 推理机

推理机针对当前问题的条件或已知信息，反复匹配知识库中的规则，获得新的结论，以得到问题求解结果。推理方式可以有正向和逆向推理两种。

正向链的策略前提是找出可以同数据库中的事实或判断相匹配的那些规则，并运用冲突的消除策略，从这些都可满足的规则中挑选出一个执行，从而改变原来数据库的内容。这样反复地进行查找，直到数据库的事实与目标一致即找到解答，或者直到没有规则可以与之匹配时才停止。

逆向链的策略是从选定的目标出发，寻找执行后果可以达到目标的规则；如果这条规则的前提与数据库中的事实相匹配，问题就得到解决；否则把这条规则的前提作为新的子目标，并对新的子目标寻找可以运用的规则，执行逆向序列的前提，直到最后运用的规则的前提可以与数据库中的事实相匹配，或者直到没有规则再可以应用时，系统便以对话形式请求用户回答并输入必需的事实。

可见，推理机就如同专家解决问题的思维方式，知识库就是通过推理机来实现其价值的。

3. 其他部分

人机界面是系统与用户进行交流时的界面。通过该界面，用户输入基本信息、回答系统提出的相关问题，并输出推理结果及相关的解释等。

综合数据库专门用于存储推理过程中所需的原始数据、中间结果和最终结论，往往是作为暂时的存储区。解释器能够根据用户的提问，对结论、求解过程作出说明，因而使专家系统更具有人情味。

（二）经典的专家系统

近 40 多年来，人们建成了具有数以千计规则的专家系统，这些系统集成了经过测试的方法来处理大量特定领域的数据，包括数据库、数据挖掘和机器学习。人们已经在专家系统的多个领域中（如语言/自然语言理解、机器人学、医学诊断、工业设备故障诊断、教育、评估和信息检索等）采用了混合智能方法。

1977 年，中国科学院自动化研究所就基于关幼波的经验，研制成功了我国第一个中医肝病诊治专家系统。1985 年 10 月中国科学院合肥智能所熊范纶建成砂姜黑土小麦施肥专家咨询系统，这是我国第一个农业专家系统。经过 40 多年努力，一个以农业专家系统为重要手段的智能化农业信息技术在我国取得了令人瞩目的成就，许多农业专家系统遍地开花，对我国农业持续发展发挥作用。中国科学院计算所史忠植与东海水产研究所等合作，研制了东海渔场预报专家系统。在专家系统开发工具方面，中国科学院数学研究所研制了专家系统开发环境天马，中国科学院合肥智能所研制了农业专家系统开发工具雄风，中国科学院计算所研制了面向对象专家系统开发工具 OKPS。

1. DENDRAL 专家系统

DENDRAL 专家系统历史悠久，这个项目开始于 1965 年，持续多年，涉及斯坦福大学的许多化学家和计算机科学家。无论是在实验意义上还是在正式的分析和科学意义上，许多与 AI 发展有关的想法都是从这个项目开始的。例如，在早期，DENDRAL 强有力地证明了生成和测试算法以及基于规则的方法能够有效地建立专家系统。

DENDRAL 的任务是列举合理的有机分子化学结构（原子键），输入两种信息。

（1）分析仪器质谱仪和核磁共振光谱仪的数据。

（2）用户提供的答案约束，这些约束可从用户可用的任何其他的知识源（工具或上下文）推导得到。解释如下。

正如费根鲍姆（计算机科学家）所说，过去还没有将未知化合物的质谱图映射到其分子结构的算法。因此，DENDRAL 的任务是将人类专家莱德伯格（化学家、生理学或医学诺贝尔奖获得者）的经验、技能和专业知识纳入程序中，这样程序就可以人类专家的水平运行。在开发 DENDRAL 的过程中，莱德伯格不得不学习很多关于计算的知识，正如费根鲍姆不得不学习化学知识一样。显然，对于费根鲍姆而言，除了与化学有关的许多具体规则外，化学家还根据经验和猜想使用了大量启发式知识。

DENDRAL 的输入通常包含了所研究的化合物信息如下。

（1）化学式，如 $C_6H_{12}O$。

（2）未知有机化合物的质谱图。

（3）核磁共振光谱信息。

然后，无须反馈，DENDRAL 在 3 个阶段执行启发式搜索，这称为规划—生成—测试。

（1）规划。在这个阶段，根据所有可能的原子构型的集合和质谱推导出的约束一致的原子构型集合，还原出答案。应用约束，选择必须出现在最终结构中的分子片段，剔除不能出现的分子片段。

（2）生成。使用名为 CONGEN 的程序来生成可能的结构。它的基础是组合算法（具有数学证明的完整性以及非冗余生成性）。组合算法可以产生所有在拓扑上合法的候选结构。通过使用、规划、过程提供的约束进行裁剪，引导生成合理的集合（即满足约束条件的集合），而不是巨大的合法集合。

（3）测试。最后阶段，根据假想中的质谱结构与实验结果之间的匹配程度，对生成的输出结构排列次序。

DENDRAL 可以很迅速地将数百种可能的结构缩减到可能的几种或一种结构。如果生成了几种可能的结构，那么系统将会列出这些结构并附上概率。

DENDRAL 证明了计算机可以在一个有限的领域内表现得与人类专家相当。在化学领域，它的表现高于或等于一个化学博士生。这个系统在美国的化学家中得到了广泛应用。费根鲍姆进一步指出，很矛盾的是，DENDRAL 的结构阐释能力既非常广泛，也非常狭窄。一般来说，DENDRAL 能够处理所有分子、环和树状。在约束条件下（纯粹的仪器数据）对纯结构的阐释，CONGEN 的表现让人类无法一一匹及在这些知识密集型的专业领域，通常来说，比起人类专家的表现，DENDRAL 的表现不但快得多，而且更准确。

2. 振动故障诊断的专家系统

专家系统的重要作用之一是用于故障诊断。在昂贵、高速、关键机械运转的情况下，故障的早期准确检测非常重要。在机械运转的情况下，异常情况的常见指标是旋转机械的振动。检测到故障后，维护工程师能够识别症状信息，解释各种错误信息和指示，并提出正确的诊断。换句话说，识别可能导致故障的组件以及组件失败的原因。

机械装置往往会有非常复杂的数百个零件。这需要专业的领域知识来诊断和维修机械。决策表（DT）是一种紧凑、快速、准确地求解问题的方法。

VIBEX 专家系统结合了决策表分析（DTA）和 DT，决策表分析是通过已知案例来构建的，而 DT 是为了做出分类，使用归纳式知识获取过程来构建的。VIBEXDT 与机器学习技术相结合，比起 VIBEX（VIBration Expert），TBL 方法在处理振动原因和发生概率较高的案例时，其诊断更有效率。人类专家合作构建 DTA，这最终得到了由系统知识库组成的规则集。然后，人们使用贝叶斯算法计算出规则的确定性因子。

作为一种方便的方法，DT 分析使用 C4.5 算法来系统地分解和分类数据。这要求给出表示振动原因类别的定义，并要求表示振动现象属性的定义。这些振动现象是样本集所需的，供机器学习使用。C4.5 使用示例进行归纳推理来构建决策树。因此，它本身也作为振动诊断工具使用。VIBEX 嵌入了原因结果矩阵，包括了约 1800 个置信因子，这些置信因子适用于监测和诊断旋转机械。

3. 自动牙科识别

鉴于司法取证的原因，能够快速、准确地评估牙科记录是非常重要的。鉴于可用的数据庞大，特别是由于战争、自然灾害和恐怖袭击等大规模灾难，自动识别牙科记录是必要的，也是非常有用的。

1997 年，美国联邦调查局的刑事司法信息服务部门（CJIS）成立了牙科工作组（DTF），以促进创建自动牙科识别系统（ADIS）。ADIS 的目的是为数字化 X 光片和摄影图像提供自动搜索和匹配功能，这样就可以为牙科取证机构生成一个简短的清单。

系统架构背后的理念是利用高级特征来快速检索候选人名单。潜在的匹配搜索组件使用这张清单，然后使用低级的图像特征缩短匹配清单、优化候选清单。因此，架构包括记录预处理组件、潜在匹配搜索组件和图像比较组件。记录预处理组件处理以下 5 个任务。

（1）记录种植牙胶片。

（2）加强胶片，补偿可能的低对比度。

（3）将胶片进行分类，分成咬翼视图、根尖周视图或全景视图。

（4）在胶片中将牙齿进行分隔。

（5）在对应的位置进行标记，注明牙齿。

Web-ADIS 有 3 种操作模式：配置模式、识别模式和维护模式。配置模式用于微调客户使用识别模式获取所提交记录的匹配信息。维护模式用于上传新参考记录到数据库服务器，并且能够对预处理服务器进行更新。现在，系统真正达到了 85% 的验收率。在那些定义明确的领域中存在大量人类的专业技能和知识，但知识主要是启发式的并且具有不确定性，这样的领域使用专家系统最理想。虽然专家系统的表现方式不一定与人类专家的表现方式相同，但构建专家系统的前提是，它们以某种方式模仿或建模人类专家的求解问题和作出决定的技能。将专家系统与一般程序区分开来的一个重要特征是，它们通常包括一个解释装置。也就是说，它们将尝试解释如何得出结论，换句话说，它们将尝试解释用什么样的推理链来得出结论。

课 后延展 <<<

每一次工业革命，给人类带来的影响，都需要 50 年的时间，即整整一代人去消化，很多人，不，绝大多数人，都会被甩出历史前进的洪流，定格在社会最底层。所以，跨越大数据时代的 2%，很可能真的不是危言耸听。

——《智能时代》吴军

自然语言处理是研究人机之间用自然语言通信的理论和方法，是 AI 领域的一个重要分支，有着非常广泛的应用空间。

——《文本上的算法 深入浅出自然语言处理》路彦雄

自我测试

1. 分组讨论。通过学习自然语言处理和知识图谱的定义及应用方向，结合自己的生活或所学的专业，挑选一个场景或应用案例深入分析其背后的原理。

2. 分组讨论。专家系统适合于什么样的应用场景？拿出你们建设某个应用场景的专家系统的构思方案。

任务4　智能计算——高效计算与问题求解

教学目标

1. 了解并掌握智能计算的含义及其与 AI 的关系。
2. 了解数据智能的定义、发展目标及数据中台的意义。
3. 了解深度学习与强化学习的含义及典型应用。

教学要求

1. 知识点

智能计算的含义；数据智能的定义；数据智能的发展；数据中台和业务中台的价值；深度学习和强化学习的含义。

2. 重难点

本任务的重点是智能计算、数据智能、深度学习的定义及在工作生活中的应用领域；难点是理解三者间的促进关系、对 AI 技术水平发展的关键作用，并深度思考当机器会思考后，人和机器的关系可能会是什么样？

一、智能计算原理与技术

智能计算是信息科学、生命科学、认知科学等不同学科相互交叉的产物。它主要借鉴仿生学和拟物的思想，基于人们对生物体智能机理和某些自然规律的认识，采用数值计算的方法去模拟和实现人类的智能、生物智能、其他社会和自然规律。

智能计算的主要研究领域包括神经计算、演化计算、群智能计算、模糊计算、免疫计算、DNA 计算和人工生命等。

（一）智能计算的定义

智能计算（Computational Intelligence，CI）目前还没有一个统一的定义，使用较多的是美国科学家贝慈德克（J. C. Bezdek）从智能计算系统角度所给出的定义。

如果一个系统仅处理底层的数值数据，含有模式识别部件，没有使用 AI 意义上的知识，且具有计算适应性、计算容错力、接近人的计算速度和近似于人的误差率这 4 个特性，则它是智能计算的。

从学科范畴看，智能计算是在神经网络（Neural Networks，NN）、演化计算（Evolutionary Computation，EC）及模糊系统（Fuzzy System，FS）这 3 个领域发展相对成熟的基础上形成的一个统一的学科概念。

（二）智能计算与 AI 的关系

目前，对智能计算与 AI 的关系有 2 种不同观点，一种观点认为智能计算是 AI 的一个子集，另一种观点认为智能计算和 AI 是不同的范畴。

第一种观点的代表人物是贝慈德克。他把智能（Intelligence，I）和神经网络都分为计算的（Computational，C）、人工的（Artificial，A）和生物的（Biological，B）3 个层次，并以模式识别（PR）为例，给出了如图 3-42 所示的智能的层次结构。

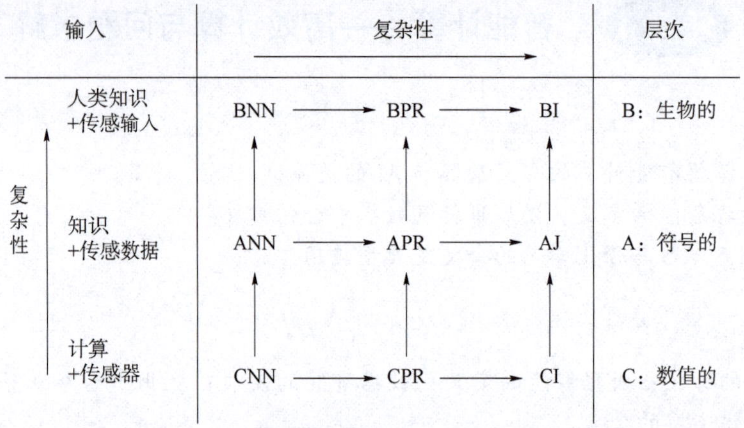

图 3-42　贝慈德克的智能的 3 个层次结构

在图 3-42 中，底层是计算智能，它通过数值计算来实现，其基础是 CNN；中间层是 AI，它通过人造的符号系统实现，其基础是 ANN；顶层是生物智能（BI），它通过生物神经系统来实现，其基础是 BNN。

按照贝慈德克的观点，CNN 是指按生物激励模型构造的 NN，ANN 是指 CNN+知识，BNN 是指人脑，即 ANN 包含了 CNN，BNN 又包含了 ANN。对智能也一样，贝慈德克认为 AI 包含了 CI，BI 又包含了 AI，即智能计算是 AI 的一个子集。

第二种观点的代表人物是艾伯哈特（R. C. Eberhart）。他认为虽然 AI 与智能计算之间有重合，但智能计算是一个全新的学科领域，无论是生物智能还是机器智能，智能计算都是其最核心的部分，而 AI 则是外层。

事实上，CI 和传统的 AI 只是智能的两个不同层次，各自都有自身的优势和局限性，相互之间应该互补，而不能取代。

大量实践证明，只有把 AI 和 CI 很好地结合起来，才能更好地模拟人类智能，才是智能科学技术发展的正确方向。

二、数据智能原理与技术

（一）大数据的新篇章——数据智能

数据智能的目标是让数据驱动决策，让机器具备推理等认知能力。只有业务数据化进程的完成，才能真正进入到业务智能化，依靠数据去改变业务、指导决策。

从 2013 年至今，大数据行业经历了 4 个发展阶段，其发展阶段如图 3-43 所示，代表了企业对大数据的认知和需求。

（1）2013 年，企业已经开始认识到数据价值，金融、电信、公安等行业开始建设大数据平台，收集并存储企业业务产生的数据。

（2）2015 年，大数据进入到监测阶段，通过数据大屏、领导看板等形式，实现对业务的监测，这是大数据最先成熟的应用方向，也是大数据最直接能够反映其价值的方式。

图 3-43 大数据行业发展阶段

（3）2017年，随着数据平台建设基本完善，大数据开始与业务场景广泛结合，例如，金融领域的精准营销和风控反欺诈、工业领域的故障预测预警等。因此，出现了大量数据挖掘、数据建模的需求。此时基于企业对业务场景的洞察，单纯的数理统计已不足以满足，AI建模平台开始推出，帮助企业落地大数据应用。

（4）2019年，大数据从业务洞察开始进入到业务决策阶段。这意味着，由机器形成数据报表或者数据报告，业务人员进行决策，变成机器直接给出决策建议，让机器具备推理能力。例如，在外卖、出行场景，美团和滴滴的系统直接形成最佳调度方式，系统自动完成决策环节，将任务下发给骑手和司机。这种消费互联网相对常见的场景，将在产业互联网、企业业务场景中开始出现。

让机器具备推理能力，意味着自然语言处理、知识图谱等认知技术不断成熟。而数据驱动决策、数据驱动业务发展的新需求，标志着智能数据时代的兴起，不同阶段大数据与业务的关系，如图3-44所示。

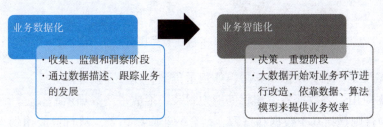

图 3-44 不同阶段大数据与业务的关系

未来，随着技术更加成熟，很多业务的执行环节可以由机器来实现，但仍然有很多业务环节需要人参与其中，因此，人机协同将迎来迅猛发展。

（二）数据智能的定义及数据中台的价值

数据智能核心分为两个细分领域：中台和应用场景。其中，中台包含技术中台、数据中台和业务中台，应用场景则按照不同行业进行划分。

数字化已不可抵挡，在企业数字化转型进程中，传统企业需要具备互联网公司那样快速迭代升级的能力，因此，数据驱动业务发展的中台建设至关重要。

数据中台的价值是将数据资产化，实现不同体系数据的打通，为下一步数据应用打好基础。

数据中台涵盖了从数据采集、数据处理、数据存储、数据分析等环节的所有工具及平台，包括基础平台、用户行为分析、数据报表可视化、数据科学平台、自然语言处理和知识图谱等诸多技术体系。

基于数据中台有 3 种应用方式。

（1）数据集：主要是数据标签、用户画像等，数据标签与用户画像，如图 3-45 所示。

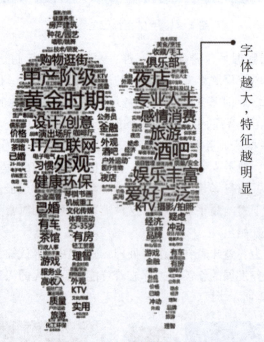

图 3-45　数据标签与用户画像

（2）数据模型：融合数据和算法，如销量预测、风控建模等。

（3）数据应用：将数据能力和软件能力封装，形成最终数据产品。

而业务中台则是指基于数据和技术，结合行业应用场景，从行业应用切入，在大量服务垂直行业客户，掌握大量场景需求后，逐步形成业务中台能力。

未来身处竞争激烈的智能数据时代，谁能更高效地利用数据，谁才能赢得最后的果实与胜利，传统产业数字化已在风口，已在路上。而认知智能的突破，一定不是由单个技术所完成，而是需要结合多种不同的技术持续完善和发展。

三、阿尔法狗背后的机器学习算法

世界排名第一的围棋棋手柯洁与谷歌旗下的 AI 机器人阿尔法狗（AlphaGo）于 2017 年 5 月 23—27 日在乌镇的对弈，吸引社会广泛关注。这是 AlphaGo 大胜韩国棋手李世石后，与围棋大师的再次交战。不出意外的是，柯洁连败 3 局，阿尔法狗与柯洁对战，如图 3-46 所示。

阿尔法狗的大脑是机器学习系统，即一套机器模拟人脑运算的体系。支撑阿尔法狗的机器学习算法是深度学习+强化学习。

图 3-46　阿尔法狗与柯洁对战

（一）深度学习

从根本上说，深度学习是一种用数学模型对真实世界中的特定问题进行建模，以解决该领域内相似问题的过程。但很多人不知道的是，深度学习的历史几乎和 AI 一样长，只是一直默默无闻，直到它迎来了时代的机遇。从研究角度看，深度学习是基于多层神经网络，以海量数据为输入，发现规则自学习的方法。

深度学习所基于的多层神经网络并非新鲜事物，甚至在 20 世纪 80 年代被认为没前途。但近年来，科学家们对多层神经网络的算法不断优化，使它出现了突破性的进展。

以往很多算法是线性的，而现实世界大多数事情的特征是复杂非线性的。例如，猫的图像中，就包含了颜色、形态、五官、光线等各种信息。深度学习的关键就是通过多层非线性映射将这些因素成功分开。

那为什么要深度学习呢？多层神经网络比浅层好在哪里？

简单地说，多层神经网络可以减少参数。因为它重复利用中间层的计算单元。还是以识猫为例子。它可以学习猫的分层特征：最底层从原始像素开始，刻画局部的边缘和纹；中层把各种边缘进行组合，描述不同类型的猫的器官；最高层描述的是整个猫的全局特征。

深度学习需要具备超强的计算能力，同时还需要不断有海量数据的输入。特别是在信息表示和特征设计方面，过去大量依赖人工，严重影响数据的有效性和通用性。深度学习则彻底颠覆了人造特征的范式，开启了数据驱动的表示学习范式——由数据自己提取特征，计算机自己发现规则，进行自学习。

过去，人们对经验的利用靠人类自己完成，而深度学习中，经验以数据形式存在。因此，深度学习，就是关于在计算机上从数据中产生模型的算法，即深度学习算法。

那么大数据以及各种算法与深度学习有什么区别？

过去的算法模式，数学上称为线性，和 y 的关系是对应的，它是一种函数体现的映射。但这种算法在海量数据面前遇到了瓶颈。国际上著名的图像分类大赛，采用传统算法识别图像，识别错误率一直降不下去，采用深度学习后，错误率大幅降低。在 2010 年，获胜的系统只能正确标记 72% 的图片；到了 2012 年，多伦多大学的杰夫·辛顿利用深度学习的新技术，带领团队实现了 85% 的准确率；2015 年的竞赛上，一个深度学习系统以 96% 的准确率第一次超过了人类（人类平均有 95% 的准确率）。

通过识猫的例子再理解一下深度学习。可以用很多属性描述一个事物，其中有些属性可能很关键，很有用，另一些属性可能没什么用。属性称为特征，而特征辨识是一个数据处理的过程。

传统算法辨认是标注各种特征去辨认，如大眼睛、有胡子、有花纹。但这种特征可能分不出是猫还是老虎，狗和猫也分不出来。这种方法称为人制定规则，然后让机器学习这种规则。

深度学习的方法是直接提供百万张图片，说这里有猫，再给其百万张图，说这里没猫，然后来训练深度网络，通过深度学习计算机自己去学猫的特征，计算机就知道了谁是猫。深度学习素材如图 3-47 所示。

图 3-47　深度学习素材

（二）强化学习

强化学习利用机器的自身历史和经验来作出决定，其经典应用是玩游戏。与监督和非监督学习不同，强化学习不涉及提供正确的答案或输出。相反，它只关注性能，这反映了人类是如何根据积极和消极的结果学习的。例如，一台下棋的计算机可以学会如何落子从而达到胜负利益的最大化。然后，这一基本教训就可以被扩展和推断出来，直到机器能够打败（并最终击败）人类顶级玩家。

（三）AlphaGo 的胜利秘诀

在深度学习过程中，数据至关重要，它是训练机器智能的沃土。2016 年在对弈李世石前，AlphaGo 以半年时间集中模仿学习了 3 000 万步人类围棋大师的走法，并从自我对弈中积累胜负经验。与 2016 年相比，2017 年，AlphaGo 的算法有三大显著的进步。

（1）其学习的数据全部来自机器自身，而非人类。AlphaGo 项目负责人 DavidSilver 介绍，最好的训练数据不是来自人类，而是来自 AlphaGo 自己，利用其强大的搜索能力，生成数据，让下一代的 AlphaGo 学习。由于数据优质、算法高效，因此 AlphaGo 计算量仅为对阵李世石时的 1/10。

（2）由多机运行升级为单机运行，更便于应用。2016 年 AlphaGo 使用了谷歌云上的 50 个左右 TPU，使用多台计算机运行，而 2017 年的 AlphaGo 使用了 4 个 TPU，单台计算机即可运行。

（3）强化学习重要性进一步凸显，机器自我决策能力大大提高。AI 强化学习概念，借鉴心理学，即机器会在环境给予的奖励或惩罚的刺激下，逐步形成对刺激的预期，产生能获得最大利益的习惯性行为。强化学习的本质是实现自动决策。机器会在没有任何指导、标签的情况下，尝试行为，得到一个结果，再判断是对还是错，由此调整之前的行为，通过不断调整，算法持续优化。搜狗 CEO 王小川认为，强化学习的算法更接近于人类的思维模式。

目前，深度学习和强化学习的算法已经得到了一定的应用。研发 AlphaGo 的团队、谷歌旗下的 DeepMind 公司已与英国国家医疗服务体系（NHS）合作，与眼科医院共同开发一套用于早期识别视觉疾病的机器学习系统，通过对眼球扫描图像的分析，发现糖尿病视网膜病变、老年性黄斑病变的早期症状。

国内云知声、科大讯飞公司运用深度学习算法，开发了语音识别系统，在北京市的部分三甲医院应用语音录入病例，节省了医生的大量时间。第四范式公司利用深度学习算法，为银行开发了风控模型。还有诸多巨头都在开发 AI 的对话机器人，如微软的小娜、谷歌的 Allo、苹果的 Siri、百度的度秘等，均应用了深度学习和强化学习的算法。

课后延展 <<<

软计算是正在兴起的一种计算方法，它与人脑对应，具有在不确定性、不精确环境中进行推理和学习的卓越能力。

——扎德（数学家、逻辑学家，模糊数学之父）

当社会大数据、计算能力和计算框架三方面发展到一定阶段，融合产生了大数据智能。相信随着更大规模数据、更强计算能力和更合理计算框架的推出，AI 也会不断向前发展。

——《大数据智能：数据驱动的自然语言处理技术》刘知远、崔安顺等

自我测试

想一想，有多少智能就有多少人工，数据智能的决策、知识图谱的构建都需要人不断对其进行训练，训练着新闻网站、购物网站，未来我们如何结合自己的专业做好数据集的训练？

任务 1　智慧交通

教学目标

1. 掌握 AI 技术在交通行业的典型应用场景。

2. 了解 AI 技术在智能车牌识别等场景的应用原理和流程。

教学要求

1. 知识点

智慧交通；车辆识别技术。

2. 技能点

掌握"无人驾驶汽车、公共交通系统"实训操作。

3. 重难点

通过学习本任务知识点，重点了解 AI 技术在交通行业的典型应用场景及原理，了解 AI 技术如何在人、车、物等方面进行智能监控和事前预警。

2018 年 3 月 30 日出版的《自动化学报》指出，历经百年，交通系统大致经历了无控制时期、标识标线控制时期、单点定时交通信号控制时期、智能交通控制时期、车路协同时期和自动驾驶时期等几个阶段，如图 4-1 所示。

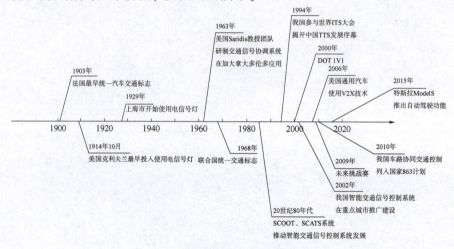

图 4-1　地面交通控制百年发展时间轴

自动驾驶汽车是智慧交通的代表应用。智慧交通的概念没有统一的定义,《中国智慧城市产业发展月报》中指出智慧交通(Intelligent Transport System, ITS)是在整个交通运输领域充分运用物联网、云计算、互联网、AI、自动控制、移动互联网等新一代信息技术,综合运用交通科学、系统方法、AI、知识挖掘等理论与工具,以全面感知、深度融合、主动服务、科学决策为目标,通过建设实时的动态信息服务体系,深度挖掘交通运输相关数据,形成问题分析模型,实现行业资源配置优化能力、公共决策能力、行业管理能力、公众服务能力的提升,推动交通运输更安全、更高效、更便捷、更经济、更环保、更舒适地运行和发展,带动交通运输相关产业转型、升级。

本节优选无人驾驶汽车、共享单车、公安交通系统3个典型智慧交通商业化落地案例给予介绍。

一、无人驾驶汽车

无人驾驶汽车(Driverless Car)又称自动驾驶汽车(Automatic Car),作为 AI 和汽车工业结合的产物,毫无疑问是当今的热门话题。无人驾驶汽车是指在没有人工参与的情况下,具备感知环境和自主导航的汽车,涉及传感器、高精度地图、AI 芯片、自动驾驶算法、车联网等关键技术。

无人驾驶汽车起源于美国国防部高级研究计划局 DARPA 在 2003 年发起的机器人挑战大赛。该挑战赛的目标是开发出能够在越野地形上自动行驶的机器人。2004 年第一届 DARPA 无人驾驶汽车挑战赛,参与的机器人导航没有一个超过全部路程的 5%。2005 年第二届 DARPA,塞巴斯蒂安·特龙领导的团队设计出的机器人 Stanley 获得冠军,其在谷歌主持的街景项目(Google Street View Project)为无人驾驶的实现奠定了重要基础。2010 年 10 月 10 日,《纽约时报》第一次全面报道了谷歌无人驾驶汽车的研制与测试进展,自此无人驾驶汽车进入公众视野。

2016 年 12 月,谷歌的无人驾驶汽车项目为 Waymo 汽车从谷歌 X 实验室中剥离,成为一家无人驾驶汽车公司,作为 Alphabet 的第 12 个独立子公司运营,这被视为谷歌无人车走向商业化的重要一步。Waymo 成立后推出了克莱斯勒 Pacifica 无人驾驶汽车,如图 4-2 所示。

图 4-2　Pacifica 无人驾驶汽车

国内无人驾驶汽车的发展以百度为代表。2018 年 8 月,百度推出 L4 级量产园区自动驾驶解决方案阿波龙。百度 Apollo 自动驾驶开发路线图如图 4-3 所示。

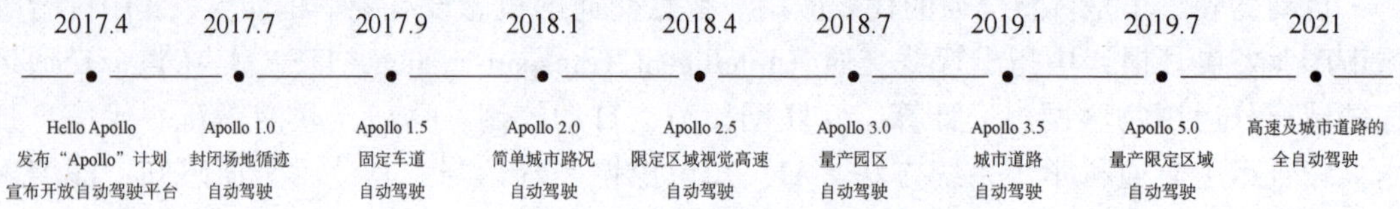

2017.4	2017.7	2017.9	2018.1	2018.4	2018.7	2019.1	2019.7	2021
Hello Apollo 发布"Apollo"计划 宣布开放自动驾驶平台	Apollo 1.0 封闭场地循迹 自动驾驶	Apollo 1.5 固定车道 自动驾驶	Apollo 2.0 简单城市路况 自动驾驶	Apollo 2.5 限定区域视觉高速 自动驾驶	Apollo 3.0 量产园区 自动驾驶	Apollo 3.5 城市道路 自动驾驶	Apollo 5.0 量产限定区域 自动驾驶	高速及城市道路的 全自动驾驶

图 4-3　百度 Apollo 自动驾驶开放路线图

2019 年 4 月，北京市科技计划重点项目——全天候多车型自动驾驶技术开发及首钢园区功能示范在清华大学召开了项目启动会。项目负责人宣布百度作为此专项自动驾驶高精地图唯一承担单位，负责科技冬奥专项高精地图服务、无人 mini 客车自动驾驶功能开发与仿真平台开发。2019 年 8 月，百度自动驾驶出租车 Robotaxi-红旗 E·界在长沙展开测试。Robotaxi 是百度与中国一汽红旗共同打造的自动驾驶出租车，也是国内首批量产 L4 级自动驾驶出租车。

二、共享单车

随着环境污染、城市拥堵问题日益加重，人们对出行环境改善的需求也愈发强烈。《2016 年中国共享单车市场研究报告》中指出中国共享单车市场已经历了 3 个发展阶段。2008—2010 年为第一阶段，国外兴起的公共单车模式开始引进国内，由政府主导分城市管理，多为有桩单车。2010—2014 年为第二阶段，专门经营单车市场的企业开始出现，但公共单车仍以有桩单车为主。2014—2018 年为第三阶段，随着移动互联网的快速发展，以摩拜为首的互联网共享单车应运而生，更加便捷的无桩单车开始取代有桩单车。

共享单车应用其实就是通过单车端—云端—手机端之间的信息传递来完成，其中关键的技术是解/闭智能锁的过程。目前，GPS 定位+蓝牙解锁和还车模式比较普遍。然而单车企业还需要利用 AI 和大数据解决运营问题。例如，基于骑行停放热点分布数据、城市骑行需求数据、数据可视化分析技术、精准定位算法等来解决共享单车停放问题，提升单车的使用频率；通过虚拟电子围栏，规范用户必须将车辆停在指定区域内，否则无法锁车结束行程，企业以此实时掌握停车区域内单车的数量、状态、位置及各区间的流量情况等信息，为车辆投放、调度和运维提供智能指引。

2017 年 7 月全球 AI 与机器学习技术大会（AICon）上，摩拜单车首席数据科学家尹大朏分享《摩拜如何使用人工智能实现单车精细化运营》中指出人工智能在摩拜单车主要的应用场景。

基于深度神经网络的供需平衡预测：把空间划分为若干网格，把每个网格里面的车辆数、历史的订单量和天气预报信息结合起来，利用深度学习来训练，得到未来某个时刻的骑行量预测值，为调度工作提供数据基础。摩拜大数据 AI 平台，又名魔方，核心应用之一是对共享单车全天候供需作出精准预测，为车辆投放、调度和运维提供智慧指引。魔方的整体架构主要参照主流互联网公司架构，以 Hadoop 作为基础文件存储，Spark，Storm，Flink 做流式计算，TensorFlow 做机器学习的模型训练和预测。

利用图片识别等技术辅助客服提高工作效率：针对每天客服收到的成千上万张用户上传的不文明用车图片，使用深度学习技术对其进行识别，判断图片中是否是违停在小区的自行车。这些图片大概只有不到 1%是因为机器难以判别需要人工干预的，剩下 99%完全可以用机器来识别，从而大大降低了客服的工作量。

三、公安交通指挥系统

城市公安交通指挥系统，以交通物联网感知、视频智能分析、大数据分析、云服务、移动互联为技术手段，全面物联、充分整合，协同运作人、车、路、环境多方面资源，建设城市交通信息融合处理中心和智能管控业务中心，强化交通信息汇集、融合、处理和服务功能，构建交通实时感知、资源充分整合、系统协同运作、信息全面服务、交通管控智能疏导的智能交通管控和服务体系。

2019 年 8 月，北京旷世科技有限公司提出建设城市公安交通指挥系统整体解决方案，借助布设于关键路段路口节点的感知控制设备和穿行于路网的移动智能终端，构建交通物联网，采集、汇聚、融合各种动静态交通信息资源；采用大数据分析引擎，驱动交通信息资源云中心，形成数据挖掘和信息研判能力，支撑面向交通管理者、交通参与者及运维管理者的业务综合系统。

同时，提出 151N 建设理念。"1"：一个智能交通指挥中心。"5"：5 个核心业务平台。"1"：一个交通信息资源云平台。"N"：多个基础应用及支撑系统。如图 4-4 所示，该系统关键技术主要包括以下内容。

图 4-4　151N 系统建设理念

（1）交通大数据处理及应用技术。针对海量图片和非结构化数据存储需求，分布式存储系统采用 Hadoop 存储解决方案，实现图片和文本历史数据统一存储和高效管理；针对系统的多用户、高并发、大数据、高性能的特点和要求，系统采用大量的分布式计算技术Spark；针对磁盘数据库访问低速的问题，系统采用基于内存的数据库，数据库的全部或部分事务数据存放在内存；针对网络服务器提供大量并发访问能力的需求，采用 Nginx 集群和负载均衡技术；针对交通数据应用特性，采用了数据分级存储的机制。

（2）图像智能分析应用技术。利用智能神经网络技术，对视频图像进行分层处理，分离出对系统有用的人或物体。基于图像二次识别技术，实现过车数据二次识别车牌号码、车辆品牌、型号和车身颜色。同时，可实现以图搜图功能，通过截取车辆特征实现对车辆的查找。

（3）多源载体应用技术。为实现扁平化指挥、精细化管理的目标，建立以指挥中心为核心，并前移至分中心、路面民警的立体化多级指挥作战体系，系统覆盖 PC、PAD、手机以及超分大屏，各产品形态之间实现业务的无缝对接、多屏互动。

（4）多源数据交通管理应用技术。以公安网为基础，以警用电子地图为核心，以地理信息技术为支撑，对空间地理数据进行可视化展现及空间数据分析，为 5 大核心业务平台提供基础支撑。

（5）多源交通数据融合技术。它是城市公安交通指挥系统的核心技术。通过对异构（不同传感器）多源数据的综合处理，以得到比任何从单个数据源更全面、准确的交通流状况的信息。

（6）多源视频集成应用技术。针对现有的交通视频监控系统技术体系不一、采用标准各异的问题，采用多源视频集成应用技术，构筑一个兼容来自不同设备、不同网络、不同格式的多种视频资源，把多个视频监控系统集成为一个统一的系统。

任务 2　　智能制造——走进无人工厂

任务导入

随着中国制造 2025、工业 4.0 等现代化工业标准的提出，一场以 AI 为主导技术之一的工业革命已经拉开帷幕，在这场科技风暴中，中国工业的转型升级迫在眉睫。

未来科技发展趋势将是物、大、云、智、移（即物联网、大数据、云计算、AI 和移动互联网）。未来物联网时代才是真正产生大数据的时代，各行业需要依托物联网的行业大数据，依托云计算和开源的 AI 算法，对超海量数据进行分析和挖掘，提供更有价值的商业服务，开启真正的 AI 时代。必须通过云计算对物联网的数据进行分析和挖掘，才能提供给 AI 大数据平台，只有物联网的大数据平台才能促使 AI 形成质的飞跃。它们之间有价值的数据通过智能设备的算法在使用云计算处理后，将变得具有人类的意识和思维。

云计算与 AI 的融合发展，将把人类推向一个万物智能的世界，任何事物都有学习、发现、倾听和感知的能力。它将颠覆人与物之间的相处模式，借助科技的力量改变人们的生活。

在本任务中，学生将学习哪些 AI 技术可以应用在工业生产中，也会了解这些 AI 技术的应用又会给工业生产带来哪些实质性的影响。

相关知识

物理世界（以制造业设备为代表）和数字世界（以 AI、传感器等技术为代表）的碰撞催生了制造业的巨大转变。两个世界的融合将为下一轮经济发展注入新的动能。以 AI 为代表的新技术正在对制造业的生产流程、生产模式和供应链体系等生产运营过程产生巨大影响。

一、AI 在制造业中的应用

在国家大力发展"中国制造 2025"的大背景下，各种新技术，如 AI、大数据等，也加速了在工业领域的应用。在全社会的 AI 技术应用热潮中，其在工业领域的应用也取得了一些进展，涌现了一些典型公司和案例。综合来看，目前 AI 在制造业领域主要有视觉检测、视觉分拣和故障预测 3 个应用方向。

（一）视觉检测

在深度神经网络发展起来之前，机器视觉已经长期应用在工业自动化系统中，如仪表板智能集成测试、金属板表面自动控制、汽车车身检测、纸币印刷质量检测、金相分析、流水线生产检测等，大体分为拾取和放置、对象跟踪、计量、缺陷检测几种，其中，有将近 80% 的工业视觉系统用在检测方面，包括用于提高生产效率、控制生产过程中的产品质量、采集产品数据等。机器视觉自动化设备可以代替人工不知疲倦地进行重复性的工作，且在一些不适合人工作业的危险工作环境或人工视觉难以满足要求的场合，机器视觉可替代人工视觉。

在 AI 浪潮下，基于深度神经网络，图像识别准确率有了进一步提升，也在缺陷检测领域取得了更多的应用。国内不少机器视觉公司和新兴创业公司都开始研发 AI 视觉缺陷检测设备，如高视科技、阿丘科技、瑞斯特郎等。

（二）视觉分拣

工业上有许多需要分拣的作业，采用人工分拣，速度缓慢且成本高，如果采用工业机器人可以大幅降低成本，提高速度。但是，一般需要分拣的零件是没有整齐摆放的，机器人面对的是一个无序的环境，需要机器人本体的灵活度、机器视觉、软件系统对现实状况进行实时运算等多方面技术的融合，才能实现灵活的抓取。

近年来，国内陆续出现了一些基于深度学习和 AI 技术解决机器人视觉分拣问题的企业，如埃尔森、梅卡曼德、库柏特、埃克里得、阿丘科技等，这些公司通过计算机视觉识别出物体及其三维空间位置，指导机械臂进行正确的抓取。

（三）故障预测

在制造流水线上，有大量的工业机器人，如果其中一个机器人出现了故障，当人感知到这个故障时，可能已经造成大量的不合格品，从而带来不小的损失。如果能在故障发生以前就发出预警，就可以有效作出预防措施，减少损失。

基于 AI 和 IoT 技术，通过在工厂各个设备加装传感器，对设备运行状态进行监测，并利用神经网络建立设备故障的模型，则可以在故障发生前，对故障提前进行预测，将可能发生故障的工件替换，从而保障设备的持续无故障运行。

不过总体来讲，AI 故障预测还处于试点阶段，成熟运用较少。一方面，大部分传统制造企业的设备没有足够的数据收集传感器，也没有积累足够的数据；另一方面，很多工业设备对可靠性的要求极高，即便机器预测准确率很高，若不能达到 100%，依旧难以被接受。此外，投入产出比不高也是 AI 故障预测技术没有投入使用的一个重要因素，很多 AI 预测功能应用后，如果成功能减少 5% 的成本，但如果不成功反而可能带来成本的增加，所以不少企业宁愿不用。

除了以上 3 个主要应用方向，还有自动 NC 编程、AICAM 系统等，这些还需要行业去探索和发现。总体而言，AI 在工业领域的应用才刚刚开始，还有不少潜在应用场景值得去探索和发掘。

二、机器人

机器人是一种能够半自主或全自主工作的智能机器，对于现代人来说，机器人这个概念已经不陌生，很多人在工作和生活中也离不开各种各样的智能机器人，智能机器人有相当发达的大脑，而其中起作用的是中央处理器，它可以通过运行预先编排的程序，按照提前制定好的原则纲领行动。有些智能机器人能够理解人类语言，并可以用人类语言同操作者对话，完成人类设定的工作，可以在生产业、建筑业或是危险的工作中替代人类。国际标准化组织采纳了美国机器人协会给机器人下的定义：一种可编程和多功能的，用来搬运材料、零件、工具的操作机；或是为了执行不同的任务而具有可改变和可编程动作的专门系统，一般由执行机构、驱动装置、检测装置、控制系统和复杂机械等组成。

智能机器人是综合了机械、电子、计算机、传感器、控制技术、AI、仿生学等多种学科的复杂智能机械。目前，智能机器人已成为世界各国的研究热点之一，成为衡量一个国家工业化水平的重要标志。通常来说，智能机器人是具有思维、感知和行动能力，并能模拟人的机器系统。它可以获取、处理和识别多种信息，建立并实时修正环境模型，自主地完成较为复杂的操作任务，是人类智慧发展和机器进化的飞跃性标志。

（一）智能机器人的应用场景

机器人技术最早应用于工业领域。但随着机器人技术的发展和各行业需求的提升，在计算机技术、网络技术、AI 技术等新技术发展的推动下，近年来，机器人技术正从传统的工业制造领域向医疗服务、教育娱乐、勘探勘测、生物工程、救灾救援等领域迅速扩展，适应不同领域需求的机器人系统被深入研究和开发。

1. 工业机器人

工业机器人被应用的主要目的是提高工业产品质量和代替人类完成流程性的、重复性的、繁琐性的以及危险性的生产任务。它主要应用于汽车工业（见图 4-5）、机电工业、通用机械工业、建筑业、金属加工、铸造以及其他重型工业和轻工业部门，主要包括移动机器人、焊接机器人、切割机器人、搬运机器人、码垛机器人、喷涂机器人、装配机器人等。

图 4-5　汽车生产线上的工业机器人

2. 服务机器人

服务机器人尚处于开发及普及的初期阶段，目前国际上对它还没有普遍严格的定义，根据国际机器人联合会（IFR）采用的初步定义，服务机器人是一种半自主或全自主工作的机器人，它的工作主要针对人类健康的服务业，主要包括维护保养、修理、运输、清洗、保安、救援、监护、医疗等服务类工作。

家用机器人（见图 4-6）能够代替人从事清扫、洗刷、守卫、煮饭、照料小孩、接待、接电话、打印文件等工作，它的价格目前还较高，因此影响它的推广应用。随着家用机器人造价的大幅降低，它将获得日益广泛的应用。

日益完善的医用机器人不仅能够代替护士的工作，还是医学教学中不可替代的助手。它甚至能够在水下、外太空和战场大显身手。医用机器人分为诊断机器人、护理机器人、伤残瘫痪康复机器人和医疗手术机器人（见图 4-7）等。

图 4-6　家用机器人

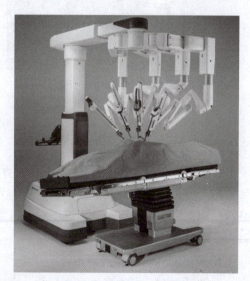

图 4-7　医疗手术机器人

服务机器人还有娱乐机器人、送信机器人、导游机器人、加油机器人等。

3. 特种机器人

特种机器人通常是用于非制造行业的特殊用途机器人，包括军用机器人、消防机器人、水下机器人、管道机器人、军用机器人、农业机器人等。

军用机器人主要用于军事上代替或辅助军队进行作战、侦察、探险等工作，如图 4-8 所示。根据不同的作战空间，军用机器人可分为地面军用机器人、空中军用机器人（即无人飞行器）和水下军用机器人等。军用机器人的控制方式一般有自主操控式、半自主操控式、遥控式等多种方式。

水下机器人（见图 4-9）通常用于水下施工、水下打捞、水下摄像、深海挖掘、深海采矿、水下采矿、深海捕捞、深海沉船考古、管道清淤、疏通水下工程等，还可搭载灭火器，实现消防机器人的功能。

图 4-8　军用机器人

图 4-9　水下机器人

（二）AI 技术与智能机器人

现代智能机器人通常是指机器人和 AI 技术相结合的产物。随着智能时代的开启，智能机器人在各行各业都有广泛应用。国内外智能机器人的研究也已经取得了众多成果，但其智能化水平仍然有很大的上升空间。智能机器人的发展离不开神经网络、智能感知、机器视觉等技术的发展。

1. 智能机器人与神经网络

手动操作对于人类来说轻而易举，因为人能够在不假思索的情况下自如地适应并协调自己的手指，运用手掌皮肤的摩擦力与重力特性，单手完成许多工作。但对于机器人而言，这却非常困难。普通的机械手要花上数千小时的反复训练才能够掌握这种能力，如图 4-10 所示。

图 4-10　机器人正在进行手指训练

机器人的传感国际 AI 实验室 OpenAI 的研究人员正在利用强化学习训练卷积神经网络，从而使智能机器人通过一只有 5 根手指的手臂对物体进行操控，通过卷积神经网络的学习，智能机器人仅用 50 h 就完成了任务。整个训练在模拟实验室中进行操作学习，加上精心设计的随机化模拟方法，可更好地匹配现实世界中的场景需求。如此一来，即使从未接触过任何真实物体，机械手臂仍然能够顺利学会手动操作的精髓。

2. 智能机器人与智能感知

智能机器人根据自身所携带的各种传感器对所处周围环境进行环境信息的获取，并提取环境中有效的特征信息加以处理和理解，最终通过获取的信息建立所在的环境模型，来表达所在环境的信息。由此，智能机器人具有了智能感知。

智能机器人通过智能感知技术针对周围的环境获取有效的信息，可以更好地满足自主定位、环境探索与动态导航等基本任务的实施。智能感知技术是智能机器人自主行为理论中的重要研究内容，具有十分重要的研究意义。随着传感器技术的发展，传感器在智能机器人中得到了充分应用，这大大提高了智能机器人对环境信息的获取能力。

目前主流的智能机器人传感器包括视觉传感器、听觉传感器、触觉传感器等，而多传感器信息的融合能力也决定了智能机器人对环境信息的感知能力。

3. AI 与机器视觉

机器视觉的主要内容是图像识别与图像处理。机器视觉首先从不同的视频和数字图像中提取有用信息。这些信息通常在网络摄像机的帮助下，通过从真实世界获取高维数据传递给智能机器人的大脑进行处理和分析，根据最终的处理信息指导智能机器人完成其相应任务。

机器视觉的核心部件是工业相机、计算机算法和其他硬件的组合。它们协同工作，为它们所服务的智能机器人或智能设备提供视觉能力。智能机器人的视觉能帮助机器人完成复杂的任务，直观了解周围环境。例如，机器人视觉技术引导机器或机械臂选择一个物体并按要求将其放置在某个地方。想象这样一个场景：传感器和相机检测到一个放置在高处的物体，然后机器人手臂通过部署复杂的机器人视觉算法将其抬高。对于目标检测，机器人可以与普通的 2D 相机配合使用，如果情况更复杂，例如，机器人手臂必须把轮子装在移动的车辆上，则必须使用先进的 3D 立体摄像机。图 4-11 所示为机器人视觉检测系统。

图4-11　机器人视觉检测系统

4. 智能机器人与自然语言处理

自然语言处理是AI的分支学科，通过自然语言处理可以帮助智能机器人理解人类的语言，并能够使智能机器人学会模拟人类的语言，实现和人类的交际，最终实现人机之间的自然语言通信。拥有自然语言处理功能的智能机器人可以代替人的部分脑力劳动，代替人类完成查询资料、解答问题、摘录文献、汇编资料以及一切有关自然语言信息的加工处理。例如，生活中的电话机器人和翻译机器人的核心技术之一就是自然语言处理。

5. 智能机器人与大数据、云计算

AI技术的发展对大数据技术有着较强的依赖性。作为AI的核心技术之一的大数据技术在AI中有着较为广泛的应用。由于人类自身原因的限制，导致其无法从事某些特定的工作，为此，人们会利用智能机器人从事这些工作。大数据技术在智能机器人技术中发挥了重要的作用。下面通过AI水下搜救机器人来了解大数据的重要性。

在发生沉船事件之后，受船体内部结构等方面的影响，潜水员贸然下水存在着较大的危险。可以通过AI水下搜救机器人来了解水下部分的船体环境。基于大数据技术的AI水下搜救机器人在获取沉船模型后，根据船体倾斜姿态，确定自身所在位置，利用视频图像处理、水下动态建模、实时定位等技术，在无人操作的情况下对沉船内部进行检查，并通过实时数据对比技术记录沉船内部情况。在AI水下搜救机器人完成检查工作后，根据自身记录的路线返回。搜救人员导出搜救机器人内部数据之后，根据对应的动态信息建模，从而确定下一步的搜救方案，这大幅提高了搜救效率。

云计算作为支撑平台为AI提供了整个网络服务。在云计算平台上储存着海量的信息，所有智能机器人通过联网实现网络资源的共享，将超越原先个体的限制。例如，一个云机器人学会的技能，所有联网的云机器人都将获得。云机器人的智慧程度将呈现几何级数的进步。谷歌汽车就是最好的例子之一，这款车可以通过云平台提供的网络地图、卫星数据、天气聚合平台及其他数据源来提高导航准确性和安全性。

由于现有智能机器人的智能水平还不够高，因此在今后的发展中，努力提高各方面的技术及其综合应用，大力提高智能机器人的智能程度、自主性和适应性，是智能机器人发展的关键。同时，智能机器人涉及多个学科的协同工作，不仅包括技术基础，甚至还包括

心理学、伦理学等社会科学，让智能机器人完成有益于人类的工作，使人类从繁重、重复、危险的工作中解脱出来，就像科幻作家阿西莫夫的机器人三大原则一样，让智能机器人真正为人类利益服务，而不是成为反人类的工具。相信将来，各行各业都会有形形色色的智能机器人，科幻小说中的场景将在科学家们的努力下逐步成为现实，智能机器人可以很好地提高人类的生活品质和对未知事物的探索能力。

（三）智能制造与无人工厂

智能制造（Intelligent Manufacturing，IM）是一种由智能机器和人类专家共同组成的人机一体化智能系统，它在制造过程中能进行智能活动，如分析、推理、判断、构思和决策等。通过人与智能机器的合作共事，去扩大、延伸和部分地取代人类专家在制造过程中的脑力劳动。它把制造自动化的概念更新，使其扩展到柔性化、智能化和高度集成化等方面。

智能制造应当包含智能制造技术和智能制造系统，智能制造系统不仅能够在实践中不断地充实知识库，而且还具有自学功能，以及搜集与理解环境信息和自身的信息，并进行分析判断和规划自身行为的能力。毫无疑问，智能化是制造自动化的发展方向。在制造过程的各个环节几乎都广泛应用 AI 技术：专家系统技术可以用于工程设计、工艺过程设计、生产调度、故障诊断等；也可以将神经网络和模糊控制技术等先进的计算机智能方法应用于产品配方、生产调度等，实现制造过程智能化；而 AI 技术尤其适合于解决特别复杂和不确定的问题。

智能制造必然使传统的工厂向无人工厂方向发展，无人工厂的生产命令和原料从工厂一端输入，经过产品设计、工艺设计、生产加工和检验包装，最后从工厂另一端输出产品。所有工作都由计算机控制的机器人、数控机床、无人运输小车和自动化仓库来实现，工人不直接参加工作。白天，工厂内只有少数工作人员做一些核查，修改一些指令；夜里，只留两三名监视员，无人工厂也被称为黑暗工厂或者无灯工厂。

1952 年，美国福特汽车公司在俄亥俄州的克里夫兰建造了世界上第一个生产发动机的全自动工厂。它所需的生铁及原料从一端输入，由 42 部自动机器进行 500 种不同的操作和加工将产品制造出来，同时还能把不合格的产品检查出来。不过真正的无人工厂还是在机器人、计算机、电子技术等得到极大的发展之后才涌现出来的。1984 年 4 月 9 日，世界上第一座实验用的无人工厂在日本筑波科学城建成，并开始进行试运转。试运转证明，以往需要用近百名熟练工人和电子计算机控制的最新机械，需要花 2 周时间制造出来的小型齿轮机、柴油机等，现在只需要用 4 名工人花一天时间就可制造出来。

无人工厂必将进一步加快整个制造业的工厂智能化进程。无人工厂能把人完全解放出来，而且能使生产率提高一二十倍。无人工厂是未来制造业工厂的一种发展方向。

可以预见，传统制造方法在第四次工业革命的推进下将被逐步颠覆，令人振奋的先进技术，如机器人、AI、物联网等大量出现，以无人工厂为代表的新一代灯塔工厂的第一波浪潮已然到来。灯塔工厂是数字化制造和全球化 4.0 的示范者，它们拥有第四次工业革命的所有必备特征，它们改进了传统企业的生产系统，创新设计价值链，打造具有颠覆潜力的新型商业模式等，催生了新的经济价值。灯塔工厂是重设标准的行业领导者，能为其他企业带来灵感，帮助其制定战略，提高工人的劳动技能，并为参与工业革命的其他企业展开协作，管理贯穿整个价值链的各种变化。

然而目前能称得上是灯塔工厂的依旧是凤毛麟角，截至 2020 年 1 月，全球范围内的灯塔工厂数量仅为 44 家，潍柴、青岛海尔、宝山钢铁等 12 家中国企业位列其中。这些灯塔工厂中的14家被视为打通端到端价值链的全球领军代表，实现了从供应商到客户的全流程创新，所获得的价值远超实体工厂范畴。

课后延展 <<<

1. 第四次科技革命是继蒸汽技术革命（第一次工业革命）、电力技术革命（第二次工业革命）、计算机及信息技术革命（第三次工业革命）的又一次科技革命。

第四次科技革命是以AI、石墨烯、基因、虚拟现实、量子信息技术、可控核聚变、清洁能源以及生物技术为技术突破口的工业革命。第四次科技革命基于网络物理系统的出现。网络物理系统将通信的数字技术与软件、传感器和纳米技术相结合。与此同时，生物、物理和数字技术的融合将改变如今人们所知的世界。

2. 智能工厂是利用各种现代化的技术，实现工厂的办公、管理及生产自动化，达到加强规范企业管理、减少工作失误、堵塞各种漏洞、提高工作效率、进行安全生产、提供决策参考、加强外界联系、拓宽国际市场的目的。

3. 机器人三大原则。第一条：机器人不得危害人类。此外，不可因为疏忽危险的存在而使人类受害。第二条：机器人必须服从人类的命令，但命令违反第一条内容时，则不在此限。第三条：在不违反第一条和第二条的情况下，机器人必须保护自己。

自我测试

1. 请思考，日常生活中哪些产品是AI产品，哪些产品是采用智能制造的方法生产出来的？
2. 结合本专业的特点，思考哪些专业课程可以使用AI+，并想象或讨论其应用场景是什么样的。
3. 结合自己所学的专业，查阅相关行业资料，思考本专业所在行业（或相关行业）未来的智能化发展方向及愿景。

任务3　智慧物流——无人快递

任务导入

2020年春节，受疫情影响，很多城市小区、村落都开始实行封闭式隔离管理，快递员、外卖员等外来人员均不能进入小区，很多消费者都感觉到苦恼和无奈。在疫情防控期间，无人配送变成了最新的高频词，如图4-12所示。

在本任务中，认识AI技术在物流行业的应用技术有哪些？"最后一公里"距离有多远？无人时代如何提升物流效率？智能化

图4-12　京东无人配送应用

的算法对无人搬运小车（AGV）在静态路径规划和动态路径规划方面有什么提升？通过 AGV 实训项目的设置，更好地理解图像识别技术的应用及最优路径规划，结合所学知识思考未来的无人配送与智能物流。

相关知识

物流的概念最早是在美国形成的，起源于 20 世纪 30 年代，原意为实物分配或货物配送。1963 年被引入日本，日文的意思是物的流通。20 世纪 70 年代后，日本的"物流"一词逐渐取代了物的流通。中国的物流术语标准将物流定义为在物品从供应地向接收地的实体流动过程中，根据实际需要，将运输、储存、装卸搬运、包装、流通加工、配送、信息处理等功能有机结合起来实现用户要求的过程。

当无处不在的物流遇到大数据、云计算、AI、移动互联网、物联网五大未来科技时，势必迸发出无比耀眼的火花。

一、什么是智慧物流

物流行业是一个既传统又新兴的行业，与生活最近，也是让每个人感受到巨大变化的行业。在新技术飞速发展的今天，什么是智慧物流？其究竟智慧在哪？未来还能更智慧吗？

智慧物流是指通过智能硬件、AI、物联网、大数据等多种技术与手段，提高物流系统分析决策和智能执行的能力，提升整个物流系统的智能化、自动化水平。智慧物流强调通过信息流与物质流快速、高效、通畅地运转，从而实现降低社会成本、提高生产效率、整合社会资源的目的，如图 4-13 所示。

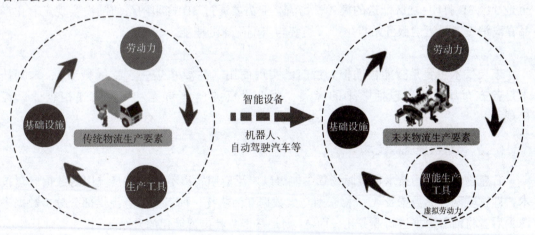

图 4-13　智能设备重组物流生产要素

物流行业的本质是什么？不断涌现的新技术对物流行业有什么影响？

首先，了解物流行业的本质，物流是一个关于效率和规模的行业，包括最基本的 3 大生产要素，即基础设施、生产工具和劳动力。效率的提升来自技术的应用，由于物联网和 AI 的发展，如智能机器人、自动驾驶汽车等，将对物流产生很大影响。因为智能工具可以代替现有劳动力，形成非常强大的虚拟劳动力，其劳动生产率远远高于人类。而伴随着智能机器人自动驾驶汽车等智能化设备的普及和运用，智能生产工具代替现有生产工具和大量劳动力，形成了新的物流生产要素。所以，智慧物流就是对支撑物流的 3 大基本要素进行优化、改善，甚至替代。

支撑智慧物流的技术可分为智慧物流应用技术和智慧数据底盘技术。

（一）智慧物流应用技术

1. 仓内技术

仓内技术主要有机器人与自动化分拣、可穿戴设备、无人驾驶叉车、货物识别 4 类技术。仓内机器人包括 AG、无人叉车、货架穿梭车、分拣机器人等，用于搬运、上架、分拣等环节。可穿戴设备包括免持扫描设备、智能眼镜等。智能眼镜凭借实时的物品识别、条码读取和库内导航等功能，提升仓库工作效率，但目前仍属于较为前沿的技术，整体来说离大规模应用仍然有较远的距离。

2. 干线技术

干线技术主要是无人驾驶卡车技术，无人驾驶卡车将改变干线物流现有格局。目前无人驾驶乘用车技术已取得阶段性成果，多家企业已开始了对无人驾驶卡车的探索，其发展潜力非常大。

3. "最后一公里"技术

"最后一公里"技术主要包括无人机技术与 3D 打印技术两大类。无人机技术相对成熟，其凭借灵活等特性，主要应用在人口密度相对较小的区域，如农村配送，预计将成为特定区域末端配送的重要方式。3D 打印技术在物流行业的应用将带来颠覆性的变革，目前尚处于研发阶段。未来的产品生产至消费的模式将可能是城市内 3D 打印+同城配送，甚至是社区 3D 打印+社区配送的模式，物流企业需要通过 3D 打印网络的铺设实现定制化产品在离消费者最近的服务站点生产、组装与末端配送的职能。

4. 末端技术

末端技术主要是智能快递柜。目前已实现商用（主要覆盖一、二线城市），末端技术是各方布局重点，包括顺丰的蜂巢、菜鸟投资的速递易等，一批快递柜企业已经出现。

（二）智慧数据底盘技术

智慧物流的应用技术在实际场景中能得以广泛应用，离不开支撑其应用的数据底盘技术，即物联网、大数据及 AI。物联网与大数据互为依托，前者为后者提供部分分析数据来源，后者将前者数据进行行业务化，而 AI 则是基于两者更智能化的升级。

物联网的应用场景主要包括产品溯源、冷链控制、安全运输、路由优化等。

大数据技术的应用场景主要包括需求预测、设备维护预测、供应链风险预测、网络及路由规划等。

AI 技术在物流业的应用场景主要包括智能运输规则管理、仓库选址、决策辅助、图像识别和智能调度等。

智慧物流架构如图 4-14 所示。

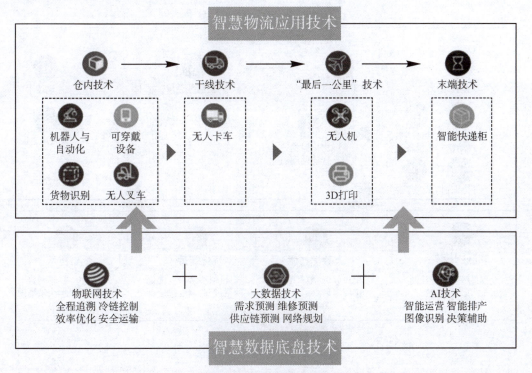

图 4-14　智慧物流架构

二、AI 在物流行业的典型应用

物流业是经济的晴雨表，而供应链是物流业的核心。随着数字化时代的来临，AI 技术逐步导入供应链的全过程。

在这个全过程感知中，会涉及大量的应用技术。每一项具体技术的突破与提升，将带来物流行业的改进。例如，即时有效的分拣、智能路径规划、配送过程实时可视等，这些都将大幅提升物流效率。而物流行业在 AI 技术的助推下，在一些场景开始逐步进入无人时代。智慧物流技术图谱如图 4-15 所示。

（一）仓储进入无人时代

仓内技术作为 AI 技术在智慧物流的应用技术之一，它的应用将为物流行业带来诸多改变。截至 2021 年，全球仓储和物流机器人的市场规模已达到 224 亿美元，将有 1/10 成熟经济体中的仓库工人被 AI 机器人所取代。

与此同时，与发达国家相比，我国单位 GDP 中仓储成本占比是其 2~3 倍。因此推动物流装备更新升级，仓储是目前需求最大、有望最早全面应用智能设备的领域。

以仓储中的货物分拣为例，智能分拣不仅能够减少人力，还能够增加分拣的准确性，提高分拣效率，促进物流自动化。

AI 技术怎么应用于分拣机器人的工作呢？

分拣机器人带有图像识别系统，利用磁条引导、激光引导、超高频 RFID 引导及机器

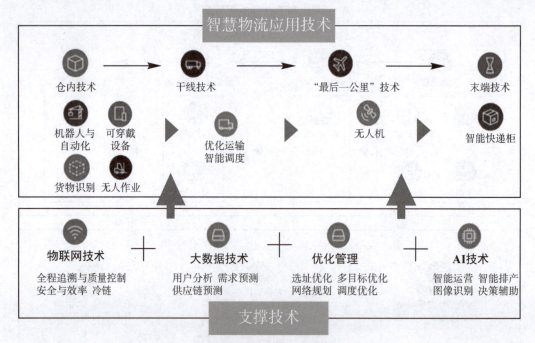

图 4-15　智慧物流技术图谱

视觉识别技术，通过摄像头和传感器抓取实时数据，自动识别出不同的品牌标识、标签和 3D 形态，通过判断分析，机器人可以将托盘上的物品自动运送到指定位置。工作人员只需将商品放到自动运输机器上，机器人便会在出站台升起托盘等待接收商品，然后集中配送，减少货物分类集中需要的时间。

　　智能分拣包含 6 个主要步骤，如图 4-16 所示，在这个不断循环过程中，图像识别技术发挥着重要的作用。

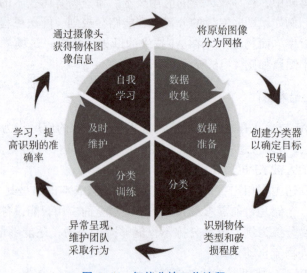

图 4-16　智能分拣工作流程

（1）通过摄像头获得物体图像信息。

（2）将原始图像分为网格。

（3）创建分类器以确定目标识别。

（4）识别物体类型和破损程度。

（5）发现异常呈现并进行维护。

（6）通过不断学习提高识别的准确率。

智能分拣已广泛应用于行业内各企业，对信件和包裹等进行高效率和高准确性地智能分拣，正在成为现代包裹和快递运营商的重要发展方向。

例如，中外运——敦豪国际航空快捷有限公司获得专利的小型高校自动分拣装置利用了部分图像识别技术，在进行快件分拣的同时，能够自动获取数据，并能对接 DHL 的系统进行数据上传。京东物流昆山无人分拣中心最大的特点是从供包到装车，全流程无人操作，场内自动化设备覆盖率达到 100%。实现自动供包并对包进行六面扫描，保证面单信息被快速识别，由分拣系统获取使用，进而实现即时有效的分拣，如图 4-17 所示。

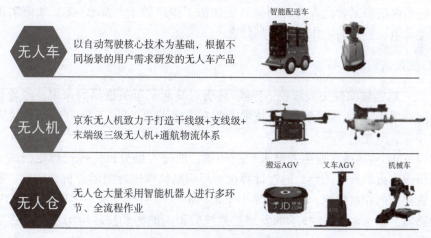

图 4-17 京东智能物流体系

（二）人在家中坐，货从天上来

千变万化的消费需求，让物流"最后一公里"成为迫切需要解决的问题。解决"最后一公里"究竟是靠什么？是科技、场景，还是不断创新的模式？随着各大物流电商企业的粉墨登场，配送机器人和无人机快递被推到了越来越重要的位置。

无人配送目前主要是指配送机器人和无人机快递。配送机器人根据目的地自动生成合理的配送路线，在行进过程中避让车辆和障碍物，到达配送机器人停靠点后就会向用户发送短信提醒用户收货，用户可以通过人脸识别直接开箱取货。无人机快递是通过无线遥控设备和自备的程序控制装置操纵无人驾驶的低空飞行器运载包，将货物自动送达目的地。

为进一步降低配送成本，提升"最后一公里"的效率，电商巨头和外卖平台纷纷聚焦 AI 在物流配送上的使用，其中亚马逊设计了无人送货交通工具，以重点解决"最后一公里"配送成本高的问题。

2018 年 5 月，阿里巴巴与速腾在阿里菜鸟全球智慧物流峰会上，联合发布无人物流车 G-Plus。

该车在行驶方向上拥有强大的 3D 环境感知能力，能感知行驶路线上行人、小汽车、卡车等障碍物的形状、距离、方位、行驶速度、行驶方向，并指明道路可行驶区域等，从而能在复杂的道路环境中顺利通行。

美团也在加速无人配送行业发展。2018 年 7 月，美团点评在北京首次公开其自主研发的无人车，这款无人车可完成室内外的送餐任务，并可实现自主上下电梯。

三、AGV 的应用

随着 AI 技术的逐渐成熟，机器人行业的发展迎来了春天。其中，自动引导车（Automated Guided Vehicle，AGV）的增势迅猛，产品层出不穷，在工业制造、仓储物流等领域得到广泛应用。AGV 作为物流自动化的主体，正朝着更加智能化、无人化的方向演变。

AGV 在物流行业领域应用普遍，主要应用于仓库的自动搬运系统、柔性的物流搬运系统等，它不仅解决了替代人力的问题，更加快了生产效率。那么 AGV 如何实现无人驾驶？它由什么组成？它的工作原理又是什么？

（一）图像识别技术与 AGV

AGV 之所以能够实现无人驾驶，导航/导引对其起了至关重要的作用，随着技术的发展，目前能够用于 AGV 的导航/导引技术主要有图像识别引导、GPS（全球定位系统）导航、惯性导航、激光引导等。

图像识别 AGV 是通过模拟人眼来识别环境，通过大脑分析，并进行走行的方法，是建立在用摄像头摄取照片图形，通过计算机图形识别软件进行图形分析和识别，找出小车体与已设置路径的相对位置，从而引导小车走行的一种引导方法。图像识别 AGV 用摄像头作为传感器，未来随着 AI 技术的发展，系统的识别能力和抗环境污染及干扰的能力将会大幅提升。

仓储业是 AGV 最早应用的场所。AGV 在仓库内构建了强大的机器人矩阵方阵，通过高效的任务编排、调度算法优化、高精度二维码定位导航技术和良好的人机交互体验，调度多台机器人同时工作，实现机器人之间、机器人和人之间的无缝对接。

（二）AGV 的关键组成

1. AGV 管理监控系统

AGV 管理监控系统是一个复杂的软、硬件系统，硬件由服务器、管理监控计算机、网络通信系统及相关接口等组成，软件由相关的数据库管理系统、管理监控调度软件等组成。

AGV 管理监控系统主要功能是管理、监控和调度 AGV 执行搬运作业任务。通过接收控制中心的指令并执行相应的指令，同时将本身的状态（如位置、速度等）及时反馈给控制中心。AGV 的主控制器通常由 PLC 或单片机来编程，一方面与上一级的信息管理系统（SAP/ERP/WMS/MES 等）主机进行通信，产生、发送及回馈搬运作业任务；另一方面通过无线网络系统与 AGV 进行通信，按照一定规则发送物料的搬运任务，并进行智能化交通管理，自动调度相应的 AGV 完成搬运物料任务，同时接收 AGV 反馈的状态信息，监控系统的任务执行情况，并向上一级信息管理系统主机报告任务的执行情况。

同时，AGV 控制器内置脚本编程，可以让 AGV 有更多扩展应用，完成一些复杂或者特殊的应用，如搭载机械臂、复杂任务逻辑处理等，如图 4-18 所示。

2. AGV 路径规划

AGV 路径规划在整个智能控制系统中具有重要作用，分为单台 AGV 的控制和多台 AGV 的控制；同时，还分为静态和动态两种环境的路径规划。

静态环境下的路径规划，又称离线路径规划，是指 AGV 已知工作环境的全部信息。分析静态环境中 AGV 路径规划，需要解决在这种环境中，什么样的路径才能够被认为是合理的问题？因此，及时性与稳定性是重要的考虑要素。离线环境中，AGV 控制器可以自动规划路径，实现自主导航，让 AGV 在任意时间从一个站点导航到任意其他站点。即使路线地图非常复杂，AGV 也可以快速规划路线实现导航，如图 4-19 所示。

动态环境中的路径规划，是在环境信息未被完全掌握的情况下，机器人通过某种路径感知环境。移动机器人在动态环境中进行路径规划所需信息都是从传感器得来的。因此环境变化之后，很多信息无法被掌握，为保证最优性，在进行路径规划时，AGV 需要在安全性和时效性之间进行衡量。

图 4-18　AGV 搭载可编程控制

图 4-19　AGV 在静态环境下运行

随着移动机器人工作环境复杂程度的加剧和任务的加重，智能化的算法不断涌现，如神经网络等，能模拟人的经验，具有自组织、自学习功能并且具有一定的容错能力。这些方法应用于路径规划会使 AGV 在动态环境中更灵活，更具智能化。多台 AGV 的路径规划将成为 AGV 系统整体效率提升的关键。

（三）AGV 的工作流程

（1）路线分析。AGV 接收到货物搬运指令后，根据静态还是动态环境进行路径分析，确定 AGV 当前坐标及前进方向，中央控制器进行矢量计算路线分析。

（2）最优路径规划及确定。通过 AGV 的控制器进行路线分析后，从中选择最佳的行驶路线。

（3）自动智能控制全过程。选择好最佳路线后自动智能控制 AGV 在路上的行驶、拐弯和转向等，到达装载货物位置准确停位，装货完成。然后，AGV 启动向目标卸货点奔跑，准确到达位置后停住并完成装货，同时向控制计算机报告其位置和状态。随之 AGV 启动跑向待命区域，直到接到新的指令后再做下一次任务。

课后延展 <<<

1. AGV 是无人搬运小车，即自动导引运输车，AGV 是装备有磁导航或激光导航等导引装置，能够沿规定的导引路径行驶，具有安全保护及各种移动装载功能的运输车。

2. 无人机已经成为最热的创业领域之一，目前已有越来越多的无人机出现。民用无人飞行器可以依法应用于农林作业、测绘勘探、电力巡线、军事侦察、应急救灾、航拍应用等领域，我国目前相关从业人员超过万人。然而从业人员在没有驾驶资质和未申请空域的情况下操控无人机升空属于违法行为，要受到处罚；若造成重大事故或者严重后果，要依法追究刑事责任。

自我测试

1. 请思考，AI+物流给生活带来了极大便利的同时，会带来一些不良的影响吗？
2. 从智慧物流的角度考虑，电商与微商有区别吗？

任务4　智慧安防

教学目标
1. 掌握 AI 技术在安防行业的典型应用场景。
2. 了解 AI 技术在智能车牌识别、智慧工地等领域的应用原理和流程。
3. 掌握智能视频识别技术的基本原理和分类。
4. 进行安全帽佩戴识别实训。

教学要求

1. 知识点

智慧安防；AI+智慧工地；车辆识别技术；智能视频识别技术。

2. 技能点

掌握口罩佩戴智能识别实训操作。

3. 重难点

通过学习本任务知识点，重点了解 AI 技术在安防行业的典型应用场景及原理，如何在人、车、物等方面进行智能监控和事前预警；难点是理解智能视频识别技术如何令计算机代替人进行智能监控，并充分思考作为一名 AI 训练师，在哪些工作和生活场景中可以进行安全规则方面的标注及持续训练。

任务说明

提到摄像头，大家再熟悉不过了。它有什么功能呢？很多人都会回答它可以拍摄和记录视频，但以往人们通过摄像头只能看得见、看得清视频，加入了 AI 后的机器却能够看得懂、追得到信息。当知道人们想要在视频画面中获得怎样的信息后，机器就能够聪明地帮助人们，将有效有用的数据精准地提取出来。

安防行业是 AI 技术较早介入的一个行业，特别是视频类安防行业的整合，在平安城市、智慧城市建设的方方面面发挥着重要作用，如图 4-20 所示。在本任务中，将认识 AI 技术如何对人、车、物等各类目标实现全方位安防与预警，在城市交通、建筑工地、工厂生产等多场景如何更聪明地发挥预警作用。AI 技术的背后或许是冰冷的数据和复杂的算法，但当 AI 走入生活，却变成了有温度的存在，让安防更加智慧化、人性化。

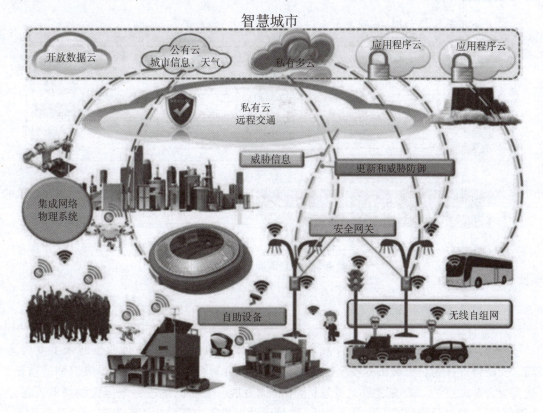

图 4-20　智慧城市安防

内容概览

本任务内容概览如图 4-21 所示。

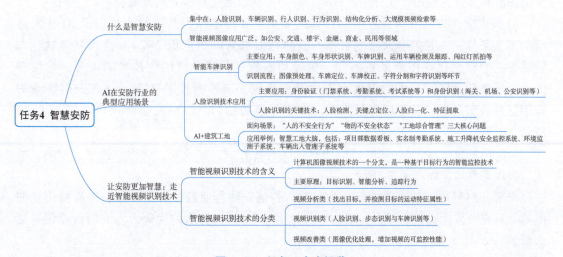

图 4-21　任务 4 内容概览

相关知识

本任务相关知识如图 4-22 所示。

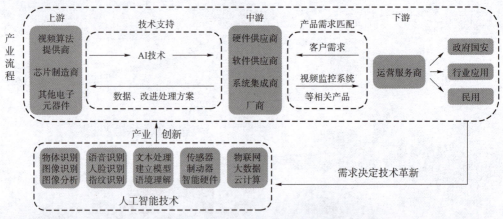

图 4-22　AI+安防产业链分析

一、什么是智慧安防

安防，顾名思义即安全防范。随着国内智慧城市的建设，安防行业也迎来了发展高潮。安防行业作为智慧城市的安全之门，同时也担负着智慧城市中视频图像识别的重任，被誉为智慧城市的"智慧之眼"。经过多年高速发展，安防已形成一个庞大的产业。在经历数字化、网络化发展后，安防行业在 AI 技术的助推下向智能化深度发展。

传统的安防企业及新兴的 AI 初创企业，都开始积极拥抱 AI 技术，它们在图像处理、计算机视觉以及语音信息处理等方面开展持续创新。在产品应用层面，AI 技术的不断进步，传统的被动防御安防系统将升级成为主动判断和预警的智慧安防系统，安防从单一的安全领域向多行业应用、提升生产效率、提高生活智能化程度方向发展。

AI 技术之所以在安防行业应用得如火如荼，其根本原因是该行业具备了 AI 技术落地的多个条件：一是拥有大量的数据，安防行业部署的摄像机 7×24 h 全天候车辆、人脸采集，为智能化应用带来更准确、更优质的数据；二是智能化技术的提升，为视频图像目标检测和跟踪技术的应用和再次升级提供了丰厚的技术基础。AI 在安防产业的应用已是大势所趋，其应用前景巨大，众多企业纷纷抢占 AI+安防新风口，如图 4-23 所示。

从应用场景来看，AI+安防已应用到社会的各方面，如公安、交通、楼宇、金融、商业、民用等领域，如图 4-24 所示。

未来，AI 还将以视频图像信息为基础，打通安防行业各种海量信息，在海量信息的基础上，充分发挥机器学习、数据分析与挖掘等各种 AI 算法的优势，为安防行业创造更多价值。

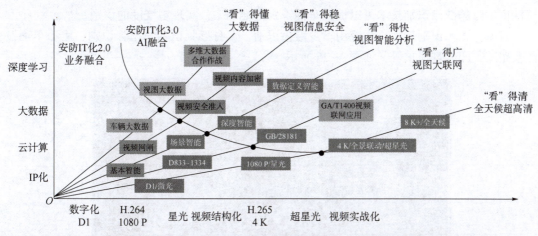

图 4-23　AI+安防技术升级

在公安破案中的应用	在工厂园区中的应用	在智能楼宇中的应用
公安机关需要在海量的视频信息中，发现犯罪嫌疑人的线索。针对海量数据，可以借助AI技术在视频内容特征提取和内容理解方面的天然优势，将人工智能芯片放到前端摄像机中，利用AI技术强大的计算能力和智能分析能力实时分析视频内容，检测运动对象，识别人和物的属性信息，并通过网络传递到后端的中心数据库进行存储，给出最可靠的线索，提高办案效率，成为办案人员的专家助手。	传统的工业机器人是固定在生产线上的操作型机器人，不具有智能性。工厂园区中的安防摄像机主要部署在出入口和周边，对内部角落的位置无法触及。基于AI技术的可移动巡线机器人可以应用于全封闭的无人工厂中，定期巡逻，读取仪表数值，分析潜在的风险，保障全封闭无人工厂的可靠运行，切实推动工业4.0的发展。	在智能楼宇领域，AI技术是建筑物的大脑，综合控制着建筑物的安防、能耗。对于进出大厦的人、车、物实现实时的跟踪定位，区分办公人员与外来人员，监控大楼的能源消耗，使得大厦的运行效率最优；可以汇总整个楼宇的监控信息，刷卡记录，实时比对通行卡信息及刷卡人的脸部信息，检测出盗刷卡行为;还能区分工作人员在大楼中的行动轨迹和逗留时间，发现违规探访行为，确保核心区域的安全。

图 4-24　AI+安防应用领域

二、AI 技术在安防行业的典型应用场景

　　当前安防行业已呈现"无 AI，不安防"的新趋势，安防行业的 AI 技术主要集中在人脸识别、车辆识别、行人识别、行为识别、结构化分析、大规模视频检索等方向。在安防行业中与智能化结合最成功的领域为智能视频图像相关的应用领域，如警戒线、区域入侵、人群聚集、暴力行为侦测、物品遗失、物品遗留、火焰侦测、烟雾侦测、离岗报警、人流统计、车流统计、车辆逆行、车辆违停等。安防与 AI 技术相结合的方式爆发了惊人的潜力，并广泛应用于多个行业和领域。

（一）火眼金睛：智能车牌识别

　　作为交通管理中最重要的环节之一，车辆识别技术主要对汽车监控图像进行分析和处理，自动对汽车车牌号进行识别与管理。车辆识别技术可广泛应用在停车场、高速公路电子收费站、公路流量监控等场合。车辆识别是图像识别技术非常重要的应用领域之一。基

于深度学习的图像识别技术可以提升车辆识别的准确率，实现多维度的识别。

目前，图像识别技术主要应用车身颜色识别、车身形状识别、车牌识别、运动车辆检测及跟踪、闯红灯抓拍等，如图 4-25 所示。

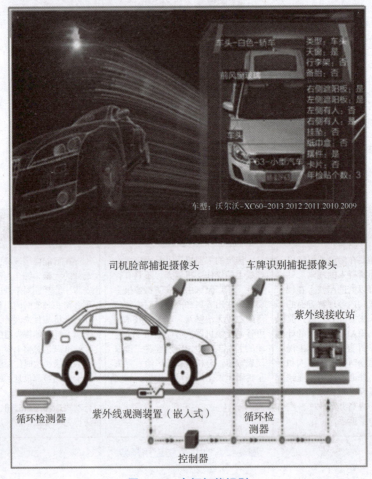

图 4-25　车辆智能识别

基于图像识别技术，以车牌识别为例，其基本原理和流程如下。

（1）车辆通过检测位置时会触发检测装置，进而启动数字摄像设备获取车牌的正面图像。

（2）将图像上传至计算机管理系统，通过软件算法对车牌上的汉字、字母、数字等符号进行自动识别。

其中，识别软件为整个系统的核心部分，主要包括图像预处理、车牌定位、车牌校正、字符分割和字符识别等环节。

（1）图像预处理是指在对图像进行识别处理之前，需要对图像进行色彩空间变换、直方图均衡、滤波等一系列预处理，以消除环境影响。

（2）车牌定位是对车牌图片进行形态学处理，结合车牌特征获得车牌的具体位置。

（3）车牌校正则是指对拍摄的车牌照片进行角度的校正，从而消除拍摄角度倾斜的影响。

（4）字符分割是指通过投影计算获取每一个字符的宽度，进而对车牌分割，以获得单一字符。

（5）字符识别是指采用模板匹配对每一个字符进行识别，得出车牌识别结果。

这样，通过一系列图像输入与识别输出全流程，完成了车牌的智能识别。此外，图像识别技术对交通图像进行分析，获得车辆速度、车辆排队长度、车辆数量等有价值的交通信息，可以在大范围内、全方位、实时发挥作用，提高交通效率，保障交通安全，缓解道路拥堵，实现交通运输与管理的智能化。

（二）罪恶无处可遁：人脸识别技术广泛应用

有效防范违法犯罪行为是城市安防的重要组成部分，而人脸识别技术将发挥重要作用。人脸识别技术采用人脸检测算法、人脸跟踪算法、人脸质量评分算法及人脸识别算法，实现对居住人员人脸的抓拍采集、建模存储，如图 4-26 所示。实时黑名单比对报警和人脸检索等功能，能及时在危险发生之前发出预警和提示。

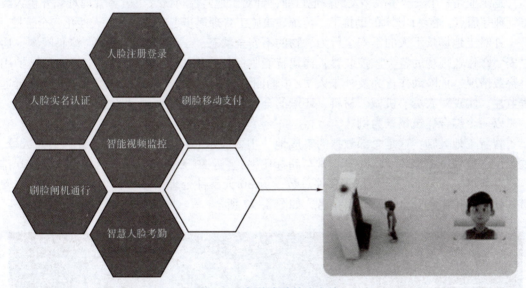

图 4-26　智能人脸核实身份

人脸识别技术是随着 AI 技术发展而产生的生物识别技术，和指纹、瞳孔识别技术是同样性质的智能识别技术。其原理是通过人脸面部的唯一性来进行身份的识别。

人脸识别技术通过摄像机或摄像头，采集含有人脸的图像或视频流，并自动在图像中检测和跟踪人脸，进而对检测到的人脸进行脸部的一系列相关处理技术，通常包括人脸检测、人脸跟踪、人脸五官定位、人脸归一化、特征提取、分类器训练和比对匹配，以达到识别不同人身份的目的。该技术被广泛应用在安全、认证等身份鉴别领域。

人脸识别技术在安防系统中的应用主要分为身份验证和身份识别两种模式。身份验证的应用主要是门禁系统、考勤系统、教育考试系统等。身份识别在海关、机场、公安等场合和部门广泛应用，对待查人员身份进行有效识别，能够有效识别确认被拐人口、在逃不法分子等人员。

人脸识别的关键技术包括以下内容。

（1）人脸检测：判断输入图像中是否存在人脸；如果存在人脸，返回人脸所在的位置。

（2）关键点定位：确定人脸中眼角、鼻尖和嘴角等关键点所在的位置，为人脸的对齐和归一化作准备。

（3）人脸归一化：根据关键点的位置，采用相似变换，将人脸对齐到标准脸关键点，并裁剪成统一大小。

（4）特征提取：利用海量数据，训练卷积神经网络；将人脸图像表示成具有高层语义信息的特征向量。

随着深度学习的不断发展，人脸识别的应用被迅速推广。我国出入境旅客最多的深圳罗湖口岸开通的旅客自助查验通道，日均出入境人数在数十万以上。深圳、珠海两个地区的检查口岸共已开通了近400条自助通道，验放旅客超过数亿人次，通过率98%，已成为世界上人脸识别技术大规模成功应用的范例。

（三）AI+建筑工地：传统施工管理走向智能化

建筑业是一个安全事故多发的高危行业，针对工地监控盲区大、监督管理难、外包人员难管理等痛点，在AI技术的助推下，传统建筑施工管理逐步走向智能化、人性化安全管控。

针对工地场景下人的不安全行为、物的不安全状态、工地综合管理3大核心问题，通过安装在作业现场的各类监控装置，构建智能监控和防范体系，自动识别工地人员防护用具穿戴情况、危险动作行为及外来人员/车辆闯入等，并对分布于各地的建筑工地进行远程监控。实现对人员、机械、材料、环境的全方位实时监控，变被动监督为主动预警。

以一个综合建筑场景为例。

智慧工地大脑：这是总部数据的集成地，主要展示总项目（工地）数量、工人数量、物资设备数目、工地环境状况（正常与超标比率）、近30天达标率排名、PM2.5/PM10排名、总项目（工地）安全帽报警事件总数、近30天事件处理率、告警事件数排名、告警事件处理率排名、安全帽佩戴率排名，如图4-27所示。

图4-27　智慧工地大脑

项目部数据看板：项目部数据看板展示项目相关的所有信息，如工地基础信息、考勤信息、环境监测信息。

实名制考勤系统：根据实名考勤打卡制度可以让施工企业随时了解每日用工数。实名制考勤实到实签，使总包实时了解劳务分包人数、情况明细、人员调配情况，从而实现劳务精细化管理。

安全生产系统：安全生产系统分为安全帽管理、佩戴情况统计、安全帽事件统计和危险源越界统计 4 个部分。

视频联网系统：工地现场施工安全监督子系统具备立体防控及监控点预览和回放功能，对外实时展示工程总体情况，对内查看工地施工过程。

施工升降机安全监控系统：前端监控装置和平台的无缝融合实现了远程、开放、实时动态的施工升降机作业监控。

环境监测子系统：实现了通过环境监测设备对温度、湿度、噪声、粉尘、气象的监测，以及收集和报警联动等功能。

车辆出入管理子系统：利用视频监控技术，在各建筑工地出入口配备图像抓拍识别设备，管理车辆进出并记录合法车辆进出明细和图片，保留渣土车出场覆盖记录，记录材料车辆进出装载情况信息，配合车辆黑名单预防黑车出入导致的车辆事故。同时将出入信息推送至地磅等三方系统。

塔吊安全监控子系统：塔吊对安全性能要求非常高，属于高危作业，事故发生率很高。在塔吊运行的安全监控中，无论是单塔吊的运行，还是大型工地多台塔吊的同步干涉作业，施工中均需要注意防碰撞预警。大型起重设备监控原理如图 4-28 所示。塔吊安全监控子系统主要功能有。

（1）实时监测数据显示。

（2）运行状态检测预警报警。

（3）检测数据超载自动限位。

（4）智能防碰撞功能。

以上这样一整套全方位应用场景，让智能视频分析在人员、物料、车辆、环境等方面的安防监控有了具体依托和系统应用，AI 赋能传统建筑工地已不再遥远。

三、让安防更加智慧：走近智能视频识别技术

前面了解了 AI 技术在安防及相关行业有广阔的应用场景，其主要应用集中在视频图像领域，因为绝大部分应用场景都与视频图像相关。

过去，海量视频图像数据为工作人员带来极大的工作压力。进入大数据时代，安防行业中的海量视频图像数据反而为深度学习打下了天然的基础，人脸识别、车牌识别、行为分析等全面智能化带来的全新应用方向都是基于图像数据的应用。其中，智能视频识别技术发挥了重要作用。

（一）智能视频识别技术的含义

智能视频识别技术是计算机图像视觉技术在安防领域应用的一个分支，是一种基于目

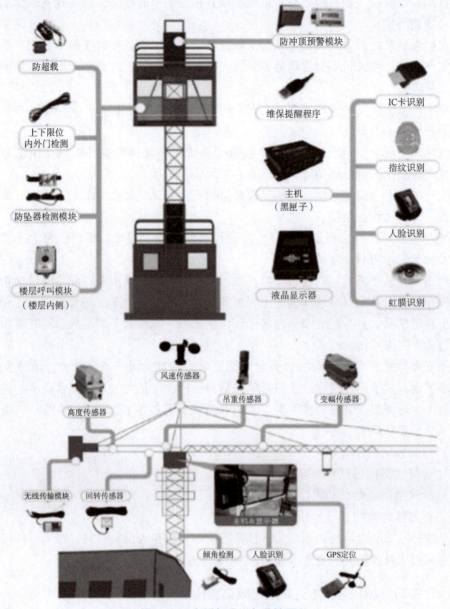

防冲顶预警模块

防超载

维保提醒程序

IC卡识别

上下限位
内外门检测

指纹识别

主机
（黑匣子）

防坠器检测模块

人脸识别

液晶显示器

楼层呼叫模块
（楼层内侧）

虹膜识别

风速传感器

吊重传感器

变幅传感器

高度传感器

无线传输模块　回转传感器

主机&显示器

倾角检测　人脸识别　GPS定位

图 4-28　大型起重设备监控原理

标行为的智能监控技术。视频的本质是连续播放的图片，由于人眼具有视觉暂留机制，即光对视网膜所产生的视觉在光停止作用后，仍保留一段时间，这样就产生了一个画面延续的感觉，从而形成动态的效果。对于计算机而言，视频其实就是按照时间顺序排列起来的图像，在播放的时候只需要按照一定的速度依次将图像显示出来，就能呈现出运动的视频画面。

视频的信息分为静态信息和动态信息，静态信息是指图像中物体的外观，包含场景和物体，可以通过静态图片帧获得；动态信息是指视频序列中物体的运动信息，包含观察者和物体的运动，可以通过光流灰度图来获得。视频行为识别中广泛应用的是双流卷积神经网络，就是利用两个不同的网络来实时并同时处理静态和动态的信息。对于单个彩色图像帧作为输入的网络称为空间卷积神经网络，而把多帧的光流图像作为输入的网络称为时间流卷积神经网络。

首先，需要让计算机知道视频中发生的是什么事，再将其与对应的规则进行比对和判断，由此计算机即可断定事件的特性，从而摆脱人工的干预和判断，实现由计算机代替人进行智能监控。其主要原理如下。

（1）智能视频分析首先将场景中的背景和目标分离，识别出真正的目标，去除背景干扰（如树叶抖动、水面波浪、灯光变化等）。

（2）使用智能分析技术，用户可以根据实际应用，在不同摄像机的场景中预设不同的报警规则。

（3）分析并追踪在摄像机场景内出现的目标行为，一旦目标在场景中出现了违反定义规则的行为，系统会自动发出报警。

从技术层面来说，智能视频识别技术包括前端摄像机的感知功能、智能分析的自动学习和自适应功能、视频数据的深入挖掘功能。

（1）在前端摄像机的感知方面，AI 使视频监控得以通过机器视觉和智能分析识别出监控画面中的内容。

（2）识别完成后，通过后台的云计算和大数据分析来作出判断，并采取相应行动。在智能分析方面，深度学习可以赋予智能分析强大的自动学习和自适应能力，根据不同的环境进行自动学习和过滤，将视频中的干扰画面进行自动过滤，从而提高分析的准确率，降低调试的复杂度。

（3）在视频数据的挖掘方面，可以利用不同的计算方法，将大量视频数据中不同属性的事物进行检索、标注和识别等，以实现对大量视频数据中内容的快速查找和检索，大幅降低人工成本，提高数据挖掘的效率。

（二）智能视频识别技术的分类

1. 视频分析类

视频分析类主要是在监控图像中找出目标，并检测目标的运动特征属性。如目标相对的像素点位置、目标的移动方向及相对像素点的移动速度、目标本身在画面中的形状及其改变等。根据以上基本功能，视频分析可分为以下几个功能模块。

（1）周界入侵检测、目标移动方向检测。

（2）目标运动、停止状态改变检测。

（3）目标出现与消失检测。

（4）人流量、车流量统计。

（5）自动追踪系统。

（6）系统智能自检功能等。

2. 视频识别类

视频识别类包括人脸识别、步态识别与车牌识别，其主要技术是在视频图像中找出局部中一些画面的共性。如人脸必然有两个眼睛，如果可以找到双目的位置，那么就可以定性人脸的位置及尺寸（在现有技术条件下，人脸识别系统必须在双目可视的情况下，才可进行人脸比对）。视频识别类主要包括以下几项。

（1）人脸识别系统。

（2）步态识别系统。

（3）车牌识别系统。

（4）照片比对系统。

（5）工业自动化上的零件识别，即机器视觉系统等。

3. 视频改善类

视频改善类主要是针对一些不可视、模糊不清的情况，或者是对振动的图像进行部分优化处理，以增加视频的可监控性能。具体包括以下几项。

（1）红外夜视图像增强处理。

（2）车牌识别影像消模糊处理。

（3）光变与阴影抑制处理。

（4）潮汐与物体尺寸过滤处理。

（5）视频图像稳定系统等。

智能视频识别技术仅是图像视觉技术在安防领域应用的一个分支，它不仅简化了安防从业人员的工作压力，还对安防行业发展带来极大的推动作用。AI 技术还在不断地走向智能化、人性化，随着技术的发展，纵深的应用场景将会越来越多，等待着人类去应用、去融合。

任务实施

实训项目：口罩佩戴智能识别。

任务描述	基于对 AI 技术在智慧安防行业应用场景的学习了解，依托 AI 实训平台进行硬件组装、硬件联调、数据采集、模型训练、编程运行等一系列实训过程，完成新冠疫情期间口罩佩戴识别场景模拟，通过前端摄像头实时检测镜头范围内的相关场所人员，并返回显示识别结果，针对未佩戴口罩识别结果，通过音响进行语音广播提醒
任务目标	通过口罩佩戴智能识别实训项目实践主要达到以下目标： 1. 深入了解 AI+口罩佩戴识别应用场景的设计与实现。 2. 能够针对口罩佩戴识别算法模型需求，完成数据标注、模型训练等。 3. 清楚智能开发板、摄像头、音响/AI 盒子等硬件的结构与原理。 4. 能够创建一个自己的 AI 实训项目，并完成软硬件环境的联调。 5. 掌握基本的编程逻辑、语法，通过图形化编程实现实训项目预设目标。 6. 能够从智慧安防行业实际场景中，应用 AI 思维发现问题、解决问题

续表

操作截图	操作步骤
1. 口罩佩戴识别算法模型相关的数据集处理及模型训练	
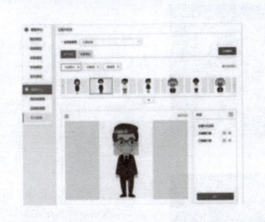	口罩佩戴识别算法模型相关数据集的创建、收集、标注； 清楚口罩佩戴识别算法模型相关数据的收集要求、途径，以及标注操作
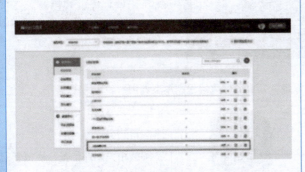	口罩佩戴识别模型创建、训练、校验、发布； 清楚口罩佩戴识别算法模型创建、训练、校验、发布的流程与操作，理解深度学习概念、原理及应用
2. 智能开发板、音响、摄像头/AI 盒子等硬件的组装与连接	
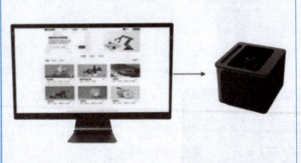	智能开发板、音响、摄像头/AI 盒子等硬件与计算机连接；了解相关硬件的结构与原理，理解控制中心、传输网络、感应器、执行器组成体系的运行机制

任务实施

学习情境四　走近人工智能行业领域

操作截图	操作步骤
3. 创建一个口罩佩戴识别实训项目，并进行相关硬件与实训平台的联动及调试	
	创建并管理一个口罩佩戴识别实训项目； 　　清楚实训项目创建、管理的流程与操作
	将智能开发板、音响、摄像头/AI盒子相关硬件积木拖动到编程区进行运行调试；学会使用实训平台的代码积木，进行图形化编程、运行、调试，理解所用到智能硬件积木的含义及使用方法
4. 根据口罩佩戴识别过程、原理，完成图形化编程、模型调用	
	调整相关硬件位置，模拟新冠疫情期间口罩佩戴识别场景； 　　了解口罩佩戴识别场景现状、需求以及 AI 在口罩佩戴识别中的应用优化方案，理解口罩佩戴识别过程、原理
	将代码积木从积木获取区拖动到编程区进行拼接，进行基本代码参数的修改，并运行、调试，实现实训项目预设目标； 　　理解所用到的通用模块积木、智能硬件积木、算法模型积木的含义及使用方法，掌握基本的编程逻辑、语法

任务实施

课后延展 <<<

人工智能有很多可能的应用领域，如机器人、智能家居、健康、安防、个人助理、专家等。所有这些都将是自己学习的，获取的知识只会随着时间增加，而且还能相互进行知识交换。

——《人工智能和大数据——新智能的诞生》费尔南多

新一代人工智能技术的颠覆性变革力量令人瞩目，人工智能正越来越多地与各行各业深度融合，加快产业智能化进程。

——《AI 赋能驱动产业变革的人工智能应用》
中国 AI 产业发展联盟

自我测试

1. 想一想，海量视频数据转换为需要的信息是一个复杂的过程，智能识别技术能不能对目标图像进行规则定义和标注？试着选一至两段视频来提取目标，并进行标注。

2. 请思考，未来在职业中，需要一名与安防相关的 AI 训练师，怎么训练？可以想象在酒店、建筑工地、药厂工作等，这些地方有哪些安全规范的具体要求，如何用智能安防替代人工，怎么标注规则？请试着挑选一两个应用场景进行设计。

任务5　智慧医疗

教学目标

1. 初步了解 AI 技术在医疗领域的应用场景。

2. 了解达·芬奇医疗机器人如何助力医生完成复杂难度的外科手术。

3. 掌握图像识别和深度学习在影像辅助诊断中的重要作用。

4. 了解 AI 技术在传统中医诊脉的应用。

教学要求

1. 知识点

AI+医疗健康；医疗机器人；IBM Watson；智能诊脉。

2. 技能点

掌握智能诊脉实训操作。

3. 重难点

通过学习本任务知识点，重点了解 AI 技术在医疗健康领域的应用；以智能脉诊仪为案例，探索 AI 技术与中医的结合，如何发挥各自所长；思考在新冠疫情的防控及诊治工作中，AI 技术起到怎样的作用？未来的大健康产业中，它还将发挥什么样的重要作用？

任务说明

一场突发疫情让无接触服务首次大规模地进入了公众生活。犹记得 2003 年 SARS 疫情暴发时，AI只是存在于科幻电影中的概念，而如今，曾经那个遥远的科技梦已成为现实，并在新冠疫情的防控工作中贡献力量。无人机在空中消毒、巡检，AI无感测温在机场、火车站等交通枢纽应用，疫情防控机器人拨打疫情排查电话，AI承担了包含室外消毒清洁、医疗物资配送、隔离区巡检、送药等工作。可以说，在这一场没有硝烟却生死攸关的战斗里，AI已参与了硬核战疫，如图4-29所示。

图4-29　AI无接触式测温系统应用界面

在本任务中，认识AI技术在医疗健康领域的应用场景有哪些？从诊断到健康治疗，再到智能设备，医疗企业与AI技术的融合已是大势所趋，智慧医疗还远吗？AI碰到传统中医，"治未病"的中医思想如何发挥所长？最后通过设置智能脉诊仪的实训任务，让大家更好地了解到诊脉也能智能化。

内容概览

本任务内容概览如图4-30所示。

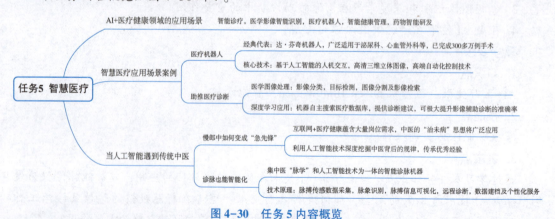

图4-30　任务5内容概览

相关知识

任务5相关知识如图4-31所示。

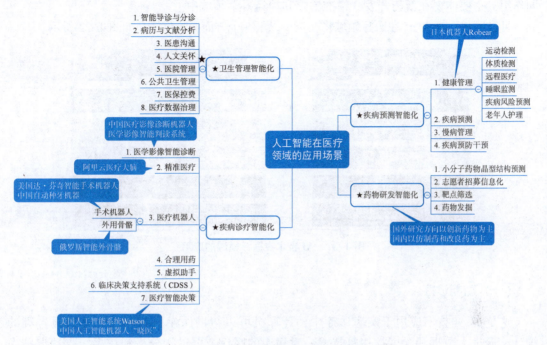

图 4-31　AI 在医疗领域的应用场景

智慧医疗（Wise Information Technology of 120，WIT120），是数字医疗工程技术和医学信息学综合发展的产物，其实质是通过将传感器技术、RFID 技术、无线通信技术、大数据、云计算、GPS 技术、AI 技术等综合应用于整个医疗管理体系中进行信息交换和通信，以实现智能化识别、定位、追踪、监控和管理，从而建立起实时、准确、高效的医疗控制和管理系统。按照医疗服务的区域，智慧医疗可以划分为 3 个部分，即智慧医院系统、区域卫生系统以及家庭健康系统。

一、AI+医疗健康领域的应用场景

随着 AI 机器人深度学习和神经网络等关键技术的突破，以及人们健康意识的觉醒，对高医疗水平的需求越来越迫切，AI 技术与医疗健康领域的融合不断加深，AI 的应用场景越发丰富，AI 辅助技术也在多个医疗细分领域提供帮助。未来，基于大数据的深度学习将改变医疗行业，对疾病提供更快速、准确的诊断和治疗，对健康管理提供更前瞻的分析与干预，医疗健康的智能化、普惠化将越来越近。

AI 医疗发展分为三个阶段。20 世纪 70 年代，AI 医疗处于孕育期，主要涉及分子生物学、临床医学诊断和精神病学三个领域，应用水平处于初级阶段。20 世纪八九十年代，AI 医疗进入成长期，医学专家系统诞生。该系统吸收了大量的医学知识和专家经验、模拟专家诊断疾病，具有快速准确、实用性强等优点，并在临床领域得到广泛使用。到了 21 世纪，AI 较深地进入医学领域，因为融入了神经网络和深度学习等智能算法，使得医学影像和诊断领域得到极大的发展。先进的医学专家系统的出现和手术机器人的诞生让 AI 与临床医疗的结合更加紧密。目前，AI 还与生物技术不断融合，发挥两者在医学上的协同作用，主要体现在新药开发、精准治疗和神经科学领域中。

可以预想，未来 AI 在医疗领域将在至少以下 5 个方面影响生活，如图 4-32 所示。

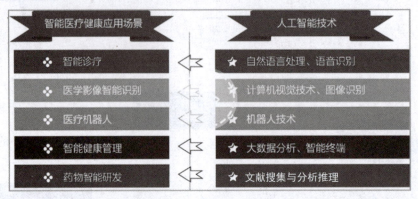

图 4-32　AI 技术在医疗领域的应用

（一）智能诊疗

这是将 AI 技术应用于疾病诊疗中，计算机可以帮助医生进行病历、体检报告等的统计，通过大数据和深度挖掘等技术，对病人的医疗数据进行分析和挖掘，自动识别病人的临床变量和指标。计算机通过学习相关的专业知识，模拟医生的思维和诊断推理，从而给出可靠诊断和治疗方案。智能诊疗是 AI 技术在医疗领域最重要也是最核心的应用场景。

例如，常见的低剂肺部 CT 健康筛查，通过利用 AI 技术对肺结节等多种病理影像图片进行识别，其准确率超过 90%，在 AI 诊疗系统的辅助下，医生可以清晰地看到标注影像检查中的肺部结节，精确度达到毫米级。

（二）医学影像智能识别

医疗数据中有超过 90% 的数据来自医学影像，但是影像诊断过于依赖人的主观意识，容易发生误判。AI 通过大量学习医学影像，可以帮助医生进行病灶区域定位，减少漏诊误诊问题。

新一代 AI 技术借助计算机视觉、机器学习、深度学习等技术，其医学影像产品已经能够实现对病理、超声、CT 和 MRI 等各类医学影像进行自主学习训练，协助医生有效地完成重大疾病的早期筛查等任务。利用 AI 技术对影像数据进行有效的分析建模，不仅能够为医生诊断病情提供科学的参考依据，提高诊断的准确性，而且这也大大减轻了医生的工作负担，提高了诊疗效率，如图 4-33、图 4-34 所示。

（三）医疗机器人

机器人在医疗领域的应用非常广泛，如智能假肢、外骨骼和辅助设备等技术修复人类受损身体，医疗保健机器人辅助医护人员的工作等。目前，主要集中在外科手术机器人、康复机器人、护理机器人和服务机器人方面。

人工读片	AI读片
主观性无法避免	较为客观
知识遗忘	无遗忘
较少信息输入即可快速建模	建模需要更多信息输入
信息利用度低	信息利用度极高
重复性低	重复性高
定量分析难度大	定量分析难度低
知识经验传承困难	知识经验传承容易
耗时、成本高	成本低

图 4-33　AI 读片与人工读片的比较

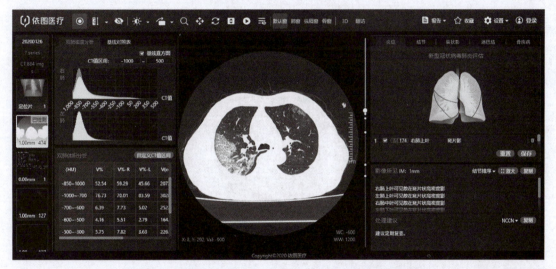

图 4-34　依图医疗胸部 CT 新型冠状病毒感染智能评价系统

（四）智能健康管理

根据 AI 技术而建造的智能设备可以监测到人们的一些基本身体特征，如饮食、身体健康指数、睡眠等。对身体素质进行简单的评估，提供个性的健康管理方案，及时识别疾病发生的风险，提醒用户注意自己的身体健康安全。目前应用主要在风险识别、虚拟护士、在线问诊、健康干预以及健康管理。

（五）药物智能研发

依托数百万患者的大数据信息，AI 系统可以快速、准确地挖掘和筛选出适合的药物。传统的药物研发周期长，投入成本巨大，而且成功率一直不高，药物研发效率往往不尽如人意，AI 技术在医院领域的应用能够有效地解决此问题。通过计算机模拟，AI 技术可以对药物活性、安全性和副作用进行预测，找出与疾病匹配的最佳药物。这一技术将会缩短药物研发周期、降低新药研发成本并且提高新药的研发成功率。

二、智慧医疗应用场景案例

（一）医疗机器人大显身手

说起医疗机器人，人们最熟悉的大概是达·芬奇机器人。达·芬奇机器人的技术源于拥有官方背景的斯坦福研究院，20 世纪 80 年代末，一群科学家在斯坦福研究院开始了外科手术机器人的研发，初衷是要研制出适合战地手术的机器人。之后不断商业化，目前已发展到第五代。达·芬奇机器人的设计理念是通过使用微创的方法，实施复杂的外科手术，广泛适用于普外科、泌尿科、心血管外科、胸外科、妇科、五官科、小儿外科等。它也是世界上仅有的、通过美国 FDA 认证的，可以正式在手术中使用的机器人系统。

设想这样一个场景，在一个小玻璃瓶内，一粒葡萄在接受机器人做手术。手术整个流程是由一台叫达·芬奇的手术机器人完成的，它先是用自己的机械手撕开了一颗葡萄的表皮，后来又成功缝合了葡萄的表皮。葡萄的长度不到 2.5 cm 且非常脆弱，葡萄皮的厚度不到 1 mm，在达·芬奇缝完最后一针之后，葡萄基本上保持完美状态，如图 4-35 所示。

图 4-35　给葡萄做外科手术的达·芬奇机器人

不过，达·芬奇机器人并不是具备人形的机器人，严格来说它是一种高级机器人平台，由外科医生控制台、床旁机械臂系统、成像系统 3 部分组成。手术台机器人有 3 个机械手臂，在手术过程中，每个手臂各司其职且灵敏度远超于人类，在手术部位切开几个非常小的切口，动刀快而准，病人的痛苦明显减少，流血也减少，恢复时间缩短，术后并发症少，可轻松进行微创手术等复杂困难的手术。终端控制端可将整个手术二维影像过程高清还原成三维图像，由医生进行监控整个过程。这极大地提高了手术精准度，使手术更为完美，如图 4-36 所示。

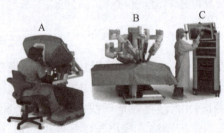

图 4-36　达·芬奇机器人

从核心技术来看，达·芬奇机器人主要有以下几种。

（1）基于 AI 技术的人机交互设计实现了医生在主控台的精准性与控制性。

（2）3D 高清影像技术形成了三维立体图像，手术视野图像被放大 10～15 倍，提供真实的 16：9 的全景三维图像。

（3）高端自动化控制技术实现了可自由运动的机械臂腕部，完成一些人手无法完成的极为精细的动作，触及范围更广，手术切口也可以开得很小。

除了达·芬奇手术机器人外，一些其他类型的机器人也开始大量出现在市场中。日本厚生劳动省已经正式将医疗用混合型辅助肢列为医疗器械在日本国内销售，主要用于改善肌肉萎缩侧索硬化症、肌肉萎缩症等疾病患者的步行机能。除此之外，还有智能外骨骼机器人、眼科机器人和植发机器人等。

随着 AI 技术的发展，不断走向完美的达·芬奇机器人让人类叹为观止，更多的医疗机器人不断涌现。未来已来，智慧医疗还远吗？

（二）深度学习助推医疗诊断

诊断和治疗方案是医疗的核心关键部分，而现在医院的诊断基本依靠彩超、CT、MRI、PET 等影像完成。在此过程中，将产生大量的图像和数据，而如何对影像进行判断，将直接取决于医生的经验和认知，医学图像解释受到医生主观性、医生巨大差异认知和疲劳的限制。因此，图像识别和深度学习在影像辅助诊断中至关重要。

据统计，医疗数据中有超过 90% 来自医学影像。美国医学影像数据的年增长率为63%，而放射科医生数量的年增长率仅为 2%，国内医学影像数据和放射科医师的增长率分别为 30% 和 4.1%。因此，运用 AI 技术识别、解读医学影像，帮助医生定位病灶，辅助诊断，可以有效弥补其中的人才缺口，减轻医生负担，减少医学误判，提高诊疗效率。以美国哈佛医学院参与的智能诊断临床试验为例，在 AI 技术的辅助下，可将乳腺癌的误诊率从 4% 降至 0.5%。

从其主要技术原理来看，主要分为两部分。

首先是图像识别技术。

（1）计算机对搜集到的图像进行预处理、分割、匹配判断和特征提取一系列的操作。

（2）计算机辅助检测帮助进行医学图像分析，并且非常适合引入深度学习。利用计算机图像处理技术对二维切片图像进行分析和处理，实现对人体器官、软组织和病变体的分割提取。

（3）进行三维重建和三维显示，辅助医生对病变体进行定性甚至定量的分析，从而大大提高医疗诊断的准确性和可靠性。在医疗教学、手术规划、手术仿真中也能起到重要的辅助作用。

目前，医学图像处理主要集中表现在影像分类、目标检测、图像分割及影像检索 4 个方面，如图 4-37 所示。

其次是深度学习技术。与传统的机器学习方法相比，最大的区别在于操作者不需要定义特征，只需要输入原始数据，机器将通过输入的图像数据在输出的目标之间自主寻找最有代表性的特征，从患者病历库以及其他医疗数据库中搜索数据，最终提供诊断建议。从目前来看，AI 技术将极大提升影像辅助诊断的准确率，相较于放射医师，对临床结节或

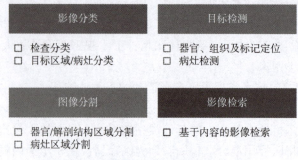

图 4-37　医学图像处理主要集中的 4 个方面

肺癌诊断的准确率高出 50%，可以检测整个 X 光片面积 0.01% 的微骨折，对某一器官的特定病例进行判断、筛查和诊断，可达到主任医生级水平。

三、当人工智能遇到传统中医

（一）慢郎中如何变成急先锋

2020 年开年的一场新冠疫情对我国乃至全球的健康产业提出了迫切的要求和挑战，"健康中国" 的理念从未如此高地上升到国家、政府及每一个人的心中。尤其对于传统中医来说，如何借助 AI 技术从慢郎中变成急先锋，这一场传统与技术的遇见将会产生很多火花与应用。

中医历史悠久，源远流长，但在科学技术飞速发展的时代，其自身理论体系的科学性却逐渐被人怀疑，中医的发展也面临着严峻的挑战。但随着近年来国家和社会对中医的不断重视和正名，大家开始认识到，中医和西医不是简单的比较关系，而是相互补充、各自发挥所长，此次新冠疫情中的很多防治和治疗方案也是充分体现了这一思想。随着大健康时代的来临，中医治病的医疗思想更应该被重视和发扬，让广大的亚健康人群提前得到医疗预防和服务。

2018 年 4 月，国务院办公厅发布《关于促进 "互联网+医疗健康" 发展的意见》，其中提出推进 "互联网+" AI 应用服务。支持中医智能辅助系统应用，提升基层中医诊疗服务能力。开展基于 AI 技术、医疗健康智能设备的移动医疗示范，实现个人健康实时监测与评估、疾病预警、慢性病筛查、主动干预。

其中蕴含了未来的行业发展方向和大量新的岗位需求。

一直以来，中医在大家的眼中很神秘。而中医诊断是对疾病信息的提取，望闻问切就是一种提取方式，这种信息收集过程，单靠人工是不完整和不规范的。很多著名老中医受追捧的原因，是因为他们掌握了大量的诊断、治疗案例；学习中医过程中需要引经据典，也需要对过去数据进行积累和分析。现在的中医学校中，学生同时能跟几位老专家学中医，已经很了不起。那么未来，将大数据进行收集梳理，再辅助 AI 分析后，学生可同时请教一大批数据化的古今名医，利用 AI 技术深度挖掘中医背后的规律，传承他们经验中最优秀的部分。

（二）诊脉也能智能化

一个会诊脉的中医，至少需要 10 年时间，才能有所作为。诊脉是中医最关键、最具特色同时也是最复杂的一环。一方面诊脉难学，其理论晦涩难懂，难以领会；另一方面诊脉需要大量的实践工作，才能积累出经验。如何有效地传承中医的精髓，让智能机器辅助医生问诊，很多中医企业在不断地尝试新技术，研发新产品。

脉诊仪是一款集中医脉学和 AI 技术为一体的智能诊脉机器。具有智能化、便携化特点，方便个人和家庭实时诊脉。其采用的技术与难度也是复合性的，如图 4-38 所示。

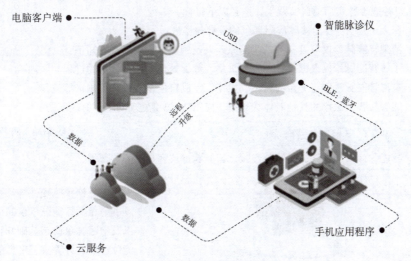

电脑客户端　USB　智能脉诊仪　BLE：蓝牙　远程升级　数据　数据　云服务　手机应用程序

图 4-38　智能脉诊仪运作图

（1）要有精通中医诊脉的医生通过多年的实践收集数据，形成经验。

（2）基于压力传感及仿人体皮肤触觉传感技术，通过中医脉象识别算法。

（3）通过 3D 脉学图谱技术，将患者的脉搏信息可视化传递给患者和医生，形成一份完整的健康报告，一方面协助患者了解自身健康信息，另一方面协助医生更为准确、高效地完成中医诊疗。

（4）采用互联网技术实现信息的实时诊断。用户在家通过智能脉诊仪进行脉搏检验，通过手机端或计算机端上传脉搏信息，医生进行远程诊断，给用户反馈健康信息，并且提出健康管理建议或治疗方案。同时将该诊断信息纳入数据库保存，数据库建立起来之后，便能依托数据建立起一整套科学的评价体系。

当数据量达到一定规模时，便能通过 AI 系统进行智能识别，用户将脉搏检验信息输入管理平台，系统便能通过数据进行比对和核查，从而快速给出反馈。这样，一能提高中医的问诊效率，二能节约用户的时间成本和问诊费用。同时，通过长期积累，建立个人健康资料管理数据库，医生可以更好地为个人提供个性化的医疗保健服务。

随着 AI 技术的不断提升，其在中医领域的应用将越来越广泛。小小智能脉诊仪，传承传统，连接未来，当人工智能遇到传统中医，未来还远吗？

任务实施

实训项目：智能诊脉。

任务描述	基于前面对智慧医疗行业现状需求以及 AI 技术在智慧医疗行业应用场景的学习了解，依托智能脉诊仪设备及平台，进行硬件联调、平台操作等一系列实训过程，用户可以自主完成左右手脉象测量、查看个人测脉报告、查看养生建议、线上智能开药方等流程，对于日常的个人健康监控与养生具有实际的辅助作用		
任务目标	通过智能诊脉实训项目实践主要达到以下目标： 1. 深入了解 AI+智能诊脉应用场景的设计与实现； 2. 清楚智能脉诊仪等设备的结构与原理以及中医脉象诊断基础知识； 3. 了解智能脉诊仪数据指标及数据采集、数据处理、数据分析的过程与原理； 4. 掌握智能脉诊仪与平台的联调、操作，完成自主左右手脉象测量等流程； 5. 能够从智慧医疗的其他具体场景中，应用 AI 思维发现问题、解决问题		
任务实施	操作截图		操作步骤
	1. 智能脉诊仪等硬件的组装与连接，智能脉诊仪客户端安装部署		
			智能脉诊仪等硬件与计算机连接； 　了解相关智能脉诊仪的结构与原理以及中医脉象诊断基础知识，理解智能脉诊仪、计算机、平台的联动运行机制
			智能脉诊仪客户端安装部署； 　了解智能脉诊仪数据指标及数据采集、数据处理、数据分析的过程与原理
	2. 进行智能脉诊仪设备与平台联动及调试，完成左右手脉象测量		
			运行智能脉诊仪平台，完成智能脉诊仪的联动及调试；清楚智能脉诊仪平台的启动登录、智能脉诊仪联动及调试的流程与操作

操作截图	操作步骤
请将手伸入脉诊仪中，绑系统带；选择左右手。 ○ 左手　　　　○ 右手 开始测脉	进入测脉页面，选择要测量的左/右手，并将左/右手按照指示放到智能脉诊仪正确位置，完成测脉过程； 　　清楚智能脉诊仪平台测脉的流程与操作，清楚测脉过程的手部位置及正确姿势
3. 查看智能脉诊报告，选择进行智能开方	
 气实，血好，津少，液少 紧张 脉象：弦 如按琴弦，端直而长，挺然有力　　左	进入智能脉诊结果页面，查看个人测脉报告、养生建议等信息； 　　清楚智能脉诊仪平台查看诊断结果的流程与操作，能够基于中医脉象诊断基础知识分析诊断报告
 ● 73	进入智能开药方页面，根据自身需求选择要开的药方，系统根据诊断结果给出开药方建议； 　　清楚智能脉诊仪平台线上智能开药方的流程与操作，能够基于中医药学基础知识分析不同药方的注意事项

（左侧栏：任务实施）

课后延展 <<<

　　智慧医疗的产业链条中包括三个非常重要的环节：一是研发；二是应用；三是评价监管。研发到应用，应用反过来促进研发，评价和监管始终贯穿研发到应用的全生命周期。

——中国工程院院士胡盛寿

　　你不是在运行"沃森"，你是在和它一起工作。"沃森"和你都会学得更快。

——美国人工智能系统 Watson 宣传片

像我们现在所看到的大多数已被应用到医疗健康领域的人工智能系统几乎都依赖大型数据库，这些人工智能系统会通过各种复杂的统计模型和机器学习技术，从其所收集到的海量数据中自动提炼出各种重要信息。

——《人工智能：改变未来的颠覆性技术》周志敏　纪爱华

自我测试

1. 通过智能脉诊仪的实训任务，想一想，现在身边有哪些智能医疗健康应用的场景和工具，手机 App 里面有很多小应用，睡眠是否健康？心理是否有压力？这是怎么测试到的？通过什么原理？

2. 未来不用去医院，能否在社区、家庭等借用中医智能辅助系统，实现个人健康实时监测与评估、慢病防治等？对现有的医疗体系有什么支持和补充？深度思考互联网+医疗 AI 应用服务可能带来的职业变化，大健康时代的来临，有哪些新职业的出现和新岗位能力要求？健康管理师和护士有差别吗？

3. 由于计算机运算速度和 AI 深度学习技术的不断提升，AI 在医学辅助诊断上的应用也逐渐成熟起来，未来会有更高级的医学专家系统开始进入医学领域，但 AI 真的可以取代医生吗？

任务6　智慧环保

教学目标
1. 掌握 AI 技术在环保领域的典型应用场景。
2. 了解 AI 技术在垃圾分类、水域及空气污染监测防治中的具体应用。
3. 进行垃圾智能分类 AI 实训。

教学要求
1. 知识点
AI 技术在环保领域的应用；智慧环保；垃圾智能分类；河道漂浮物智能监测；大气污染防治智能化。

2. 技能点
掌握垃圾智能分类 AI 技术实训操作。

3. 重难点
通过学习本任务知识点，重点了解 AI 技术在环保领域的典型应用场景及原理，如何在环境监测、污染防治等方面发挥价值；难点是理解各类 AI 识别技术在智慧环保中的综合应用，结合过往学习内容充分思考 AI 技术具体应用场景下的创新与改进之处，并付诸实践。

任务说明

自上海强制实施生活垃圾分类开始，完全被垃圾分类的话题洗脑了，扔一杯奶茶分四步走或是玩笑，但也是严谨地讨论。虽然全社会都在宣传和普及着垃圾分类的知识，但要让全民把一个新条例变成一个自然而然的新习惯，的确需要时间，更需要帮手和方法。那么在这个领域，AI 能够做什么？

垃圾分类的背后，是人类正面临着环境污染与生态破坏的严峻现实。雾霾、污染一步步地给人类敲响警钟，在地球和大自然面前，一切都显得异常渺小。

环境问题已刻不容缓，智慧环保已成为全球议题，AI 如何赋能环保？

内容概览

本任务内容概览如图 4-39 所示。

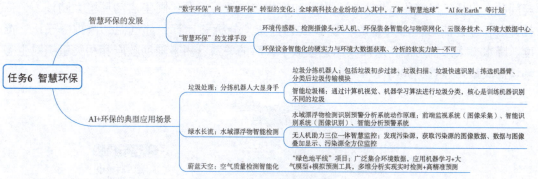

图 4-39　任务 6 内容概览

相关知识

智慧环保应用领域如图 4-40 所示。

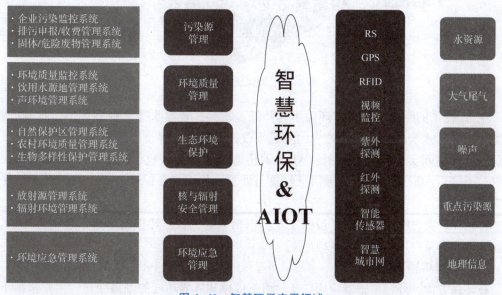

图 4-40　智慧环保应用领域

一、智慧环保的发展

如果地球病了，没有人会健康。面对环境污染，人类除了做好自身的自律和约束外，还有什么新武器可以借用？

2009 年，IBM 提出智慧地球的概念，标志着数字环保开始向智慧环保迈进。智慧环保旨在通过 AI、物联网、云计算等新技术的推动，实现物体信息智能化识别、定位、跟踪、监控与管理，最终实现数据的实时获取、更新与智能化决策管理。

智慧环保已成为全球议题，微软提出 AI for Earth 计划，通过 AI 技术助力解决全球环境问题，包括气候变化、水资源、农业和生物多样性等问题；阿里启动环境大脑计划，依托算法和计算能力，对大量的环境参数进行交叉分析和计算，如气温、风力、气压、湿度、降水、太阳辐射等，从而找出这些数字背后的关系，用来辅助政府和相关组织对生态环境的决策与监管，如图 4-41 所示。

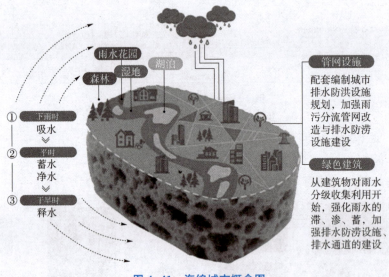

图 4-41　海绵城市概念图

在 AI 技术的赋能下，智慧环保不再是纸上谈兵，智慧水务、智慧环卫、智慧能源、智慧分类等都逐步成为现实。技术的崛起不仅推动各种环保设备的智能化、信息化，为环保行业提供硬实力，与此同时，AI 技术还通过赋能无人机、机器人等科技产品，对大气、土壤、水资源等进行关键信息收集与处理，从而为环保带来以大数据形式呈现的软实力。

智慧环保通过哪些工具和手段来实现？概括来看，智慧环保整个链条包括感知数据、传输计算、决策应用，如图 4-42 所示。

（1）环境传感器。

在环保方面，环境传感器应用广泛，可有效感知外界环境的细微变化，主要包括土壤温度传感器、空气温湿度传感器、蒸发传感器、雨量传感器、光照传感器、风速风向传感器等。

图4-42 环境监测感知体系

其中，作为环境监测系统的三大基石，气体传感器、水环境监测传感器、土壤污染监测传感器发挥着越来越重要的作用。

（2）监测摄像头+无人机。

可视化环境监测在环境治理中发挥着耳、目、喉、舌的作用，在 AI 视觉技术、无人机技术的支持下，大气污染、水污染、固废污染、土壤污染都可以得到更好的监测，为环境治理提供决策依据。

（3）环保装备智能化与物联网化。

未来智能化、物联网化必将是环保装备的发展趋势，远程化设计、智能化系统、一体化控制的环保装备将能做到环保与效率两不误，保证高效运行和节能降耗。

（4）云服务技术智能化。

云服务不仅记录、存储原始数据，还要对各种原始数据进行加工、深度挖掘，从而为决策提供可靠的依据。同时，环保装备的设备管理、网络状态、远程维护等都是云服务特定的内容。

（5）环境大数据中心。

环境大数据包罗万象，数据中心是智慧环保的核心环节。借助大数据采集技术，环保大数据研究中心将收集到大量关于各项环境质量指标的信息传输到中心数据库，对数据进行深度智能分析和建模，实时监测环境治理效果，预测环境气象的变化趋势，使环境保护做到见微知著。

二、AI+环保的典型应用场景

环保与每一个人的生活密切相关，如空气、土壤、水源、食物等。以下重点介绍 AI

技术在垃圾处理、水污染监测、空气质量监测方面的典型应用。

（一）垃圾处理：分拣机器人大显身手

垃圾如何分类分拣是城市生活垃圾分类中面临的最大问题，也是让每一个人最头疼的问题。虽然大家的垃圾分类意识在提升，但社区的环保工人、志愿者等依然投入了大量的人力、精力去做垃圾的二次分类工作。若有个更好的助手帮助他们，该多省事。在一些城市出现了垃圾分拣机器人。

垃圾分拣机器人的主要工作任务是完成垃圾的精准分类，但它背后的技术原理是什么？如何实现？

垃圾分拣机器人是多关节机械手或多自由度的机器人，通常由以下模块组成：垃圾初步过滤模块、垃圾扫描模块、垃圾快速识别模块、拣选机械臂模块、分类后垃圾传输。其实这些模块的名称可以联想到前面章节中学习到的 AI 应用技术，如图像识别、分类算法等。机器人分拣与人工分拣作业相比，不但高效、准确，而且在质量保障、卫生保障等方面有着人工作业无法替代的优势。基于 3D 分拣技术应用的机器人通过视觉系统实现目标物的检测识别和定位。百度百科定义的机器视觉系统是指通过机器视觉产品（如图像摄取装置，分 CMOS 和 CCD 两种）将被摄取目标转换成图像信号，传送给专用的图像处理系统，根据像素分布和亮度、颜色等信息，转变成数字化信号；图像智能识别系统软件等通过分析这些信号进行各种运算来抽取目标的特征，进而根据判别的结果来控制现场设备的系统。

下面以垃圾分拣机器人的工作原理为例进行说明。

各类垃圾通过传送履带传送给分拣机器人，不同的颜色代表不同的垃圾，同时还有各个垃圾的轮廓。这里应用了 AI 的图像识别技术，包括红外图像识别、自然光图像识别。在算法应用上，目标检测算法、显著性检测算法、分类算法、目标跟踪均有使用。

机器人在准确识别不同类别的垃圾后，可以通过垃圾的类别、形状、移动速度，让抓取机械臂进行调整，更高速精确地实现抓取功能，如图 4-43 所示。

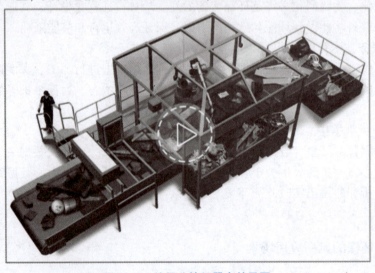

图 4-43　垃圾分拣机器人效果图

据报道，芬兰的 Zen Robotics 垃圾分拣机器人可以高精度分拣 4 种不同性质的垃圾碎片，有效分拣率可达 98%，最高分拣速度为 3 000 次/h，工作时间为 24 h/天。

另一个垃圾分类的 AI 应用是智能垃圾桶。国外一款名为 OSCAR 的垃圾分类系统，拥有一块 32 in① 显示屏和智能摄像头，通过计算机视觉、机器学习算法进行垃圾分类。OS-CAR 通过数百万张图像和传感器数据来快速训练，通过学习，OSCAR 已经可以识别数千类垃圾，并将其分为几百个不同的类别。目前，该系统仍在继续训练，以从垃圾上可见信息中识别出垃圾具体是什么，并进行分类，甚至在未来可以告诉用户分别将垃圾的其中哪些部分扔到哪个垃圾桶里。

在垃圾分类这个特殊岗位上，垃圾分拣机器人将受到重用。初期由于技术水平有限，机器人对于各种垃圾的识别存在一定困难，综合识别率有待提升，但是在 AI 技术的助推下，借助深度学习技术、计算机视觉技术以及机器算法的进步，垃圾分拣机器人能够通过学习和训练，将垃圾识别率提升到更高水平，如图 4-44 所示。

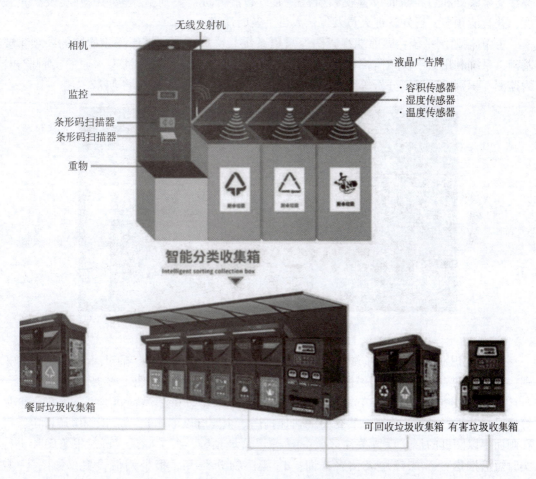

图 4-44 智能垃圾分类系统

---

①　1 in=0.025 4 m。

（二）绿水长流：水域漂浮物智能监测

水资源保护已成人类头等大事，如何对工业污染、生活污染等进行监测预警非常重要。目前，河道水面的保洁还比较传统，河道管理人员对水域定期巡查，当发现有大片漂浮物时，保洁人员进行打捞。对于部分漂浮物频发的区域，通过安装视频监控，河道管理人员能够远程通过手机端或监控中心计算机发现漂浮物，再通知保洁打捞，这虽然减少了巡查的工作量，但又增加了人工监视的工作量。

在 AI、云计算、物联网、大数据等新一代信息技术的助推下，智能化的水域监测预警系统已然出现。该系统能够对漂浮物进行全面监测、识别、预警、分析，实现对河道漂浮物的动态监管。

（1）水域漂浮物监测识别预警分析系统运作原理。

该系统主要包含前端监视系统、智能识别系统与智能分析预警系统。其基本原理是在漂浮物聚集处和边界断面设置视频监控，通过智能分析，识别出漂浮物的种类及严重程度，并智能预警，通知管理人员及保洁人员，及时清理。

① 前端监测系统：即前端视频图像采集系统。这是用于满足漂浮物检测的一项重要基础，系统利用数字视频监控技术及有线、无线通信技术，实现对河道水面的实时监控，为监测、识别、预警、分析等综合应用提供视频图像来源，如图 4-45 所示。

图 4-45　河道漂浮物智能检测（1）

② 智能识别系统：利用前端监视点采集的大量河道视频图像资源，通过深度学习、图像识别、大数据等技术，实现河道漂浮物（类别、位置等）智能识别，如图 4-46 所示。

③ 智能分析预警系统：对接智能识别系统，进一步分析漂浮物的类别、面积、聚集等情况，并进行预警，实现预警信息的快速推送。主要有以下功能：a. 识别区域设定，可在画面中以图框的形式设置关注区域；b. 漂浮垃圾预警、人工确认，可对报警图片进行实时短信推送；c. 漂浮垃圾预警查询；d. 漂浮物分类；e. 报警阈值设置，如图 4-47 所示。

系统可识别出漂浮物是否为绿色植物（如漂浮物、绿萍等）、垃圾（如泡沫塑料、矿泉水瓶、垃圾袋等）、船只等，可根据需要设置报警类别。每个场景下，可设置报警阈值。报警阈值为漂浮物面积在识别区域中所占的百分比。

图 4-46　河道漂浮物智能检测（2）

图 4-47　河道漂浮物智能检测（3）

通过这样一整套图像采集→图像识别→智能分析的全流程，河道污染物在智慧的眼睛下，得到了及时的监控与预警。

（2）无人机助力三位一体智慧监控。

如图 4-48 所示，为了让天更蓝，水更清，无人机也加入了智慧环保大家族，三位一体地协助进行巡视和监控。

① 发现污染源：运用无人机的机动性以及云台摄像机的高空瞭望能力，及时发现污染现象，并定位污染源。

② 获取污染源的图像数据：采集的图像与监测数据互为验证，保障监测数据的可靠性。

③ 数据与图像叠加显示：在监控中心实现图像与监测数据叠加显示，使监管更加方便直观。

④ 污染源全方位监控：运用无人机监控小作坊等零散污染源的监控，做到多方位多维度获取排污图像数据。

（三）蔚蓝天空：空气质量监测智能化

当雾霾袭来时，同在一片天空下，谁都不能幸免。城市化和工业化的发展带来了能源过度消耗、大气污染等问题。空气污染已成为我国紧迫的环境公共卫生问题。近年来陆续

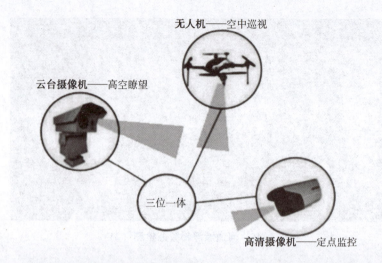

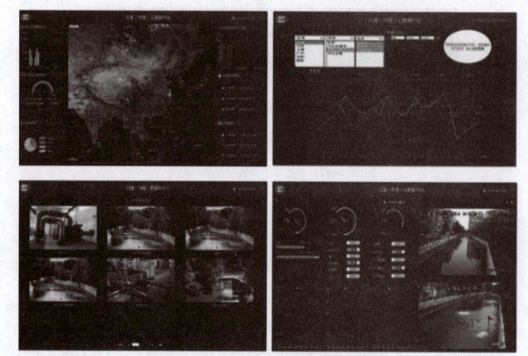

图 4-48　三位一体污水智慧监控系统

有雾霾各级别警报，那来源在哪里？依据有哪些？

这背后，AI 应用技术大显身手，以北京空气质量的监管预测为例。为有效预测和治理北京的雾霾，北京市政府与 IBM 共建了绿色地平线项目。其目标是建立一整套对空气质量进行精准预测的智能系统，目前能提前 72 h 生成高质量预测结果，未来有望达到 10 天。其实质是运用先进机器学习技术从海量气象数据中获取分析能力和深刻见解的一个实例，这种算法称为认知计算。

总的来看，该项目就是利用认知计算、大数据分析以及物联网技术的优势，分析空气监测站和气象卫星传送的实时数据流，凭借自学习能力和超级计算处理能力，提供未来

72 h 的高精度空气质量预报，实现对城市地区的污染物来源和分布状况的实时监测。

（1）从数据来源上，该系统的数据整合工具功能强大，把众多数据点和数据来源进行融合，如环境监测站、交通系统、气象卫星、地形图、经济数据甚至社交媒体的数据等。

（2）在工具应用上，该系统将机器学习与传统的大气化学物理模型相结合，并通过模拟工具，在更短的时间内作出更好的预测，甚至可估算采取关闭工厂或汽车限行等干预措施后的空气质量结果和经济后果。

（3）从预测精准度上，该系统通过先进机器学习建立污染过程多维认知案例库，可以从多个维度的历史污染过程和天气形势进行全自动化认知分析。一是实现实时监测，二是达到高精度预报。

污染预测是一项富有挑战性的工作。小到生活中的垃圾分类，大到水资源的保护与空气质量的监测，这些都需要建立更多的认知案例库和数据集，只有建立得越多、训练得越多，AI 才能变得更聪明、更智能。

任务实施

实训项目：垃圾智能分类。

任务描述	基于前面对环境保护行业现状需求以及 AI 技术在环境保护行业应用场景的学习了解，依托 AI 实训平台进行硬件组装、硬件联调、编程运行等一系列实训过程，完成垃圾分类场景模拟，对镜头范围放置的垃圾图片进行分类，返回显示垃圾分类结果及置信度，音响提示将垃圾分类到某类垃圾回收桶（分为干垃圾、可回收垃圾、湿垃圾、有害垃圾 4 种）
任务目标	通过垃圾智能分类实训项目实践主要达到以下目标： 1. 深入了解 AI+垃圾分类应用场景的设计与实现； 2. 能够针对垃圾分类算法模型需求，完成数据标注、模型训练等； 3. 清楚智能开发板、摄像头、音响/AI 盒子等硬件的结构与原理； 4. 能够创建一个自己的 AI 实训项目，并完成软硬件环境的联调； 5. 掌握基本的编程逻辑、语法，通过图形化编程实现实训项目预设目标； 6. 能够从环境保护的其他具体场景中，应用 AI 思维发现问题、解决问题

	操作截图	操作步骤
任务实施	1. 垃圾分类算法模型相关的数据集处理及模型训练 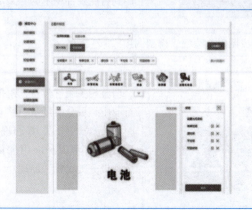	通过系统默认收集的各类垃圾图片，在平台上完成垃圾算法模型相关数据集的创建、标注等工作； 清楚垃圾分类算法模型相关数据的收集要求、途径以及标注操作

续表

操作截图	操作步骤
	垃圾分类算法模型创建、训练、校验、发布； 清楚垃圾分类算法模型创建、训练、校验、发布的流程与操作，理解深度学习概念、原理及应用

2. 智能开发板、摄像头、音响/AI 盒子等硬件的组装与连接

	摄像头、音响/AI 盒子与计算机连接； 了解相关硬件的结构与原理，理解控制中心、传输网络、感应器、执行器组成体系的运行机制

3. 创建一个垃圾分类实训项目，并进行相关硬件与实训平台的联动及调试

	创建并管理一个环境保护垃圾分类实训项目； 清楚实训项目创建、管理的流程与操作
	将摄像头、音响/AI 盒子相关硬件积木拖动到编程区进行运行调试； 学会使用实训平台的代码积木，进行图形化编程、运行、调试，理解所用到智能硬件积木的含义及使用方法

4. 根据垃圾分类过程、原理，完成图形化编程、模型调用

猪能吃的 猪不吃的 猪吃了会死的 卖了能买猪的 易腐垃圾 其他垃圾 有害垃圾 可回收物	调整相关硬件位置，模拟环境保护行业中垃圾分类场景； 了解垃圾分类场景现状及需求及 AI 的环境保护应用优化方案，理解垃圾分类过程、原理

（左侧纵向）任务实施

4

续表

	操作截图	操作步骤
任务实施		将代码积木从积木获取区拖动到编程区进行拼接，以及基本代码参数的修改，并运行、调试，实现实训项目预设目标； 　理解所用到通用模块积木、智能硬件积木、算法模型积木的含义及使用方法，掌握基本的编程逻辑、语法

课后延展 < < <

经过近几年的发展，人工智能已经从实验室走出来，被应用到人们的实际生活和工作中。那么，人工智能的应用是怎样落地的呢？它又给人们带来了哪些变化？大数据、云计算、深度学习支撑人工智能在工业、金融、医疗及教育等领域实现应用落地，物联网、工业4.0、智能机器人、智慧医疗、智能教育、智慧生活多方位展现。

——《人工智能：未来商业与场景落地实操》张泽谦

随着经济社会发展和人们物质消费水平的大幅提高，我国生活垃圾产生量迅速增长，环境隐患日益突出，已经成为新型城镇化发展的制约因素。遵循减量化、资源化、无害化的原则，实施生活垃圾分类，可以有效改善城乡环境，促进资源回收利用，加快"两型社会"建设，提高新型城镇化质量和生态文明建设水平。

——《生活垃圾分类制度实施方案》

自我测试

1. 结合本节学习内容，查阅有关资料，思考及讨论 AI 技术在更广泛意义上的环境与生态保护方面（如节能减排、病虫害防治、森林防火、动植物保护等）有哪些应用和发展空间？

2. 结合具体的智慧环保应用场景（如垃圾分类、污染监测等），想一想还有哪些创新和改进提升之处，以小组为单位进行设计和实践。

任务7　智慧金融

教学目标
掌握 AI 技术在电商金融的典型应用场景。

教学要求

1. 知识点

智慧金融；AI+财税。

2. 技能点

掌握定损宝实训操作。

3. 重难点

通过学习本任务知识点，重点了解 AI 技术在金融行业的典型应用场景及原理；难点是理解定损宝工作原理。

随着 AI、机器学习、数据挖掘、智能识别等信息技术与传统金融服务融合创新，催生出智慧银行、智能投顾、智慧保险等多种智慧金融业态，引领传统金融向智能化、智慧化转型升级。

互联网金融具有交易量大、个性化服务多、交易实时处理、可用性要求高等特点，银行拥有着大量的交易监控数据。然而，使用传统运维监控方法进行流量监控时，经常出现准确率低、误告警率高、需要大量人工干预的情况。传统运维监控一般使用固定阈值法，对各关键业务的不同状态进行分别计算，根据本次统计周期和上次统计周期指标的业务量差额，是否超过固定阈值，判断是否进行告警。该方法存在着维护成本高、容易报错、容易漏报，以及故障率无法降低的问题。且只做故障警告，不做原因分析，问题根源无法定位，需要大量人工分析。同时，发生告警时，故障已经发生，无法做到事前预测，只能事后补救。针对以上问题，工商银行互联网金融实验室运用大数据及 AI 技术，提供了一整套互联网金融智能运维 AIOPs 解决方案，于 2019 年 8 月 24 日正式推出，在企业网银上线试点。

AIOPs 解决方案不依赖于人为制定规则，而是由算法主动地从海量运维数据中不断学习，不断提炼总结规则，通过预防预测、个性化和动态分析，直接和间接增强 IT 业务的相关技术能力，实现所维护产品或服务的更高质量、合理成本及高效自支撑。AIOPs 解决方案智能化体现在以下几个方面。

（1）智能异常检测：不需要设定固定阈值，通过 AI 算法，自动、实时、准确地从监控数据中发现异常，通过机器学习算法结合人工标注结果，实现自动学习阈值、自动调整阈值，提升告警准确率，降低误告率，大幅降低人工配置成本。

（2）智能故障诊断：在故障告警基础上，从多维度进行异常分析和监测，辅助定位给出最可能的问题根源，节省人工成本。针对不同应用场景，使用多种方案进行故障定位和诊断，包括周期变化业务指标突变的诊断，以及多层监控下的故障诊断。

（3）智能故障预测：使用机器学习或深度学习算法进行指标预测，提前诊断故障，及时处置，避免服务受损。常用于接口、页面集群访问故障预测、智能容量预警、智能硬件预警、内存泄露预警等场景。

本任务从用户角度出发，优选智能客服、数字员工、定损宝 3 个典型智慧金融商业化落地案例给予介绍。

一、智能客服

客服作为连接企业和客户的桥梁，其重要性不言而喻。但是，随着社会的发展，客户群体数据大、咨询频率高、人工客服成本高等问题，使劳动密集型的传统客服已经不能适应市场需求。

　　智能客服通过网上在线客服、智能手机应用、即时通信工具等渠道以知识库为核心，使用文本或语音等方式进行交互，理解客户的意愿并为客户提供反馈服务。其优势是可以7×24 h 在线服务，解答客户的问题。客户最常问的问题、重复的问题都可以交给机器人来自动回复，省去很多重复的输入及复制粘贴。机器人可以辅助人工客服，在人工服务的时候，推荐回复内容，并学习人工客服的回复内容。机器学习到的人工回复内容，可以作为机器人的知识库使用。

　　智能客服正在从传统智能客服向深度学习等 AI 算法技术驱动的智能客服升级。但智能客服的技术现在仍处于弱 AI 的阶段，只是比较浅层的应用。机器人+人工客服为最佳服务模式。

　　在 2017 年 6 月的腾讯云+未来峰会上，腾讯云首次发布 AI 战略新品——AI 即服务的智能云。AI 即服务是腾讯云在传统云计算结构上建立的新服务。腾讯云在软件层面、算法框架服务、基础设施服务等多维度提供新的 AI 开放服务层，开放计算机视觉、智能语音识别、自然语言处理三大核心能力。基于此的云智能客服，提供专注于微信小程序+公众号，售前、售后一体化服务的生产力平台。目前，基于此技术，用于招商信诺的 AI 智能机器人可以解决 65% 的客服问题。

　　2017 年 10 月，在杭州·云栖大会上，阿里云正式发布云小蜜——一款智能会话客服机器人。云小蜜是一款基于自然语言处理和 AI 技术，面向开发者提供智能会话能力的云服务。开发者可以使用云小蜜创建会话机器人，为机器人配置知识库以实现智能问答，使用对话工厂配置意图实现多轮对话与自助服务（如订单查询、物流跟踪、自助退货等），并将机器人部署在不同终端上（如网站、移动 App、智能硬件等）。智能客服机器人云小蜜具备 36 个预置的细分领域知识包，支持中文英文会话，可以 7×24 h 在线工作。目前，已覆盖阿里巴巴生态圈 20 余个业务线，每天服务 600 万客户，问题解决率达到 95%。

　　2018 年 6 月，度小满金融（原百度金融）推出了智能语音机器人客服。语音识别能力+自然语言理解能力是度小满机器人强大的技术抓手。首先，要保证流畅度，离不开语音技术能力。度小满机器人通过 ASR 实现语音数据流实时转化为文本文字，再通过 TTS 实现文本文字实时转化生成语音数据流，保证了人机对话的整体流畅度。其次，要精准快速为用户解决问题、让人机对话有温度，离不开自然语言理解能力，它也是机器人的大脑核心。当它听到并识别出用户的真正意图后，需要快速作出回复内容的决策，这个决策能力依赖每个应用场景预先提炼出的交互决策系统。从智能客服的应用来看，度小满金融的智能机器人客服，也已经应用到了多个业务环节上。例如，新客申请、流失召回、老客运营、贷后管理、用户在线咨询等。

二、数字员工

　　机器人流程自动化（Robotic Process Automation，RPA），又称数字员工（Digital Employee），是一种智能化软件，通过模拟并增强人类与计算机的交互过程，为客户提供安全可靠、高效适应、扩展协作的机器人流程自动化解决方案。

　　由 AI 和 RPA 等新技术驱动的数字劳动力风潮正席卷全球。企业利用软件机器人填补人力短缺的趋势也日益明显。RPA 可以完成重复性高且频率频繁、低价值的操作，节约人力成本；有固定规则，不需要人工进行复杂判断；在多个异构系统间进行交互，降低人为出错率。目前，以 RPA 机器人为代表的数字员工，已普遍活跃在银行、保险、制造、零售、医疗、物流、电商甚至政府、公共机构等在内的众多行业中，为其业务流程优化提供了良好的解决思路与方案。

2018 年 5 月，人民银行决定试点取消企业银行账户开户许可证核发。2019 年 6 月，通过试点地区人民银行分支机构对银行为企业开立基本存款账户由核准制调整为备案制，不再核发基本存款账户开户许可证，要求试点地区银行完成基本存款账户开立后，应当及时将开户信息通过账户管理系统向人民银行当地分支机构备案，并在 2 个工作日内将开户资料复印件或影印件报送人民银行当地分支机构。

2019 年，工商银行上海分行采用 RPA 技术开发柜面分行特色交易，可以实现获取开户待报备清单；登录人行系统录入备案信息，完成开户备案；生成虚拟打印文件；获取报备结果，自动邮件反馈网点备案结果的全业务流程闭环处理，网点可以便捷打印开户文件。投产当日即成功完成自动备案，备案成功率 100%，备案操作时间缩短 90% 以上，提升效率 30 倍。

三、定损宝

在交通事故发生后，传统的车险理赔流程是用户打电话给保险公司，后者派查勘员现场查勘并拍照，然后，定损员根据照片评估损伤情况及赔偿金额。在这样的流程中，保险公司收到事故照片后，需要核赔、核价，最快半小时后才能确定理赔金额，最慢可能需要几周的时间才能完成整个流程。

2017 年 6 月，蚂蚁金服在北京召开定损宝发布会，宣布首次将深度学习图像技术用于车险定损的场景中。定损宝使用具体流程包括：第一步，打开定损宝，拍摄一张带车牌的全景照片；第二步，拍摄受损部位及细节；第三步，等待大约 5s 后，定损宝就会给出定损金额明细，以及周围维修厂和 4S 店的位置，同时还能预测如果理赔的话来年保费的变化情况。

发布会上，蚂蚁金服副总裁、保险事业群总裁尹铭表示，定损宝准确率为 80% 左右，相当于行业 10 年以上经验的定损专家，而且能够同时处理万级的案件量，不受时间和空间的限制。业内约有 10 万人从事查勘定损的工作。保险公司应用定损宝后，预计可减少查勘定损人员 50% 的工作量，在简单案件处理上无须再配置太多人力。

定损宝这个简单的项目背后隐含了所有计算机视觉经典的问题。从数字处理，物体监测和识别，到场景理解和智能决策，背后涉及目标识别、车辆损失的程度判定，多模态与其他数据的结合，貌似简单的背后其实是不简单的工具。

定损宝的技术难点有以下三个方面。

第一是识别图片，即要认识不同的车型以及分辨车上不同部位的名称。机器一开始并不认识这些，前期需要喂给模型大量的有标记图片供其学习，它才能认出图片中哪里是前机盖、左前大灯、保险杠、格栅等。面对千万级的车险定损历史图片，要对这些杂乱无章的图片进行结构化规整、数据整理、清洗以及必要的标注。这个庞大图像数据库的照片数量以及标签的复杂程度对比 ImageNet 都要高出一个数量级。

第二是受损程度判定。损伤程度的判定是整个定损中的核心环节。在真实环境中，照片拍摄的车体损伤非常容易受到反光、阴影、污渍、车体流线型干扰以及拍摄角度的影响，从而造成误判，即使是人眼通过照片观察，也很难区分。定损宝技术团队在分析了多个会对损伤判定造成干扰的因素之后，针对不同的车型、颜色和光照条件进行模型迭代学习，融合多个模型的经验，产出了现在的定损宝解决方案。该技术能够输出针对各种程度的刮擦、变形、部件的开裂和脱落等损伤的定损结论。

第三是确定维修方案及定价。当受损程度判定完成后，需要提供相应的维修方案，这时候定损宝需要匹配保险行业在车辆维修过程中的一些规则。例如，轻度的刮蹭对应的维修方案为喷漆，中度对应为钣金，重度损伤为更换。除此之外，还有一个重要的环节，那就是定价。在汽车制造业中，生产厂商为了方便对零部件进行管理，对每种车型的每个零部件都采用不同的编号来区别分类，这个编号就是 OE 码。维修方案判定出来后，结合承保时的车型，整体传输到配件的数据库读取它们的 OE 码，然后再传输到保险公司，保险公司形成相应的价格，从而形成一整套解决方案。

不到一年里，定损宝已为太平、大地、阳光、安盛天平等多家保险公司提供定损、定价调用服务超过千万次，共计节省定损人员工作量超 75 万个小时。2018 年 5 月，蚂蚁金服宣布推出定损宝 2.0 技术，将基于图像识别的定损宝 1.0 全面升级到基于视频定损的在线理赔智能解决方案，让普通用户也能在远程轻松定损，实时反馈损伤情况。此次定损宝技术版本正式升级，包括将图像识别升级成准确率更高的视频识别，同时将开放技术平台，从与保险公司一对一理赔系统对接升级成未来保险公司可自助接入定损宝。蚂蚁金服保险事业群李冠如给记者算了笔账，过去一年定损宝已为行业节省案例处理成本超过 10 亿元，减少理赔渗透约 10 亿元。从图片识别升级成视频识别后，增强版的反欺诈技术甚至能够识别是本次事故损伤还是旧损伤，更进一步帮助行业减少虚假骗保案件。

参 考 文 献

［1］周志华. 机器学习 ［M］. 北京：清华大学出版社，2016.

［2］李航. 统计学习方法（第2版）［M］. 北京：清华大学出版社，2019.

［3］邱锡鹏. 神经网络与深度学习 ［M］. 北京：机械工业出版社，2020.

［4］吴恩达. 机器学习训练秘籍：构建高效 AI 系统的 33 个技巧 ［M］. 北京：人民邮电出版社，2021.

［5］王天一. 人工智能基础（高中版）［M］. 北京：清华大学出版社，2018.

［6］刘知远，崔安颀. 自然语言处理：基于预训练模型的方法 ［M］. 北京：电子工业出版社，2021.

［7］张重生. 深度学习与计算机视觉：算法原理、框架应用与代码实现 ［M］. 北京：机械工业出版社，2020.

［8］王晓华. Python 深度学习：基于 PyTorch（第2版）［M］. 北京：机械工业出版社，2022.

［9］徐亦达，赵申剑. 强化学习原理与 Python 实现 ［M］. 北京：人民邮电出版社，2020.

［10］陈天奇，李沐. 动手学深度学习（PyTorch 版）［M］. 北京：人民邮电出版社，2023.